Raimund Joos (Hrsg.) ◆ Katholische Universität

*Die Hälfte des Reingewinns aus dem Verkauf des Buches kommt dem
„Initiativkreis für Wissenschaft und Glaube" als Spende zugute
(siehe auch Vorwort und Anhang).*

*

Druck mit freundlicher Unterstützung der Diözese Eichstätt

Raimund Joos (Hrsg.)

Katholische Universität

Perspektiven – Erfahrungen – Visionen

Die Deutsche Bibliothek - CIP-Einheitsaufnahme

Katholische Universität : Perspektiven, Erfahrungen, Visionen / Hrsg.: Raimund Joos.
- Eichstätt, Am Kugelberg 17 : R. Joos, 2002
  ISBN 3-8311-3388-3

Covergestaltung
Gestaltung: Raimund Joos
Technische Ausarbeitung: Raimund Joos und Michael Harnischmacher
Fotos: Ulrich Bien (Titelseite); Rudolf Hager und Michael Hoedt (Rückseite)

Satz und Layout:
Raimund Joos und Michael Harnischmacher

Herstellung:
Books on Demand GmbH, Norderstedt

Inhalt

Vorwort des Herausgebers

Das Konzept

Als Herausgeber dieses Buches obliegt es mir, vorab einige Worte zu diesem Werk anzumerken. Die Aufgabe fällt mir auch nach reiflichen Überlegungen nicht leicht, denn: Wie soll ein Vorwort für ein Buch ausfallen, das den Eindruck vermeiden will, es handle sich hier um ein homogenes, widerspruchsfreies Werk, das unter der strikten Vorgabe eines Herausgebers erschienen ist?

Bei allen das Buch bereichernden Vielseitigkeiten und Widersprüchen kann das gemeinsame Werk aber so etwas wie einen minimalen gemeinsamen Grundkonsens voraussetzen, welcher es den verschiedenen Beiträgen erlaubt unter einem gemeinsamen Titel zu erscheinen. Ich möchte zunächst umreißen, was das vorliegende Buch nicht ist: Es ist keine offizielle Verlautbarung der Katholischen Universität Eichstätt-Ingolstadt. Es erhebt auch nicht den Anspruch, eine vollständige repräsentative empirische Darstellung für das Leben, Denken und Lehren an der Katholischen Universität Eichstätt-Ingolstadt zu sein. Das Buch ist bildlich gesprochen vielmehr ein Mosaik. Es will ein Bild von der katholischen Universität Eichstätt-Ingolstadt darstellen, das dadurch entsteht, daß viel Einzelelemente ein Gesamtbild ergeben, das mehr ist als eine Summe der einzelnen Teile. Mein Anliegen und meine Aufgabe im Entstehungsprozeß des Buches sollte es „lediglich" sein, die Steine für ein solches Bild zusammenzutragen. Von besonderem Interesse war hierbei auch, die Perspektive der Universität Eichstätt-Ingolstadt als eine Universität mit einem besonderen christlichen Anspruch zu beleuchten. (Näheres zum Konzept ist aus der Projektbeschreibung und Dokumentation im Anhang zu entnehmen.)

Das Resultat

Ich glaube, das Buch, welches von 30 Autoren gestaltet wurde, gibt einen guten Einblick in die Pluralität des Lebens, Lernens und Forschens an der Katholischen Universität Eichstätt, der einzigen Katholischen Universität im deutschen Sprachraum. Von zwei Ausnahmen abgesehen sind alle Fakultäten und Zentralinstitute der Universität hier mit Beiträgen vertreten. Darüber hinaus runden Beiträge von hochstehenden Vertretern aus der Kirche und der kommunalen Politik das Bild ab. Es finden sich Abhandlungen und Essays aus der Feder von Autoren, welche allen Ebenen der Universität angehören: der Professorenschaft, dem Mittelbau und nicht zuletzt den Studenten.

Das Ausmaß der Resonanz, welche das Buchprojekt schon bis zu seiner Veröffentlichung fand, entsprach nicht meinen Erwartungen - diese wurden bei weitem übertroffen. So mußte z.B. der anfänglich geplante Seitenumfang des Buches fast verdoppelt werden, da ursprünglich nur die Hälfte der Beiträge erwartet wurde. Die Art und Weise, wie sich die verschiedenen Autoren dem Thema näherten, überraschen nicht weniger. Wenngleich im Rahmen zahlreicher Vorgespräche durchaus deutlich wurde, daß es sich für einige Autoren insbesondere bei der Frage der Katholizität der Universität und der daraus folgenden Konsequenzen für sie selbst und ihre Arbeit um ein „heißes Thema" handelt, so ist es doch erstaunlich, mit welchem innerem Engagement und welcher Ehrlichkeit sich viele Autoren hier in ihren Beiträgen äußern. Sehr vielseitig ist auch der Stil, in welchem die verschiedenen Themen abgehandelt sind: Es finden sich kurze Essays, ausführliche hochwissenschaftliche Abhandlungen, Bildbetrachtungen, aber auch eher poetische Beiträge.

Formelles

Die *Reihenfolge der Beiträge* im vorliegenden Buch entspricht der Reihenfolge, in welcher die Autoren der Beiträge innerhalb der Personenverzeichnisse im Vorlesungsverzeichnis der Katholischen Universität Eichstätt-Ingolstadt aufgeführt sind. Dies erspart mir ein „Ranking" der Autoren und Disziplinen, führt aber dennoch zu einer inhaltlich sinnvollen Abfolge. Die Beiträge von Würdenträgern aus Kirche und Politik, welche sich ja nicht im Personenverzeichnis des Vorlesungsverzeichnisses finden, wurden zu Anfang des Buches plaziert. Da der Leser meinen Namen nicht im Vorlesungsverzeichnis der Katholische Universität Eichstätt-Ingolstadt finden wird, befindet sich mein Beitrag folglich am Schluß des Buches.

Was die *Rechtschreibung* angeht, so wurde den Autoren freigestellt, den eigenen Beitrag in alter oder neuer Rechtschreibung zu verfassen. Es finden sich daher Beiträge in beiden Varianten.

In einigen Beiträgen findet sich noch die alte Bezeichnung unserer Universität „Katholische Universität Eichstätt" und ebenso die Abkützung KUE. Dies soll jedoch keinesfalls Diskriminierung der Kommilitonen und Kollegen in Ingolstadt darstellen. Da die meisten Artikel zu der Zeit verfaßt wurden, in welcher noch die alte Bezeichung galt und ich keine eigenmächtigen Änderungen vornehmen wollte, wurden diese in der ursprünglichen Form belassen. Das Fehlen eines Beitrages aus der Wirtschaftswissenschaftlichen Fakultät in Ingolstadt ist bedauerlicherweise darauf zurückzuführen, daß der Verfasser trotz intensivster Suche keinen Autor fand.

Dank

Gedankt sei an erster Stelle natürlich all den Autoren, welche speziell für dieses Buch Beiträge verfaßt haben (26) und ebenso all jenen, die mir erlaubt haben, bereits veröffentlichte Texte hier nochmals zu veröffentlichen (4). Alle Autoren verzichteten ausnahmslos auf ein Honorar. Auch sei den Fotografen gedankt, welche ihre Bildbeiträge zur Verfügung gestellt und somit das Buch bereichert haben. Nicht vergessen möchte ich hier Herrn Peter Prokisch, der die Letztkorrektur des Buches vornahm. Michael Harnischmacher sei für seine Hilfe bei der Ausarbeitung des Layouts gedankt. Besondere Dankbarkeit gebührt Herrn Professor Bernhard Mayer, auf dessen Anregung sich das Bistum bereit fand, den Druck des Buches finanziell zu unterstützen.

Persönliche Anmerkungen und Ausblick

Der Leser mag an dieser Stelle vielleicht umfassende grundsätzliche Ausführungen des Herausgebers zum Thema „Katholische Universität" erwarten. Sehr gerne würde ich ihm damit dienen; meine wie oben beschriebene selbstauferlegte Rolle innerhalb des Entstehungsprozesses dieses Buches veranlaßt mich jedoch dazu, mir dies hier zu verkneifen.

In meinem Beitrag zum Thema „Actio Christiana - Praktizierte Nächstenliebe an der KU - eine Vision?!" am Ende dieses Buches stelle ich nur einige meiner Erfahrungen und Visionen zum Thema Katholischer Universität dar. Darüberhinaus seien an dieser Stelle lediglich die persönlichen „Perspektiven, Erfahrungen und Visionen" zum Thema „Katholische Universität" kurz darzustellen, welche mich zur Herausgabe des Buches bewegt haben. Eine umfassende systematische Ausführung meiner persönlichen „Perspektiven, Erfahrungen und Visionen" zum Thema katholischer Universität erspare ich mir hier und verweise auf die (auch in öffentlichen Bilotheken zugängliche) Buchveröffentlichung meiner Dissertation zu Thema „Katholische Hochschulbildung".[1]

Während meines Studiums (Sozialpädagogik (FH), Diplompädagogik und Promotion) konnte ich die Katholische Universität Eichstätt-Ingolstadt kennen- und lieben lernen. Im Initiativkreis für „Wissenschaft und Glaube" (ein Arbeitskreis der KHG - nicht zu verwechseln mit dem „Initiativkreis katholischer Laien"), den ich vor geraumer Zeit

---

[1] Meine Dissertation ist im Jahr 2000 unter dem Titel „Katholische Universität - Vorüberlegungen für ein interdisziplinäres Programm" im Wißner-Verlag Augsburg erschienen. Bezüglich des vorliegenden interdisziplinären Projektes möchte ich hier insbesondere die Kapitel „ Die Konstruktion von Interdisziplinarität durch Katholizität" (S.62ff.) und „Interdisziplinäre Lehrveranstaltungen" (S.164ff.) empfehlen.

zusammen mit einigen Kommilitonen gründete, beschäftigen wir uns insbesondere mit dem interdisziplinären Dialog und der Frage, wie durch einen Dialog zwischen Glaube und Wissenschaft der katholische Charakter unserer Universität konstruktiv befruchtet werden könnte. Resultat waren unter anderem drei interdisziplinäre Vorlesungsreihen zu den Themen „Der Mensch - Zugänge und Verstehensweisen", „Das Bild Jesu Christi in den Wissenschaften" und „Wundersames und Paranormales". Jede der Veranstaltungen umfaßte ca. ein Dutzend auf das Semester verteilte Einzelveranstaltungen, bei denen zum Teil auch ein qualifizierter Scheinerwerb möglich war. Seitdem einige der aktivsten Mitglieder die Universität verließen und meine eben genannte Dissertation mich zu einem Auslandsaufenthalt in die USA entführte, existierte der Arbeitskreis eher als Idee denn als eine konkrete Gruppe.

Das vorliegende Buch stellt den Versuch dar, den eben genannten Initiativkreis der KHG zu neuem Leben zu erwecken. Konkret ist geplant, verschiedenen Autoren des Buches die Möglichkeit zu geben, ihre hier aufgeführten Beiträge noch einmal im Rahmen von persönlichen Vorträgen innerhalb der KHG darzustellen und sich der Diskussion zu stellen. Um die Kasse des Initiativkreises wieder mit Geld zu füllen, fällt diesem die Hälfte des Reingewinnes zu.

Es würde mich sehr freuen, wenn das vorliegende Buch allen Mitgliedern der Katholischen Universität Eichstätt-Ingolstadt dazu verhilft, sich der Chancen noch bewußter zu werden, welche in dem christlichen Charakter unserer Universität begründet liegen und sie dazu ermutigt, diese Chancen noch engagierter zu nutzen und zur Entfaltung zu verhelfen.

In diesem Sinne sei dieses Buch ein kleines (Abschieds-?)Geschenk als Dank an meine Alma Mater, an der ich die vielen schönen und lehrreichen Jahre meiner Studienzeit erleben durfte.

Raimund Joos
Eichstätt, den 05.02.2002

In der Zentralbibliothek   *Foto: Ulrich Bien*

Johannes Paul II.

Die Universität braucht glaubwürdige Zeugen des Glaubens[1]

(Predigt des Papstes zur Eucharistiefeier der Heilig-Jahr-Feier der Universitäten am 10. September 2000 auf dem Petersplatz)

In der Jubiläumsatmosphäre dieser Feier sind wir vor allem eingeladen, uns mit dem Staunen und Lob derer zu vereinen, die dem Wunder beiwohnten, von dem der Evangeliumstext soeben berichtet hat. Wie so viele andere Heilungsbegebenheiten gibt es Zeugnis für die Ankunft des Gottesreiches in der Person Jesu. In Christus verwirklichen sich die vom Propheten Jesaja verkündeten messianischen Verheißungen: »Die Ohren der Tauben sind wieder offen [...] die Zunge des Stummen jauchzt auf« (Jes 35,5-6). In Ihm wurde für die ganze Menschheit das Gnadenjahr des Herrn eröffnet (vgl. Lk 4,17-21). Dieses Gnadenjahr durchläuft die Zeiten, von ihm ist nun die ganze Geschichte gezeichnet, es ist der Beginn der Auferstehung und des Lebens, an dem nicht nur die Menschheit, sondern auch die Schöpfung teilhat (vgl. *Röm* 8,19-22).

Um erneut die Erfahrung dieses Gnadenjahres zu machen, sind wir hier zu dieser Heiligjahr-Feier der Universitäten versammelt, werte Rektoren, Dozenten, Verwaltungsleiter und Hochschulseelsorger, die Sie aus verschiedenen Ländern kommen, und ihr, meine lieben Studenten, die ihr aus aller Welt angereist seid. Euch allen gilt mein herzlicher Gruß. Danken möchte ich den Kardinälen und den konzelebrierenden Bischöfen für ihre Anwesenheit. Ich grüße ferner den [italienischen] Minister für Universitäten und die anderen hier anwesenden Persönlichkeiten.

Sich der Liebe Gottes vertrauensvoll öffnen

2. »Effata!« »Öffne dich!« *(Mk* 7,34). Das von Jesus bei der Heilung des Taubstummen gesprochene Wort ertönt heute für uns; es ist ein eindrückliches Wort von großer symbolischer Dichte, das uns aufruft, uns dem Hören und Zeugnis zu öffnen.

Läßt der Taubstumme, von dem das Evangelium spricht, nicht an die Lage dessen denken, dem es nicht gelingt, in eine Kommunikation zu treten, die seinem Dasein einen Sinn gibt? In gewisser Weise erinnert er an den Menschen, der sich in eine vermeintliche Autonomie verschließt, in der er sich dann isoliert gegenüber Gott und oft

---

[1] Druck mit freundlicher Erlaubnis des „L' Osservatore Romano". Deutsche Übersetzung in der Ausgabe vom 22. September 2000, Seite 7.

auch dem Mitmenschen befindet. An diesen Menschen wendet Jesus sich, um ihm die Fähigkeit wiederzugeben, sich für den [ganz] Anderen und die anderen zu öffnen in einer Haltung des Vertrauens und unentgeltlicher Liebe. Er bietet ihm die außerordentliche Gelegenheit, Gott, der Liebe ist und sich von dem, der liebt, erkennen läßt, zu begegnen. Er bietet ihm das Heil. Ja, Christus öffnet den Menschen für die Erkenntnis Gottes und seiner selbst. Er öffnet ihn für die Wahrheit - Er, der die Wahrheit ist (vgl. Joh 14,6) -, indem er ihn im Inneren berührt und so »von innen her« auf jede seiner Fähigkeiten sieht. Für euch, liebe Brüder und Schwestern, die ihr auf dem Gebiet der Forschung und des Studiums tätig seid, stellt dieses Wort einen Aufruf dar, den Geist zu öffnen für die Wahrheit, die befreit! Zugleich beruft das Wort Christi euch, bei zahllosen Scharen Jugendlicher Vermittler von diesem »Effata« zu werden, das den Geist öffnet für die Aufnahme des einen oder anderen Aspekts der Wahrheit in den verschiedenen Wissensgebieten. In diesem Licht gesehen, wird euer täglicher Einsatz zur Nachfolge Christi auf dem Weg des Dienstes an den Brüdern in der Wahrheit der Liebe.

Christus ist der, der »alles gut gemacht« hat *(Mk* 7,37). Er ist das Vorbild, auf das wir ständig blicken sollen, um unsere akademische Tätigkeit zu einem wirksamen Dienst am menschlichen Streben nach immer vollkommenerer Erkenntnis der Wahrheit zu machen.

3. »Sagt den Verzagten: Habt Mut, fürchtet euch nicht! Seht, hier ist euer Gott [...] er selbst wird kommen und euch erretten« *(Jes* 35,4).

In diese Worte des Jesaja läßt sich auch eure Sendung fassen, liebe Männer und Frauen der Universität. Ihr seid Tag für Tag damit beschäftigt, die Wahrheit zu verkünden, zu verteidigen, zu verbreiten. Oft handelt es sich um Wahrheiten, die die verschiedensten Wirklichkeiten des Kosmos und der Geschichte betreffen. Nicht immer berührt das Thema direkt das Problem des letzten Sinnes des Lebens und die Beziehung zu Gott. Das aber bleibt in jedem Fall der äußerste Horizont allen Denkens. Auch in der Forschung über Aspekte des Lebens, die dem Glauben ganz fern zu liegen scheinen, verbirgt sich eine Sehnsucht nach Wahrheit und Sinn, die über das Spezifische und Bedingte hinausgeht. Wenn der Mensch nicht geistlich »taub und stumm« ist, führt ihn jeder Weg des Denkens, der Wissenschaft und der Erfahrung auch zu einem Abglanz des Schöpfers und weckt in ihm eine oft verborgene und vielleicht auch verdrängte, jedoch unhaltbare Sehnsucht nach Ihm. Gut erkannt hatte das der hl. Augustinus, wenn er sagte: »Geschaffen hast du uns im Hinblick auf dich, [o Herr,] und unruhig ist unser Herz, bis es ruhet in dir« (Conf. 1,1; BKV2 [Bd. 18], Kempten 1914, S. 1).

Eure Berufung als Studenten und Dozenten, die ihr Herz für Christus geöffnet haben, ist es, diese Beziehung zwischen dem Wissen auf einzelnen Gebieten und jenem höchsten »Wissen«, das Gott betrifft und in gewissem Sinn mit ihm, mit seinem menschgewordenen Wort und mit dem von ihm geschenkten Geist der Wahrheit zusammenfällt, zu leben und wirksam zu bezeugen. Die Universität wird so durch euren

Beitrag zum Ort des »Effata«, wo Christus sich eurer bedient, um wieder das Wunder des Öffnens der Ohren und der Lippen zu vollbringen und damit neues Hören und wahre Kommunikation hervorzurufen.

Von dieser Begegnung mit Christus hat die Freiheit der Forschung nichts zu fürchten. Auch der Dialog und der Respekt vor den Personen wird davon nicht beeinträchtigt, denn die christliche Wahrheit muß von ihrem Wesen her angeboten, darf niemals aufgedrängt werden; sie hat als ihren Fixpunkt die tiefe Achtung vor dem »Heiligtum des Gewissens« *(Redemptoris missio, 39;* vgl. *Redemptor hominis,* 12; II. Vat. Ökum. Konzil, *Dignitatis humanae,* 3).

Auf Jesus Christus als Lehrer hören

4. Die unsere ist eine Zeit großer Veränderungen, die auch die Welt der Universität erfassen. Der humanistische Charakter der Kultur erscheint bisweilen von nebensächlicher Bedeutung, während sich die Tendenz verstärkt, den Horizont des Wissens auf das rein Meßbare zu beschränken und jede Frage zu vernachlässigen, die den letzten Sinn der Wirklichkeit berührt. Man kann sich fragen, was für einen Menschen die Universität heute heranbildet.

Angesichts der Herausforderung eines neuen Humanismus, der authentisch und integral sein will, braucht die Universität aufmerksame Menschen für das Wort des einzigen Lehrers; sie braucht qualifizierte Fachleute und glaubwürdige Zeugen Christi. Eine gewiß nicht leichte Aufgabe, die ständigen Einsatz verlangt, aus Gebet und Studium genährt wird und sich in der Gewöhnlichkeit des Alltäglichen ausdrückt.

Unterstützung in dieser Aufgabe bietet die Universitätspastoral, die zugleich geistliche Betreuung der Personen und wirksame kulturelle Bildungstätigkeit bedeutet, in der das Licht des Evangeliums die Wege der Forschung, des Studiums und der Didaktik orientiert und humanisiert.

Zentren solcher pastoraler Tätigkeit sind die Universitätskapellen, wo Dozenten, Studenten und Angestellte Halt und Hilfe für ihr christliches Leben finden. Als signifikative Orte im Kontext der Universität fördern sie den Einsatz eines jeden in den Formen und Weisen, die sich aus dem Universitätsmilieu ergeben. Sie sind Stätte des Geistes, Übungsplatz christlicher Tugenden, gastlich offenes Haus, lebendiges Ausstrahlungszentrum für eine christliche Orientierung der Kultur im respektvollen und offenen Dialog, im klaren und begründeten Angebot (vgl. *1 Petr* 3,15), im Zeugnis, das Fragen stellt und überzeugt.

5. Meine Lieben, es ist für mich eine große Freude, heute mit euch das Jubiläum der Universitäten zu feiern. Eure zahlreiche und qualifizierte Präsenz ist ein vielsagendes Zeichen für die kulturelle Fruchtbarkeit des Glaubens.

Den Blick fest auf das Geheimnis des menschgewordenen Wortes gerichtet (vgl. Bulle *Incarnationis mysterium,* 1), findet der Mensch sich selbst (vgl. *Gaudium et spes,* 22).

Er erfährt auch eine innige Freude, die selbst im inneren Stil des Studierens und Lehrens zum Ausdruck kommt. Die Wissenschaft übersteigt so die Grenzen, die sie auf einen bloßen funktionalen und pragmatischen Prozeß reduzieren, um ihre Würde als Forschung im Dienst am Menschen in seiner ganzen Wahrheit, erleuchtet und orientiert durch das Evangelium, wiederzufinden.

Liebe Dozenten und Studenten, das ist eure Berufung: die Universität zu dem Milieu zu machen, wo man das Wissen pflegt, dem Ort, wo die Person planerische Fähigkeit, Weisheit, Impuls zu qualifiziertem Dienst an der Gesellschaft findet.

Diesen euren Weg vertraue ich Maria, »Thron der Weisheit«, an, deren Bild ich euch heute übergebe, damit sie als Meisterin und Pilgerin in den Universitätsstädten der Welt aufgenommen werde. Sie, die am Anfang der Evangelisierung mit ihrem Gebet die Apostel unterstützte, möge auch euch helfen, die Welt der Universität mit christlichem Geist zu durchdringen.

Friedrich Wetter

Die Katholische Universität Eichstätt und ein neuer Humanismus[1]

(Predigt des Erzbischofs von München und Freising Kardinal Friedrich Wetter beim Pontifikalgottesdienst anlässlich des 20jährigen Bestehens der Katholischen Universität Eichstätt am 24. November 2000)

"Promissa nec aspera curans". Dieses Motto aus der Legende der hl. Katharina, der Patronin unserer Universität, stand als Umschrift auf dem ersten Siegel der Universität Eichstätt. Weder Versprechungen, noch Drohungen achtend! Dieses Motto verrät Selbstbewusstsein und sieht zugleich die Gefahren, die mit einer Universität gegeben sind. Allzu sehr kann sie sich von außen verlocken oder bestimmen lassen und dadurch ihren Auftrag verraten, der durch den Stiftungswillen angezeigt ist. Sie soll alle Kräfte für ihr Ziel bündeln. Eine Katholische Universität muss im Konzert derer ihre Stimme erheben, die sich grundlegend auseinandersetzen mit den anstehenden wichtigen Fragen. Diese Stimme spricht aus einer Vorgabe, die dem forschenden Geist freien Raum zuerkennt, weil sie weiß: Wer wahrhaft sucht, dem wird sich die Wahrheit erschließen.

Diesem Auftrag ist jede Universität verpflichtet, zumal eine katholische Universität. Damit leistet sie einen Beitrag für einen neuen Humanismus, den unsere Welt so dringend braucht.

Eichstätt war im 15. Jahrhundert schon einmal ein Zentrum humanistischer Bemühungen. Der neue Humanismus müsste noch mit ganz anderer Qualität die heutige Öffentlichkeit erreichen; denn die Zeiten werden nicht einfacher. Gefahren für den Menschen zeichnen sich ab. Stichworte wie Genforschung, Eroberung des Weltraums oder globale Kommunikation geben dies hinreichend kund.Wir erleben eine rasante Entwicklung. Doch je rasanter das Tempo, desto größer ist die Gefahr, ins Schleudern zu kommen und aus der Bahn geworfen zu werden. Beim heutigen Tempo der Entwicklung brauchen wir eine klare Vorgabe der Ausrichtung. Diese Vorgabe ist der Mensch. Aber das Bild vom Menschen ist geschädigt. Der Mensch wird immer weniger von dem her gesehen, was er auf Grund seines Wesens ist, dafür aber immer stärker als ein naturwissenschaftliches Produkt, das wir bald nach unseren Wünschen

---

[1] Titel des Beitrages wurde vom Herausgeber des vorliegenden Sammelbandes gewählt.

herstellen können. Man kann sich des Eindrucks nicht erwehren, dass nicht mehr alle Menschen wissen, was ein Mensch ist.

Die Universitäten haben heute wieder eine große Verantwortung, vor allem auch die Geisteswissenschaften; denn die Naturwissenschaften können die Probleme, die durch den enormen Erkenntniszuwachs in diesem Bereich entstanden sind, nicht allein bewältigen und lösen.Wir sind überzeugt, daß wir aus der Tradition unseres Glaubens und unserer Geistesgeschichte heraus viel, ja Entscheidendes beizutragen haben. Dies einzubringen ist neben anderem eine wichtige Aufgabe, die ich der Katholischen Universität zumessen möchte. In jedem Fall muss unsere Katholische Universität eine Stimme im Konzert der Universitäten sein, und sie muss dabei etwas Besonderes einbringen; denn eines ist sicher: in den Universitäten und durch sie werden Weichen für die Zukunft gestellt.

Die Universität als Ort gemeinsamen Forschens und Lehrens, als Ort des Gesprächs der Disziplinen untereinander ist für die Schaffung einer neuen Kultur und Humanität besonders prädestiniert. Denn ihr Ziel ist nicht die funktionalisierte Wissensvermittlung. Ihre vordringliche Aufgabe besteht darin, bei aller notwendigen Spezialisierung in Gegenstand und Methode der jeweiligen Fächer den Blick auf das Ganze der Wirklichkeit zu richten. Die Universalität macht sie zur Universität. Ihre Interdisziplinarität entspricht der Vielschichtigkeit des Menschen, die auf Ganzheit drängt. Denn der Mensch ist "offen für alles Erkennbare". Er ist das Wesen, das nach dem Warum nicht nur einzelner Phänomene fragt, sondern nach dem Grund des Ganzen und damit nach dem Warum und Wozu seines eigenen Ich.
Aufgabe der Wissenschaft ist es, den Dingen auf den Grund zu gehen, d. h. mit dem Blick auf das Ganze die Wahrheit zu suchen und sich ihrem Anspruch zu stellen. Es gilt, auf dem Weg des Wissens und der Suche nach der Wahrheit zur Weisheit zu finden, die das Wissen des Wissens ist und eine Gabe des Geistes, den Gott in unsere Herzen ausgegossen hat (vgl. Röm 5,5).

Ein neuer Humanismus fordert eine Neubesinnung auf den Menschen. Was ist die Wahrheit vom Menschen? Was macht den Menschen zum Menschen? Das ist sein Bezug zu Gott. Denn Gott hat den Menschen als sein Abbild erschaffen. Von daher kommt seine unantastbare personale Würde. Romano Guardini sagte: "Wer Gott nicht kennt, kennt den Menschen nicht." Das vergangene Jahrhundert, in dem atheistische Systeme diesen Gottesbezug leugneten, lehrt uns unmissverständlich: Ohne die Verwiesenheit des Menschen auf Gott droht jeder Humanismus inhuman zu werden.
Eine Wissenschaft, die Gott verdrängt, verdrängt den Menschen. Eine Wissenschaft, die den Transzendenzbezug des Menschen ausblendet, wird unmenschlich, auch wenn sie vorgibt, die Probleme des Menschen lösen zu wollen. Léon Bloy schrieb: "Die

einzige Beziehung, die einzige Politik ist jene, die ihr Augenmerk auf die Seelen richtet, weil im Problem vom Menschen der Mensch nicht verdrängt werden darf." Der technische Fortschritt verbessert nicht immer und nicht unbedingt die Lebensumstände. Wohin führt eine florierende Wirtschaft, die weder Gerechtigkeit noch Erbarmen kennt? Nur wo Gott sein Recht bekommt, erhält auch der Mensch sein Recht.

Ein Schriftgelehrter fragte Jesus einmal, welches Gebot das erste von allen sei, und das heißt, was für das Menschsein des Menschen das Wichtigste sei. Jesus antwortete ihm: "Höre, Israel, der Herr, unser Gott, ist der einzige. Darum sollst du den Herrn, deinen Gott, lieben mit ganzem Herzen und ganzer Seele, mit all deinen Gedanken und all deiner Kraft" (Mk 12,29 f.). Dieses Gebot ist das erste nicht nur der Reihe nach, sondern ist das innere Strukturprinzip aller Gebote: Gott als den alleinigen Gott anzuerkennen und aus ganzem Herzen lieben. Israel hat mit der Anerkennung Gottes die Befreiung aus dem ägyptischen Sklavenhaus erfahren. Mit der Anerkennung Gottes, die sich in der Gottesliebe realisiert, werden auch wir wirklich freie Menschen. Diese unsere Freiheit wirkt sich aus auf die Geschöpfe und gibt ihnen den richtigen Stellenwert: "Wer im Ewigen eingegründet ist, kann das Irdische nicht nur tragen oder ertragen, sondern auch pflegen, kann es lieben, ohne ihm zu verfallen" (Hugo Rahner).
Wer dagegen etwas Anderes an Gottes Stelle setzt, also einem Götzen dient, verfällt der Sklaverei, er wird unfrei wie es Paulus im Galaterbrief beschrieben hat: "Einst, als ihr Gott noch nicht kanntet, wart ihr Sklaven der Götter, die in Wirklichkeit keine sind" (Gal 4,8). Indem man andere Personen oder Güter verabsolutiert, versklavt man auch sie, indem man die ganze Vollendung, das ganz Glück aus ihnen herauspressen will. Umgekehrt entfaltet sich der Glanz der irdischen Güter wie auch die Freude an ihrer Erkenntnis erst dann in aller Schönheit, wenn sie im Licht des Glaubens an den Schöpfer gesehen werden.

Das Bekenntnis zum wahren, lebendigen Gott und die Liebe zu ihm haben deshalb Folgen für das Verhältnis zum Mitmenschen. Darum fährt Jesus fort: "Du sollst deinen Nächsten lieben wie dich selbst", als Wesen mit der gleichen Personenwürde, der gleichen in die Ewigkeit reichenden Hoffnung und Bestimmung. Wir feiern in diesem Jubeljahr die Menschwerdung des göttlichen Wortes vor 2000 Jahren. In Jesus Christus leuchtet auf, was der Mensch im tiefsten ist. "Tatsächlich erklärt sich nur im Geheimnis des fleischgewordenen Wortes das Geheimnis des Menschen wahrhaft auf. ... Der "das Bild des unsichtbaren Gottes" (Kol 1,15) ist, er ist zugleich der vollkommene Mensch" (GS 22). Wenn wir wissen wollen, was der Mensch ist und folglich was Humanität und Humanismus sind, müssen wir auf Jesus Christus schauen. Er ist das Fleisch gewordene Wort, d. h. er kam in unser konkretes Leben.

Seine Humanität war in Wort und Tat mit dem Leben der Menschen verbunden. Er sprach kritisch an, wenn Theologie und Glaubenspraxis nicht mehr lebensfördernd waren. Er deckte die versteckten Interessen von Schriftgelehrten und Glaubensmännern auf und wies sie auf ihre Unvereinbarkeit mit den Interessen Gottes hin. Er ließ sich nicht von öffentlicher Zustimmung und plausibel erscheinenden Meinungen bestimmen. Er lebte als Mensch jeden Atemzug nach dem Willen des Vaters und in Verbindung mit ihm. So wurde er das wahre Bild des ewigen Wortes in der Humanität des Humansten aller Menschen. Er hat uns gezeigt: Humanismus ist konkret und bezogen auf den ewigen Gott. Das drückt Hugo Rahner, der große Kenner der antiken Kultur und der Geschichte, so aus: "Es gibt einen Humanismus, der wesentlich christlich ist. Ja, wir erkühnen uns zu sagen: Es gibt nur einen christlichen Humanismus." Wahrlich ein kühnes Wort. Aber darin liegt die große Chance unserer Katholischen Universität und die große Aufgabe, der sie sich stellen muss.

Dieser christliche Humanismus ist der neue Humanismus, den die Welt braucht, damit der Mensch menschlich bleibt oder es wird. Jede der Fakultäten unserer Universität kann dazu einen Beitrag leisten. Die Theologie müsste sich als Gesprächspartner für die anderen Fakultäten anbieten, um Anregungen zu erhalten für die theologische Neubesinnung auf den Menschen und Aspekte aus der theologischen Reflexion weiterzureichen. Die Philosophie mit all ihren neuzeitlichen Ausfächerungen kann vieles zur Menschwerdung des Menschen beitragen ebenso die Psychologie, Soziologie, Anthropologie, Pädagogik, Soziallehre, die Literatur in ihren vielfältigen Spezialisierungen, Geschichte, Journalistik und kulturelle Wissenschaften. Auch die Wirtschaftswissenschaften werden immer wichtiger, da in der globalisierten Welt die Frage nach den Grenzen autonomer Marktkonstellationen dringend benannt werden muss. Der Markt darf nicht nur vom Profit gesteuert werden, er muss sich auch von den ethischen Normen leiten lassen, damit er zu einer sozialen, d.h. humanen Ordnung beiträgt. Alle Zweige des universitären Forschens können ihr Element beisteuern, um einen neuen Humanismus zu fördern. Ich danke allen, die in den vergangenen 20 Jahren in der Katholischen Universität Eichstätt treu ihren Dienst getan haben - den Forschenden und Lehrenden, aber auch den Frauen und Männern der Verwaltung und des technischen Dienstes. Ich danke auch den Studierenden, die mit hohen Erwartungen nach Eichstätt gegangen sind und die Universität mit Leben erfüllt haben.
Beten wir nicht nur heute um Gottes Segen, dass die Katholische Universität Eichstätt sich den geistigen Herausforderungen der Zeit stellt, dass sie ihren Beitrag leistet für einen neuen Humanismus und mit Selbstbewusstsein und Augenmaß ins nächste Jahrzehnt hineingeht gemäß dem Motto: Promissa nec aspera curans.

Karl Braun

Theologie in Universität, Kirche und Gesellschaft[1]

(Ansprache des Erzbischofs von Bamberg, Dr. Karl Braun, anlässlich der Akademischen Feier der Katholisch-Theologischen Fakultät der Universität Bamberg aus Anlass seines 70. Geburtstags, am 9. Februar 2001)

Sie haben mir mit dieser Feier eine große Freude bereitet und dafür danke ich Ihnen herzlich. Mein besonderer Dank gilt der Fakultät Katholische Theologie, an ihrer Spitze dem Dekan, Herrn Prälat Prof. Dr. Alfred Hierold, sowie Herrn Prof. Dr. Heinz-Günther Schöttler für seinen Festvortrag. Der letzte Satz einer Monographie aus dem Jahr 1926 (K. Eschweiler, Die zwei Wege der neueren Theologie, Augsburg 1926, 260) lautet: "Theologia est necessaria ad humanam salutem." Ob das so ganz richtig ist, mag man - meiner Meinung nach zu Recht - bezweifeln. Zumindest müsste hier geklärt werden, was denn genau unter "Theologie" zu verstehen sei. „Heilsnotwendig" ist die Theologie als Glaubenswissenschaft natürlich nicht. Aber sie ist wichtig und notwendig für die Kirche und die Gesellschaft. Das muss ich gerade an diesem Ort und vor diesem Publikum wohl nicht eigens entfalten und begründen. Gerhard Ebeling hat die Vermutung geäußert, dass das Projekt der christlichen Theologie als Glaubenswissenschaft in der Religions- und Kulturgeschichte der Menschheit einzigartig sei - und zwar im Sinne der doppelten Verpflichtung (1.) der kirchlichen Gebundenheit und (2.) der konsequenten Wissenschaftlichkeit, d.h. der frei verantworteten denkerischen Leistung mit den Methoden und unter dem Anspruch des Wissenschaftsbegriffs einer Zeit. Dieses faszinierende Projekt einer gleichermaßen kirchlich wie wissenschaftlich gebundenen Gott-Rede beginnt vielleicht mit Klemens und Origenes und der Katechetenschule in Alexandria; es wird fortgeführt in den Kathedral- und Klosterschulen des frühen Mittelalters; es findet mit Anselm von Canterbury und dem ursprünglichen Titel des "Proslogion" "Fides quaerens intellectum" sein Motto; in den neuentstehenden Universitäten des 13. Jahrhunderts erhält dieses Projekt den ihm gemäßen institutionellen Ort und in Thomas von Aquin den bis heute herausragenden Prototyp des theologischen Lehrers schlechthin. Dieses Projekt der christlichen Theologie ist in unserer Zeit universitär, gesellschaftlich und kirchlich aus vielerlei Gründen in die Krise geraten. Sie haben die Gründe dafür in Ihrer „Festschrift zum Jubiläum 350 Jahre Theologie in Bamberg" 1998 analysiert und Lösungen vorgeschlagen. Vielleicht erleben wir derzeit, auch wenn es im Augenblick noch nicht sehr deutlich ist, tatsächlich ein neues Paradigma des Theolo-

---

[1] Titel des Beitrages wurde vom Herausgeber des vorliegenden Sammelbandes gewählt.

gietreibens in Lateinamerika, in Indien oder in Afrika, das auch unsere europäische Theologie verändern wird. Hellsichtige Geister haben das schon vor Jahrzehnten erkannt. "Wir leben in einer Zeit, wo auch christliche Tradition eigene Entscheidung werden muss, und das Zusammenfallen christlicher Tradition ist kein Beweis gegen das Christentum, sondern die Möglichkeit Christ zu werden." Was Karl Rahner hier von dem Geschick christlicher Tradition insgesamt in der zweiten Hälfte des 20. Jahrhunderts sagte, gilt, denke ich, auch mutatis mutandis von der Theologie als Glaubenswissenschaft.

Allerdings stellt sich hier ein Problem. Die Älteren unter uns sind in der Prägung durch und in der Reaktion auf eine Theologie herangewachsen, die heute vielfach diffamiert wird. Diese Theologie, es ist die neuscholastische Theologie, hatte sicher auch für manche ihrer bedeutenden Vertreter offenkundige Schwächen. Joseph Kardinal Ratzinger berichtet in seiner Autobiographie, dass Michael Schmaus seine Habilitationsschrift beim ersten Anlauf deswegen abgelehnt habe, weil ihm der von der französischen Theologie beeinflusste geschichtliche Argumentationsstil ungewohnt war. Wenn die Schultheologie der Neuscholastik manchmal als die Theologie einer gettoisierten und auf Abwehr ausgerichteten Kirche interpretiert wird, dann darf man in Redlichkeit aber auch ihr Positivum nicht verschweigen. Die Neuscholastik hat eine Begrifflichkeit verwendet, die dieses vermeintliche oder tatsächliche Getto sprengt. Nicht nur die Allgemeinbegriffe und das dieser Schule eigene Ethos, allgemeingültig zu argumentieren, erheben einen Anspruch, der nicht an den Gruppengrenzen Halt machen kann, weil das eigene Denken am gemeinsamen Maß menschlicher Vernunft sich bewähren muss. Durch den vorgegebenen Themen- und Fragenkatalog, an dem sich jeder Theologe abarbeiten musste, und mittels der gemeinsamen Begrifflichkeit schuf diese Theologie auch einen Raum, in dem neue theologische Einsichten kommunizierbar wurden. Die fast einhellige Kritik aus der Weltkirche an den ursprünglichen Schemata der Vorbereitungskommission des 2. Vatikanischen Konzils, die dann in verschiedenen Stufen zu der heutigen Textgestalt führte, war deshalb möglich, weil jeder Theologe, egal in welchem Land er lebte und arbeitete, sofort den gemeinten Sinn und die Zielrichtung der Argumentation erkannte. Diese gemeinsame Sprache und der damit gegebene gemeinsame Horizont sind wohl unwiderruflich verschwunden. Ich vermute, dass heute nur wenige Theologiestudierende Begriffe wie "ungeschaffene Gnade" oder "formale Ursächlichkeit der ungeschaffenen Gnade" verstehen. Die speziell für eine christliche Theologie fatale Gefahr der diachronen und synchronen Kommunikationsunfähigkeit und der Irrelevanz zeichnet sich sehr deutlich ab, wenn es der Theologie nicht mehr gelingt, ihre eigene Tradition zu rezipieren, oder wenn sie auseinanderfällt in beziehungslos zueinander stehende und nicht mehr vermittelbare Theologien oder Disziplinen. Der Bericht in der "Herder-Korrespondenz" über die Tagung der deutschsprachigen Dogmatiker und Fundamentaltheologen im Herbst 2000 hat hier nicht mehr bloß von einer Gefahr, sondern von einer konkreten Realität gesprochen.Wohlgemerkt: Ich plädiere nicht für eine unmögliche Rückkehr in ein vorneuzeitliches Einheitsmodell von Wirklichkeit, Denken und Sprache. Ich meine aber, dass die legitime neuzeitliche Anerkennung der Pluralität unterschiedlicher Erkenntniswege leider vielfach umgeschlagen ist in den Wahrheitsdefätismus eines Friedrich Nietzsche, in die "anarchistische Erkenntnistheorie" eines Paul Feyerabend ("anything goes") und in den unvermittelten Pluralismus von Weltanschauungen und Religionen, der die Wahrheitsfrage gar nicht mehr stellt. Wenn bestimmte Schichten des Alten Testaments das Exil als den Ort der Gottesbegegnung schlechthin stilisieren und andere Texte eine Königs- und Tempelideologie propagieren, wenn der 1. Petrusbrief die christliche Realität als ein Leben in der "Fremde" beschreibt und der Kolosser- und der Epheserbrief die christliche Aufgabe als die Durchdringung der Gesellschaft unter den Vorgaben der Jesus-Botschaft postulieren, dann stellt sich doch für eine christliche Theologie die Frage nach der Vermittlung dieser Aussagen untereinander und mit der eigentlichen Jesus-Botschaft. Sicher gilt: Hat man keine Fragen, bleibt das historische Material stumm und man bleibt ihm gegenüber blind. Aber nicht jede Antwort, die uns heute anspricht, ist deshalb auch christlich wahr. Ich bin entschieden nicht der Ansicht, dass auch in der Theologie gilt: "Anything goes".

Ich sehe allerdings auch bemerkenswerte Zeichen eines Bewußtseinswandels. In der Debatte um den "Theologischen Grundkurs" auf dem Symposium des Katholischen Fakultätentages 1994 in Mainz und in verschiedenen Voten zur Änderung der bayerischen Lehramtsprüfungsordnung haben vor allem Studierende ihr Recht auf eine theologische Grundorientierung vor Beginn des eigentlichen Studiums eingeklagt. Die Gestaltung dieses "Grundkurses", der auf einen ausdrücklichen Wunsch des 2. Vatikanischen Konzils (OT 14) zurückgeht, ist innerhalb der deutschen katholischen Fakultäten sehr unterschiedlich. Die erklärte Absicht ist es jedenfalls, einen gemeinsamen Bezugspunkt zu schaffen, der wegen der Auflösung des katholischen Milieus bei den Studierenden nicht mehr vorauszusetzen ist. Man darf in diesem Zusammenhang erwähnen, dass Karl Rahner, so weit ich sehe, der einzige Theologe von Bedeutung war, der bereits zur Zeit des Konzils die Idee eines "Grundkurses" aufnahm und immer weiter in der Reflexion vorantrieb. Die Sache hat ihn nicht mehr losgelassen, auch wenn die Konzeption Rahners sehr viel weiter und fruchtbarer ist als die dann von ihm selbst realisierte Durchführung seiner Intention und seiner Intuition. Die heute oft zu hörende Forderung der Studierenden im Diplomstudium und in den Lehramtsstudiengängen und auch einschlägiger Fachtagungen nach einem einführenden theologischen Grundstudium vor der durchaus wichtigen Spezialisierung in den einzelnen Fächern sollten wir, die wir in verschiedenen Positionen für die Ausbildung verantwortlich sind, nicht zu schnell abfertigen mit dem Hinweis auf ein angeblich fehlendes Problembewusstsein oder eine vermeintlich zu wenig vorhandene Bereitschaft, sich auf das Theologietreiben einzulassen. Sie ist sehr oft auch ein echter Notschrei. Vielleicht gelingt es der Katholischen Fakultät in Bamberg in einer gemeinsamen Anstrengung von Dozierenden und Studierenden einen innovativen und konsensfahigen Entwurf des "Grundkurses" zu erarbeiten, auf den die Katholische Theologie in Deutschland schon seit über 35 Jahren wartet, und der - hier komme ich auf den Festvortrag zurück - den Bogen schlägt zwischen der notwendigen Treue zur Tradition und Geschichte der Theologie und der ebenso notwendigen Inkulturation der christlichen Botschaft in unserer Gesellschaft.

Die Theologie ist in der Tat wohl nicht heilsnotwendig, aber sie ist lebensnotwendig für Kirche und Gesellschaft. Ich danke Ihnen nochmals für diesen Akademischen Festakt, für den damit verbundenen Einblick in das praktische Theologietreiben und für die Gelegenheit, Ihnen ein paar Anmerkungen aus der Sicht eines Bischofs vorzulegen. Ich wünsche der Fakultät, den Dozierenden, allen Mitarbeiterinnen und Mitarbeitern sowie den Studierenden von Herzen Gottes Segen in all seinen sichtbaren Konkretionen für das manchmal mühselige, aber für die Plausibilität unserer christlichen Verkündigung unverzichtbare Geschäft der Theologie und danke Ihnen für all Ihren Einsatz. Sie werden mich immer an Ihrer Seite sehen, wenn es darum geht, für die Akzeptanz der Theologie in der Universität, in der Kirche und in der Gesellschaft einzutreten.

Klaus Schimmöller

Die heilige Katharina von Alexandrien, Patronin unserer Katholischen Universität Eichstätt[1]

(Ansprache zur Segnung der Statue der Universitätspatronin Katharina von Alexandrien in der Kapelle der Katholischen Hochschulgemeinde Eichstätt am 31. Januar 2001.)

Prominente Persönlichkeiten werden oft um Schirmherrschaft gebeten. Eine bekannte Filmschauspielerin spannt sich schützend über wehrlose Robbenbabies. Der Bundespräsident fungiert als Patron für Familien mit ungewöhnlich großer Kinderzahl. Landes -, Regional oder Lokalprominenz ziert die Ehrentribünen bei Jubiläumsfeiern von Verbänden und Vereinen sowie die Titelseiten von Festschriften. Der Schirmherr bzw. die Schirmherrin schreitet beim Festzug stolz voran oder wird sogar in der Festkutsche gefahren.

Die Patronin unserer Katholischen Universität Eichstätt tritt nicht so gravitätisch in Erscheinung. Ihre Statue hat einen schönen Platz in der KHG-Kapelle gefunden. Ich vermute, sie wird in Zukunft ziemlich ruhig da stehen bleiben. Schade wäre es, wenn sie im Laufe der Jahre zu einem selbstverständlichen "Einrichtungsgegenstand" würde, den man nicht mehr "wahrnimmt". Wir dürfen auf die heilige Katharina schauen, auf ihre stillen Signale hören. Wir dürfen das Leben unserer Katholischen Universität unter ihr Patronat stellen. Ich sehe drei Impulse, die von der heiligen Katharina ausgehen können:

    1. Gott an die erste Stelle setzen

    2. sich zu Jesus Christus bekennen

    3. aus göttlicher Weisheit leben

Gott an die erste Stelle setzen

Die Biographie unserer Heiligen handelt im vierten Jahrhundert. Viele legendäre Züge haben sich um ihre Gestalt gelegt. Die Spur der historisch fassbaren Tatsachen führt nach Alexandrien in Ägypten, einer bekannten Stadt des Wissens in der frühen Zeit. Insbesondere die Bibliotheken der Stadt erfreuten sich einer weltweiten Berühmtheit. Die Legende erzählt, dass Katharina aus einer vornehmen Familie stammte. Sie war jung, schön und gebildet. Die Begegnung mit einem christlichen Eremiten machte sie nachdenklich. Sie empfing nach einiger Zeit die Taufe. Sie stülpte ihr Leben um. Sie setzte Gott an die erste Stelle. Eine Überlieferung erzählt: Maxentius

(306-312), der gottähnliche römische Kaiser, kam persönlich nach Alexandrien, um die heidnischen Opferkulte zu überwachen. Dabei sah er Katharina und verliebte sich in sie. Katharina weigerte sich, dem Kaiser die erste Stelle in ihrem Herzen und in ihrem Leben einzuräumen. Den ersten Platz hatte ein anderer: Gott, der Vater Jesu Christi.

Die Tradition der Kirche und ihre Ikonographie stellt dies eindrucksvoll dar. Katharina wird als Jungfrau verehrt, die ihr Leben ganz Gott geweiht hat. In der Tradition der Ostkirche wird sie als heilige Kaiserin gesehen. Seit der Mitte des 13. Jahrhunderts findet man in Darstellungen den Kaiser Maxentius zu Füßen der Heiligen. Auch unsere Darstellung aus der zweiten Hälfte des 15. Jahrhunderts greift das Motiv auf. Dies soll aber nicht der heimlichen Belustigung von Studenten darüber dienen, dass ein Professor mit verständnislosem Gesicht unter den Füßen einer klugen Studentin kleingemacht wird - also kein Anlass für feministische Freudensprünge! Die Aussage ist eindeutig: Der Kaiser muss dem höchsten Gott weichen. So steht Katharina vor uns - mit ihrem Impuls:

Setze Gott an die erste Stelle!

Wir leben in einer Zeit, in der Gott immer mehr zu verdunsten scheint. Man braucht ihn nicht mehr. Es geht ohne ihn genauso gut oder scheinbar sogar besser. Katharina gibt uns gerade in dieser Zeit einen anderen Impuls: Gott ist Realität - nicht der Gott der Philosophen, nicht der Weltgeist, der über allem schwebt, nicht der allmächtige und selbst unbewegte Beweger, nicht der plätschernde Wassermann eines neuen Zeitalters, sondern der Vater Jesu Christi, der alles menschliche Leben in seiner Hand geborgen hält. Zu diesem liebevollen, väterlichen Gott dürfen wir in Beziehung treten, besonders in unserem persönlichen Gebet: im aufdämmernden Morgen eines Tages, in der bergenden Stille des Abends, mitten im hektischen Betrieb des Studienalltags. Diesem treuen Gott dürfen wir unser Leben anvertrauen. In seinen Händen ist es mit jedem Atemzug geborgen. Auch in den Gottesdiensten treten wir mit diesem Gott in eine lebendige Beziehung. Gottesdienste und Meditationen sind nicht nur eine Pflichtübung, nicht verlorene Zeit, sondern Kraftquelle, aus der sich das Leben speist. Aus der Begegnung mit Gott kann eine tiefe Sicherheit erwachsen. Die Existenz dieses Gottes und die liebevolle Beziehung zu ihm dürfen wir auch einander bezeugen. Von Lothar Zenetti stammt ein bemerkenswertes Aperçu: "Gott ist tot", meinte der junge Student. "Merkwürdig", dachte der alte Pater, "eben sprach ich noch mit ihm". Als Glaubende sind wir nicht Auslaufmodelle, sondern Prototypen von Menschen der Zukunft. Prototypen von Menschen, deren Leben reicher und kostbarer und tiefer geborgen ist, weil wir es mit Gott zusammen leben.

Katharina, die Frau mit dem Kaiser unter ihren Füßen, lädt ein:

Setze Gott an die erste Stelle!

Sich zu Jesus Christus bekennen

Katharina war - so wird sie in der Überlieferung gezeichnet - nicht nur eine Meisterin des philosophischen Gesprächs und der scharfen diskursiven Debatte. Katharina war eine Zeugin, eine Blutzeugin. Der erboste Kaiser ließ die junge Frau ins Gefängnis werfen und foltern. Man schlug sie mit Ruten - Christus heilte ihre Wunden. Man räderte sie - Christus zerbrach das Rad. Schließlich brachte man sie mit dem Schwert um - Engel trugen ihren Leib zum nahegelegenen Berg Sinai, wo bis heute eines der ältesten Klöster der Christenheit nach ihr benannt ist. Christus war die Leidenschaft ihres jungen Lebens.

Auch dieses Thema hat sich die Ikonographie zu eigen gemacht. Die mystische Vermählung von Katharina mit Jesus Christus wird vermutlich zum ersten Mal um 1340 n. Chr. in Verona dargestellt. Viele Bilder und Figuren, die seit dem 10. Jahrhundert nachweisbar sind, stellen Katharina als Märtyrerin vor: mit Rad, Schwert oder der Krone der Märtyrer. Christus ist mächtiger als alle menschlichen Macht-Instrumente. Katharina ist auch im qualvollen Tod nicht endgültig gescheitert. Ihre Lebensspur führt zwar in ein äußeres Dunkel hinein; sie endet nach dem Glauben der Kirche jedoch im Fest Gottes. Katharina war auf der Lebensspur Jesu Christi, der gesagt hat: "Wer nicht sein Kreuz trägt und mir nachfolgt, der kann nicht mein Jünger sein." (Lk 14,27) und: 'Wer glaubt, hat das ewige Leben." (Joh 6,47b).

In unserer Zeit werden bei uns Menschen wegen ihres Glaubens an Jesus Christus nicht verfolgt. Dieser christliche Glaube scheint allerdings für viele uninteressant, wenig reizvoll, langweilig geworden zu sein. Andererseits beobachten wir, dass viele Menschen nicht mehr mit den "Durchkreuzungen" des Lebens, mit Leid und Dunkel umgehen können.

Gerade von jungen Leuten unserer Zeit sagt man, sie seien nicht "be-last-bar". Katharina macht deutlich, dass das Bekenntnis zu Jesus Christus dem Leben Stärke und Kraft geben kann - gerade in Belastungen und Grenz-Situationen. Bekennen wir uns zu Jesus Christus?

Habe ich den Mut, in der Öffentlichkeit das Kreuz über mich zu zeichnen, z.B. beim Essen in einem Restaurant? Habe ich den Mut Ja zu sagen, wenn der Schatten des Kreuzes auf mein Leben fällt? Wenn mich eine persönliche Enttäuschung zermürbt? Wenn sich eine Krankheit in meine Physis einfrisst? Wenn mich ein Unfall aus meinen Sehnsüchten und Träumen herausreißt? Habe ich den Mut, mich von der grübelnden, bitteren oder aggressiven Frage "Herrgott, warum?" zu lösen und "Vater, dein Wille geschehe!" zu beten? Lasse ich mich von dem Gedanken anrühren, dass ich mit meinem Leid "ergänze", "was an den Leiden Christi noch fehlt" (Kol 1,24)? Lasse ich mich von der christlichen šberzeugung ermutigen, dass jedes Ja, das ich spreche, Kraft freisetzt? Reinhold Schneider hat aus dieser Überzeugung gelebt: "Das Geheimnis des Kreuzes liegt darin, dass wir es nicht für uns tragen, sondern für andere."

Die Frage, wie wir unserem Bekenntnis zu Jesus Christus Ausdruck und Form verleihen können, sollte auch im Leben der Hochschulgemeinde präsent bleiben. In Arbeitskreisen kann es um christliche Lebenshaltungen gehen. Wir können uns erinnern, dass wir als Glaubende eine Perspektive durch alles Dunkel hindurch in das ewige Licht hinein haben. Zeiten der stillen Besinnung, der Meditation und der Anbetung des gekreuzigten und auferstandenen, in der Gestalt des zerbrochenen Leibes unter uns gegenwärtigen Jesus Christus können uns darauf vorbereiten, uns mit Leidenschaft zu ihm zu bekennen. Die Zusage Jesu Christi, dass er für uns die Krone des Lebens bereithält, lässt uns zuversichtlich auf unser Ende schauen: "Komm in mein Fest!"

Katharina mit der Krone des Martyriums gibt den Impuls mit:

Bekenne dich zu Jesus Christus!

Aus göttlicher Weisheit leben

Eine bekannte Szene aus der Katharina-Legende stellt sie als Gelehrte vor. Kaiser Maxentius setzte fünfzig heidnische Philosophen auf Katharina an, um sie vom Irrtum ihres christlichen Glaubens zu überzeugen. Aber Katharina drehte die gescheiten Leute um; sie entkräftete ihre Argumente. Die Kraft göttlicher Weisheit, die Ausstrahlung des christlichen Glaubens wirkte unwiderstehlich in ihr. Die fünfzig heidnischen Weisen bekehrten sich und ließen sich taufen. Der Kaiser ließ sie alle töten. In ihrem Tod wurden sie selbst zu Zeugen, zu Bekennern der göttlichen Weisheit.

Seit dem 13. Jahrhundert wird Katharina mit dem Buch dargestellt, als personifizierte 'Weisheit'. In der KHG-Kapelle steht ihre Figur über dem Ambo, an dem Gottes Frohe Botschaft und Gottes Weisheit verkündet wird. Dieser Platz erinnert daran, dass es nicht nur um menschliche Sprache geht, die hier kultiviert, nicht um menschliche Klugheit, die hier zelebriert wird. Hier wird die göttliche Weisheit verkündet.

Wir leben in einer Zeit, in der viele Menschen um die Frage kreisen: "Was bringt's?" Die Frage 'Was bringt's?" bringt nichts. Jesus Christus hat sich, seine Kraft, seine Zeit, seine Fantasie, seine Liebe verschenkt. Sein Beispiel und sein Wort bleiben Stachel im Fleisch der Menschheit: "Denn wer sein Leben retten will, wird es verlieren; wer aber sein Leben um meinetwillen und um des Evangeliums willen verliert, wird es retten." (Mk 8,35). Die Lebensfrage der Glaubenden, die sich wie Katharina auf der Spur Jesu Christi befinden, lautet anders: Was kann ich schenken? Wie kann ich dienen? Als ein Professor für Neues Testament zur Exegese der Stelle kam "wer bei euch groß sein will, der soll euer Diener sein" (Mt 20,26b), setzte der gelehrte Herr seine Brille ab. Er sah die Studierenden lange schweigend an. Dann meinte er ruhig: "Meine Damen und Herren, wenn ich aus dem Neuen Testament nichts anderes als diese Stelle hätte, würde es mir genügen, ein Christ zu werden oder ein Christ zu bleiben."

"Dienen" - diesen Geldschein christlicher Weisheit müssen wir immer wieder in die kleinen Münzen des Alltags umwechseln. Dienen kann heißen:

- Zeit haben, wo andere brummen, knurren oder brüllen: "Ich habe keine Zeit."
- Lob haben, wo andere nur herumnörgeln und herummeckern.
- Geduld haben, wo andere aufbrausen: "Das kann man doch von mir nicht mehr erwarten!"
- Verzeihung haben, wo andere poltern: "Da soll doch er/sie anfangen!"
- Engagement haben, wo andere sagen: "Ich bin doch nicht blöd!"
- Perspektive über den Tod hinaus haben, wo andere als Lebensmotiv anbieten: "Genieße dein Leben, denn morgen bist du tot!"

Schatz unseres Lebens bleibt, was wir dienend an andere verschenkt haben. Katharina mit dem Buch vermittelt den Impuls:

Lebe aus der göttlichen Weisheit!

Katharina - lebendig?

Da steht sie - die Figur der heiligen Katharina. Still steht sie da. Bleibt sie unbeachtet? Ist sie nur eine historisch und künstlerisch wertvolle Statue? Oder wird sie in diesem Raum lebendig? Werden ihre drei Impulse zu Zeit-Zeichen?

1. Gott an die erste Stelle setzen
2. sich zu Jesus Christus bekennen
3. aus göttlicher Weisheit leben

Bringt Katharina Besucher dieser Kapelle, Mitglieder der Katholischen Hochschulgemeinde auf die Lebens-Spur Jesu Christi? Läßt sie uns Lieder der Nachfolge Jesu anstimmen? Lieder wie: "Ich möcht', dass einer mit mir geht, der's Leben kennt und mich versteht, der mich zu allen Zeiten kann geleiten. Ich weiß, dass einer mit mir geht." (Hanns Köbler)

---

[1] Titel des Beitrages wurde vom Verfasser des vorliegenden Sammelbandes gewählt

Capueira-Einlage beim Campusgottesdienst der KHG   *Foto: Peter Esser*

Johannes Haas

„Menschen bringen Leben"
Ein Brief an Dr. Alois Brems,
Bischof von Eichstätt (1968-1983)
zur Erinnerung und Ermutigung

Lieber Bischof Alois!

Ein Wort von Dir begleitet mich seit zwanzig Jahren - Dein wegweisendes Wort, das Du der Katholischen Hochschulgemeinde mit auf den Weg gegeben hast, als Du ihr Zentrum eröffnet hast:

> *"Haus und Räume tun es nicht.*
> *Menschen bringen Leben in das Haus!"*

Zwanzig Jahre sind seit jenem 25. November 1981 vergangen. Wir haben den Tag bewußt gewählt: am 100. Geburtstag von Papst Johannes XXIII. hast Du der „Kirche an der Universität" ihr Zentrum übergeben. Im Geist des liebenswürdigen „Papa buono", im Rückenwind des II. Vatikanischen Konzils hast Du die Gemeinderäume als offene Räume eröffnet – offen für Menschen an der Universität und darüber hinaus, die „Leben in das Haus" bringen. Dein Wort ist wegweisend – für die Hochschulgemeinde und für die Universität, für die KHG und die KU, die beide das K als ihren ersten Buchstaben im Namen tragen.
Als Bischof von Eichstätt warst Du für die Universität Wegbereiter und Wegbegleiter – von der Kirchlichen Gesamthochschule (1972) zur Katholischen Universität (1980). Du bist der Bischof, der ihre Gründung vorbereitet und erlebt hat. Dein Wort an die Hochschulgemeinde ist gleichsam auch auf den Grundstein der Universität geschrieben, die damals gegründet wurde:

> *"Haus und Räume tun es nicht.*
> *Menschen bringen Leben in das Haus!"*

Kirchliche Universität und „Kirche an der Universität" – sie stehen unter dem Anspruch Deines grundlegenden Worts. Beide sind mehr als „Haus und Räume". Beide sind für Menschen da, die „Leben in das Haus", „Leben in die Bude" bringen.

Leben in das Haus bringen Mitglieder der Universität, wenn sie sich zum Gottesdienst und Gebet versammeln: am Beginn und Ende des Semesters in der Universitätskirche, jede Woche bei Gottesdiensten in der KHG-Kapelle. Der KHG-Gottesdienst meist am Dienstagabend versteht sich als Hochschul-Gottesdienst; in ihm kommt Leben zur Sprache, das sich im Bereich der Universität ereignet. Das, was die Feiernden prägt – persönlich und beruflich an der Universität -, prägt den Gemeindegottesdienst. Dabei wird uns ein Konzilswort zum Leitwort:

„Freude und Hoffnung, Trauer und Angst im Leben an der Universität sind
Freude und Hofnung, Trauer und Angst im Leben der Hochschulgemeinde."
(vgl. II. Vatikanisches Konzil, Pastoralkonstitution Die Kirche i. d. Welt von heute, 1)

Leben in das Haus bringen Mitglieder der Universität, wenn sie ihre Gemeinde als einen Ort geistiger Auseinandersetzung und geistlicher Besinnung wahrnehmen: bei Vorträgen und Diskussionen, bei Veranstaltungen zu virulenten Themen, in gemeinsamer Suche nach tragfähigen Antworten auf aktuelle Fragen, in Arbeitskreisen und Initiativgruppen. Wenn sich auf dem Boden der KHG Lehrende und Lernende begegnen, kann etwas von dem erfahrbar werden, was Katholische Universität sein will (Stichwort „Studium generale").

Leben in das Haus bringen Mitglieder der Universität, wenn sie sich in ihrer Gemeinde in Freizeitgemeinschaft erleben: am Abend in der KHG-Theke, beim Zusammensein nach Uni-Veranstaltungen und Uni-Sport, bei Feten und Festen, als Gemeinschaft junger Familien nach dem Familiengottesdienst. Die „Universität der kurzen Wege" findet in der Universitätsgemeinde vielfältigen Entfaltungsraum. Das KHG-Logo lädt ein Wege zu wagen – Wege im Raum Universität (das U), im Raum Eichstätt (Ammonit), im Raum Kirche (Kreuz).

Leben in das Haus bringen alle, die sich mit ihren Ideen und Initiativen einbringen: als Mitglieder im KHG-Gemeinderat, der nach Möglichkeit das Spektrum der Universität repräsentiert, als MitarbeiterInnen in Arbeitskreisen und bei Initiativen, als Quer- und VorausdenkerInnen, als SchrittmacherInnen einer fortschrittlichen Kirche – im Sinne des Konzilspapstes, für den die Kirche nicht ein Museum, vielmehr wie ein blühender Garten voll Leben war.

Leben in das Haus der Kirche kommt auf, wenn an alten Mauern Neues wächst. Das KHG-Zentrum an der historischen Stadtmauer ist ein Standort, an dem verstanden werden kann, was Kirche ist: Leben jenseits von Mauern, Aufbruch aus Altem in Neues, Offenheit für Gottes Geist, der wie der Wind weht, wo er will (Joh 3,8).
„Kirche an der Universität" kann zur Wegbereiterin für Kirche werden, die gerade an einer Kirchlichen Universität heranwachsen will: Kirche aus Menschen, die „Leben in

das Haus" bringen – ihr Leben, intensiv gelebt, selbstkritisch reflektiert, an der Kirche orientiert, vor dem Gewissen und dem lebendigen Gott verantwortet. Kirche aus Menschen, die ihre Begabungen als Gaben einbringen – vom Geber aller Gaben berufen sie zu entwickeln und zu entfalten.

Lieber Bischof Alois!

Was hast Du uns in Deinem wegweisenden Wort auf den Weg mitgeben wollen? Hast Du uns auf die Gefahr aufmerksam machen wollen, daß es auf „Haus und Räume" nicht ankommt? Es kommt auf die Menschen an, die die Räume der Universität und ihrer Gemeinde mit ihrem Leben erfüllen. Hast Du uns einladen wollen, zu jeder Zeit für das aufmerksam und offen zu sein, was als „Leben" auf uns zukommt? Leben – niemals zu definieren und abzugrenzen, immer neu zu empfangen und weiterzugeben. In Deinem Wort erklingt Musik des Konzils – die Variation einer Grundmelodie: Leben an der Universität ist Leben in der Hochschulgemeinde – und umgekehrt. Leben in Dur und in Moll. Leben im Licht und im Schatten. „Durch das Dunkel hindurch" (unser gegenwärtiges Semesterthema) sind wir unterwegs zum Licht. Dein Wort ist wie eine Lampe, es begleitet und leuchtet uns auf dem Weg in die Zukunft:

„Haus und Räume tun es nicht.
Menschen bringen Leben in das Haus!"

Mit brüderlichem Gruß

P. JOHANNES HAAS
Hochschulpfarrer

Das Logo der KHG-Eichstätt

Franz Geitner

Katholische Hochschulgemeinde und Katholische Universität
- Zuviel des Katholischen an einer Universität ? -

Der katholische Charakter der KUE zeigt sich laut Vorlesungsverzeichnis im kritischen Hinterfragen von Forschungsergebnissen vor dem Hintergrund des Wertesystems, in den gewählten Forschungsthemen der Wissenschaftler selbst und in einer grundsätzlichen Offenheit. Beispiele dafür sind Vorlesungen in journalistischer Ethik, ein Lehrstuhl für Unternehmensethik, u.a.

In unserer Arbeit als Hochschulgemeinde zeigt sich „Katholisches" in einer anderen Form als es der Universität möglich ist. Nicht Erforschung von Wirklichkeit und Wissensvermittlung, sondern „Seel- und auch Leibsorge" sind für uns handlungsleitende Motive. Was Seelsorge an einer Hochschule für uns bedeutet, ist in unserem Logo ausgedrückt:

Wir sind eine christliche Gemeinde, die aus der Beziehung von Gott zu uns Menschen und von Menschen untereinander lebt. Dafür steht das Kreuz. Das Logo der Universität ist in das Kreuz integriert, so kommt zum Ausdruck, dass wir Kirche an der Hochschule sind. Der die Stadt und das Umland prägende Ammonit geben den konkreten Ort von Universität und Hochschulgemeinde an: die Stadt Eichstätt.

In der Mitte des Logos, zu dem alle Wege führen, geschieht Begegnung von Gott und Mensch und Mensch und Mensch. In vielerlei Formen, bei Gottesdienst, Gespräch und in Stille, bei Feiern, Sitzungen, u.a. eröffnet Hochschulgemeinde Räume und Gelegenheiten, um außerhalb des Universitätsbetriebs in Kontakt zu kommen.

In dem Maße, in dem wir zu uns einladen und Universitätsangehörige bitten, ihre Fähigkeiten und Talente in das Leben der Gemeinde einzubringen, in dem gleichen Maße interessiert und beschäftigt uns das Leben der Menschen an der Universität. Im Programmheft für das Wintersemester 2001/2002 ist das in folgender Weise gesagt:

„Freude und Hoffnung, Trauer und Angst im Leben der Universität sind Freude und Hoffnung, Trauer und Angst im Leben der Hochschulgemeinde. "

Katholisches Profil im Alltag der Universität

Für die Universität kann das bedeuten, dass der Umgang all der Menschen, die es mit ihr zu tun haben, Studenten/innen, Lehrende, Mitarbeiter/innen in den Verwaltungsbereichen, nicht allein vom Alltag der Universität, seinen Aufgaben, Erfordernissen und Pflichten, geprägt ist, sondern eine andere Form findet. Der Bereich des zwischenmenschlichen Miteinanders, der an einer Katholischen Universität, die aus christlichen Werten lebt und ihnen verpflichtet ist, von besonderer Bedeutung für ihre Integrität und Ausstrahlung ist, stellt einen Punkt dar, in dem Hochschulgemeinde Katholische Universität ergänzen und fördern kann. Die räumlichen, inhaltlichen und religiösen Angebote der KHG bieten Gelegenheit zu Begegnungen, Diskussionen, spirituellen Erfahrungen, gemeinsamen Feiern. Werden sie von Hochschulangehörigen in wechselseitiger Offenheit und Wertschätzung erlebt, können sie der täglichen Zusammenarbeit an der Universität eine eigene, in diesem Sinne „katholische" Note verleihen.

Inhaltliche Dimensionen eines Katholischen Profils

Hochschulgemeinde bedeutet für Universität nicht nur Möglichkeiten zu einem offenen Umgang miteinander, sondern birgt auch die Chance, im organisatorischen und wissenschaftlichen Feld ein Profil zu entwickeln, das neue Dimensionen von „Katholisch" im Bereich der Hochschullandschaft eröffnen kann. Die Diskussion, was an einer Universität katholisch ist oder sein kann, was unbedingt dazugehört und was auf keinen Fall sein darf, ist so alt wie Katholische Universität selbst, gute 20 Jahre. Zeiten lebhafter, konfliktreicher und richtungsweisender Auseinandersetzungen, wie in der Gründungs- und Anfangszeit oder zu Jubiläumszeiten, haben sich mit Zeiten ruhigen, beschaulichen und förderlichen Arbeitens abgewechselt. Die Tatsache allein, dass eine Universität mit all ihren Gliederungen und Menschen, die sich an ihr beschäftigen, überlegt und danach sucht, was das Proprium ihrer Existenz ist, kann man wohl nicht als katholisch bezeichnen.

Dennoch ist es bemerkenswert, dass eine Hochschule sich mit ihrem Profil auseinandersetzt und zwar in der Weise, dass sie Werthaltungen und religiöse, im Fall der Katholischen Universität eben katholische, Grundüberzeugungen in den wissenschaftlichen Diskurs einbringt und Ergebnisse wissenschaftlichen Bemühens auf der Folie eben genannter Überzeugungen reflektiert. Die Profilierungsbemühungen anderer Hochschulen sind in der Regel eher darauf gerichtet, durch wissenschaftliche Spitzenleistungen allein Kontur und Ansehen in einem immer mehr auch auf finanzielle Ressourcen zielenden Wettbewerb (Stichwort: Drittmitteleinwerbung) zu erreichen. Wobei das Forschen und Lehren auf hohem Niveau an einer Katholischen Universität keineswegs verboten oder per nomen unmöglich wäre. Gleichwohl: Die bloße Tatsache des Ringens um ein katholisches Profil macht eine Universität nicht zu einer katholischen. Für das Bemühen, Grundlinien dessen zu finden, was Katholizität, nicht negativ abgrenzend, sondern positiv formuliert, heißt, kann Hochschulgemeinde ein Kooperationspartner sein.

Hochschulgemeinde, die Kirche an der Universität ist, kann manche Dinge, die einem katholischen Profil förderlich wären, gelassener und unbeschwerter betrachten und zur Sprache bringen als die Universität selbst. Sie steht nicht in der Weise wie die Universität unter dem Druck, als öffentliche Institution, zwar von der Katholischen Kirche getragen, aber zu einem guten Teil von der öffentlichen Hand finanziert, Katholisch-Sein im akademischen Bereich in einer säkularen Umwelt vertreten zu müssen. Hochschulgemeinde kann katholische Positionen pointierter an- und aussprechen als die im Vergleich mit den staatlichen Universitäten stehende katholische Universität, die auf diesem Feld darauf bedacht sein muß, daß sich ihr Image nicht im Katholisch-Sein auf eine enge und festgelegte Art und Weise erschöpft.
In diesem Spektrum sind sicherlich noch nicht alle Möglichkeiten ausgelotet, doch gute Schritte eines fruchtbaren Miteinanders wurden schon gegangen, z.B. beim Gesprächsabend „20 Jahre Katholische Universität – Jubiläum gefeiert – und dann?", der von der KHG veranstaltet wurde und an dem der Präsident der Universität, Prof. Dr. Wimmer als Gesprächspartner teilnahm.

Kooperation KHG – Katholische Universität

Bei Einladungen an Professoren, bei Diskussionsabenden oder Vorträgen mitzuwirken (z.B. Vortrag zum Thema Depression im Wintersemester 2001/2002 mit Prof. Dr. Hartmann von der Studienrichtung Psychologie), erfahren wir durchweg Bereitschaft, an eben solchen Veranstaltungen mitzuwirken oder sie zu gestalten. Die Kooperation von Hochschulgemeinde und Universität im Bereich von Verwaltung und organisatorischer Zusammenarbeit können wir von unserer Seite als gut bis sehr gut bezeichnen. So ist bei Anfragen bezüglich der Nutzung von Gebäude oder Flächen des Universitätsgeländes für Veranstaltungen der KHG (z.B. Campusgottesdienst im Theatron, Aula für Theateraufführungen) großes Entgegenkommen und bereitwillige Mithilfe zu erleben. Die Möglichkeit, bei der Begrüßung der Erstsemester die Katholische Hochschulgemeinde vorstellen zu können, ist ein weiteres Indiz für die funktionierende Zusammenarbeit.
Die Überlassung von Räumen der Hochschulgemeinde für Vorlesungen oder Seminare, aus Raumnot der Universität oder weil die Räumlichkeiten der KHG für spezielle Lehrangebote besser geeignet sind, belegen die Gegenseitigkeit der Partnerschaft.

Eine kritische Anfrage an die Universität als katholische ist die Tatsache, dass es offensichtlich nicht möglich ist, die Zeit des Hochschulgottesdienstes, Dienstag, 19.15 Uhr, von Lehrveranstaltungen freizuhalten und so für alle Mitglieder der Hochschulgemeinde die Möglichkeit zu eröffnen, am Hochschulgottesdienst teilzunehmen. Die zahlenmäßig geringe Teilnahme am Hochschulgottesdienst hat sicherlich auch mit der generell im Schwinden begriffenen Akzeptanz und Bedeutung von Glaube und Kirche bei den Menschen unserer Zeit und so eben auch bei den Angehörigen der Universität zu tun.

Hier ist meiner Erfahrung nach aber dennoch auf An- oder Nachfrage von Seiten der KHG großenteils Wohlwollen oder Interesse zu spüren. Doch die Bereitschaft, aus Eigeninitiative oder aus einem Bewusstsein von Zugehörigkeit zu einer christlichen Gemeinde heraus das Leben der Hochschulgemeinde aktiv mit zu gestalten, z.B. als gewählte/r Gemeinderat/rätin, oder in einem Arbeitskreis Verantwortung zu übernehmen, ist gering. Diese Realität stellt uns aber auf einer anderen Ebene in den Erfahrungshorizont vieler Hochschulgemeinden, der katholischen Kirche als Ganzen und gerade auch der Katholischen Universität hinein. Diese Situation, die krisenhafte Züge trägt, birgt im Wortsinn von Krise (~ Wendung) Chancen für neue und überraschende Verhaltensweisen von und Zugängen zu Glaube und Kirche, die zu nutzen sowohl einer Katholischen Universität, als auch einer Hochschulgemeinde, die an ihr lebt, gut anstehen würden. So stellt sich statt der Frage „Katholische Hochschulgemeinde und Katholische Universität – zuviel des Katholischen?" eher die gemeinsame Aufgabe, dem „Katholischen" ein Profil und entsprechende Ausformungen zu geben.

Arnulf Neumeyer

Eine Stadt und ihre Universität

Als ehemaliger Student der kirchlichen Gesamthochschule Eichstätt, aus der 1980 die einzige katholische Universität im deutschsprachigen Raum hervorgegangen ist, kann ich aus meiner heutigen Sicht, als Oberbürgermeister von Eichstätt, sicher einiges erläutern.

Welche Bedeutung hat die Katholische Universität Eichstätt für die Stadt Eichstätt?

Für die kleine, beschauliche Stadt Eichstätt im Zentrum des Naturparks Altmühltal ist die in ihren Mauern beheimatete Katholische Universität weit mehr als ein schmückendes Beiwerk. Diese Universität ist neben der Firma OSRAM und der Diözesanverwaltung mit der größte Arbeitgeber in unserer Stadt. Durch die stetigen Baumaßnahmen werden von Seiten der UNI jährlich Aufträge in Millionenhöhe vergeben, die auch oft unseren Handwerksfirmen zu gute kommen. Dies sichert Arbeitsplätze in der Stadt und in der Umgebung.

Aber auch die Studentinnen und Studenten an der Katholischen Universität Eichstätt, zur Zeit ca. knapp 3.000 in Eichstätt und 1.000 in Ingolstadt, tragen zum Umsatz in unserer Stadt bei. Nach verschiedenen Berechnungen verwirtschaftet ein Durchschnittsabsolvent ca. 100.000,- DM bis zu seinem Unidiplom, alles Geld, das in verschiedenster Form in Eichstätt bleibt.

Aber nicht nur die Studenten lassen Geld bei uns, viele von den gut 600 Beschäftigten wohnen und leben hier in Eichstätt oder in seiner nächsten Umgebung. Wenn man nur diese Zahl mit 3 Personen/Haushalt (= durchschnittliche Familie) multipliziert, ist man bei knapp 2.000 Menschen, die eine großen Teil ihres Einkommens in Form von Mieten, Lebensunterhalt und ähnlichem hier in Eichstätt lassen.

Die UNI trägt auch den Namen Eichstätt weit über seine Grenzen hinaus, vor allem dann, wenn sie, was sie auch verdient, bei den Rankings innerhalb deutscher Universitäten auf Spitzenplätzen landet. Dadurch werden viele ins Altmühltal gelockt, Eltern, Verwandte, Studentinnen und Studenten oder einfach Neugierige, und alle diese Leute kurbeln unseren Tourismus an. „Wir studieren dort, wo andere Urlaub machen", dieses Schlagwort Eichstätter Studentinnen und Studenten trifft den Nagel auf den Kopf.

Aber die Katholische Universität Eichstätt hat nicht nur finanzielle Vorteile für die Stadt, auch in anderen Bereichen profitieren UNI und Stadt voneinander, so etwa im Kultur- und Bildungsbereich. Pro Semester stehen viele interessante Gastvorlesungen auf dem Programm, die bestens ausgestattete Unibibliothek steht jedem zur Verfügung, die kulturellen Veranstaltungen geben immer wieder Möglichkeiten zu großem künstlerischen Genuß. Leider ist für viele Bürgerinnen und Bürger der Besuch in der UNI noch nicht selbstverständlich, aber die Verknüpfungen zwischen Uni und Bevölkerung werden immer besser. In fast regelmäßigen Gesprächen versuchen die Verwaltungen von Stadt und UNI Probleme aus dem Weg zu räumen, was meistens gelingt. Man kann abschließend feststellen, die Akzeptanz der UNI wächst in Eichstätt.

Die Eichstätter UNI ist eine katholische Universität. Prägt dieses Katholische auch Geist und Klima in der Stadt?

Die Stadt Eichstätt ist seit Jahrhunderten geprägt von der katholischen Kirche, dies war und ist ein Zeichen unserer Stadt und unserer Bevölkerung. Aber diese katholische Prägung ist nicht von außen aufgezwungen, sie ist vielmehr Bestandteil des Lebens in unserer Stadt, wobei natürlich auch genügend Freiraum für unsere evangelischen Mitchristen bleibt, ebenso wie für die Gläubigen anderer Religionsgemeinschaften. Es ist für mich erfreulich, dass immer mehr ökumenische Verbindungsbande geschlossen werden; die beiden großen Stadtkirchen gehen aufeinander zu, und dies ist gut für die Menschen in unserer Stadt. Die Katholische Universität Eichstätt prägt also nicht die Stadt, der Geist dieser Stadt hat die Katholische Universität Eichstätt geprägt, aufgeschlossen, offen und immer an das göttliche Ziel glaubend.

Das studentische Leben in Eichstätt, gibt´s das wirklich?

Da ich durch meinen Beruf nur selten die Gelegenheit habe, mich in der Eichstätter Szene sehen zu lassen, kann ich es nicht beurteilen, wie toll die studentische Szene hier ist. Jedenfalls haben wir genügend Kneipen anzubieten; ob dies allerdings heute noch reicht weiß ich nicht. Auf jeden Fall hat es vor 30 Jahre gereicht, als der legendäre „Fuxen Kare" im Herzogbräu das Szenelokal schlechthin war. Hier herrschten die oft gewünschte Verzahnung zwischen Bevölkerung und Studentenschaft, beim Fux Kare war dies selbstverständlich. Aber Kneipen, Lokale und Wirtschaften allein tun es nicht, es braucht auch die entsprechenden Leute für diese Kneipen, ob nun als Wirt oder als Gast.

Bedauerlicherweise zeigen sich die wenigen am Ort wohnenden Professoren nicht oft in der allgemeinen Öffentlichkeit, viele dieser Di-Mi-Do-Professoren wohnen gar nicht in Eichstätt. Hier wünschte ich mir mehr Bindung zur Stadt, denn wo sie arbeiten, kann man auch wohnen!

Die kulturellen Inspirationen der Katholischen Universität Eichstätt für die Stadt nehmen zu, wenn ich nur an die immer bestens vorbereiteten Ausstellungen von Herrn Dr. Holzbauer denke. Dieser Mann bemüht sich stets, Dinge anzusprechen, die nicht nur den sog. „Gstudierten" interessieren, er versucht vielmehr Themen zu bringen, welche die große Allgemeinheit interessieren müßte und mittlerweile auch immer mehr tut. Selbstverständlich ist dies ein schöner Auftrag, aber es ist halt noch ein langer, steiniger Weg. Dies trifft aber nicht allein auf die Universitätsstadt Eichstätt zu. Auch in anderen, weitaus älteren Universitätsstädten hat es lange gedauert und dauert es noch, bis sich beide Seiten kulturell inspiriert haben.

Wünsche und Visionen an Katholische Universität Eichstätt

Mein größter Wunsch ist die Einbindung der Stadt Eichstätt in ein Universitätsgremium, z. B. in den Stiftungsrat. Hier wäre dann ein noch besserer Informationsaustausch möglich, die Stadt Eichstätt könnte ihre Wünsche noch besser einbringen. Ebenso liegt mir die dauerhafte Einrichtung des Lehrstuhls für Tourismus am Herzen, meiner Meinung nach für unsere vom Fremdenverkehr lebende Stadt eine dringend notwendige Einrichtung.

Nachdem nun bereits der Name Ingolstadt Bestandteil des Universitätsnamen ist, muß meines Erachtens genau darauf geachtet werden, dass nicht weitere Teile der Universität an die Donau verlegt werden. Denn dann kann es bald sein, dass aus KUE KUI wird. Dies muß aus Sicht der Stadt Eichstätt verhindert werden.

Verzweifelte Lernversuche einer „Sozpäd"studentin   *Foto: Raimund Joos*

Rüdiger und Margit Stein[1]

Katholizismus versus Universität?
Ein Essay aus studentischer Sicht

Die Wissenschaft lehrt uns, dass auch die universitäre Ausbildung, welche je nach dem jeweils zitierten Autor als Institution zum Bereich der sekundären oder tertiären Sozialisation gerechnet wird[2], neben dem Elternhaus, dem Ort der primären Sozialisation[3], wichtige Funktionen bei der Entwicklung von Erlebens- und Verhaltensmustern übernehmen kann:

> *„Neben der Familie tragen verschiedenen soziale, rechtliche, erzieherische und religiöse Organisationen, Massenmedien und andere außerfamiliäre Institutionen in unterschiedlichem Ausmaß dazu bei, welche Arten von Werten und Reaktionsmustern von den Gruppenmitgliedern internalisiert und befolgt werden.“*[4]

Entgegen der weitverbreiteten Meinung kann also auch an Bildungseinrichtungen nicht nur Fachwissen, sondern sehr wohl auch darüber hinausgehende Werte und Normen vermittelt werden – bewusst oder unbewusst.

Nach Erikson und seiner Stufentheorie der psychosozialen Phasen fällt die Zeit des Eintritts in die universitäre Ausbildung in die Zeit um das 20. Lebensjahr, in welcher sich der junge Mensch bereits eine eigene Identität aufgebaut haben sollte, um nicht völlig in einer unverbindlichen Rollendiffusion hin und her gerissen zu sein[5]. Zur Bewältigung dieser Phase sind jene das Individuum umgebenden Sozialisationsinstanzen von großer Bedeutung, für den fleißigen Studierenden also die Universität. In jenen heil'gen Hallen verbringt letzterer nämlich etwa ab seinem 20. Lebensjahr ein Viertel bis ein Drittel seiner Zeit– nur übertroffen durch das Ausmaß der Schlafenszeit, welche jedoch bekanntermaßen gerade bei Studierenden teilweise auf das unbedingt nötige Minimum reduziert wird.

Seit Anfang des letzten Jahrhunderts nahm sich die Forschung auch noch der Fragestellung an, in wieweit die politisch-moralische Ausrichtung und Festigung durch die Universität beeinflusst werden kann. Hier soll stellvertretend eine der frühen Studien von Newcomb Erwähnung finden, die nicht nur wegen ihres ausgesprochen längsschnittlichen Charakters über 20 Jahre hinweg beachtlich ist, sondern auch wegen der nicht weg zu leugnenden strukturellen Parallelen der Katholischen Universität Eichstätt mit dem untersuchten College, welches in einer Kleinstadt in eher ländlichem Gebiet liegt[6]. Newcomb[7] konnte in seinen Untersuchungen zeigen, dass bei der politisch-moralischen Ausrichtung die Institution der Universität in den meisten Fällen sogar von größerer Wichtigkeit ist als die Normvorgabe der Eltern.

> *„Die vorherrschende Norm (der hier untersuchten Universität, nämlich Bennington College in Vermont; Anm. d. Verf.) kann man als einen politischen und wirtschaftlichen Liberalismus bezeichnen. Andererseits kamen die meisten Mädchen aus einem konservativen Elternhaus und brachten konservative Einstellungen mit. Die zu untersuchende Frage war, welchen Einfluss diese 'liberale Atmosphäre' auf die Einstellungen einzelner Studentinnen haben würde.*
> *Der Konservativismus der Studienanfänger nahm mit jedem Jahr stetig ab. Bis zu ihrem Examensjahr waren die meisten Studentinnen zu einer eindeutig liberaleren Haltung 'konvertiert'."[8]*

Diejenigen Studenten, die weiterhin in ihrem Glauben einer konservativen Weltanschauung treu geblieben waren, hatten zu einem großen Prozentsatz engen Kontakt zu ihren Eltern gehalten oder sich in kleine und enge Gemeinschaften von Gleichgesinnten zusammengeschlossen, denen der Konflikt zwischen konservativem Elternhaus und liberalem Geist an der Universität nicht bewusst geworden war[9]. In einer Nachfolgeuntersuchung aus dem Jahre 1963 konnte Newcomb[10] zeigen, dass diese Prägung durch die Universität offensichtlich in eine sensible Phase gefallen war, da auch noch nach 20 Jahren der Einfluss des College spürbar war, da die meisten ehemaligen Studentinnen auch weiterhin die dort erworbene politisch-moralische Haltung beibehalten hatten. Der Einfluss der Universität ist also in der Tat von nicht zu unterschätzendem Einfluss auch auf Weltanschauungen und Gesinnungen der Studierenden.

Obwohl der Staat sowohl politischer wie auch maßgeblich ökonomischer Träger des Bildungssystems in einem säkularen Staat ist und sein muss, so räumt das Grundgesetz doch auch die Möglichkeit ein, in dieser pluralistischen Gesellschaft eine plurale Bildungslandschaft zu unterhalten, in welcher auch eine katholische beziehungsweise katholisch orientierte Universität ihr Biotop finden kann.

Um sich dem Phänomen einer Katholischen Universität anzunähern ist jedoch zunächst eine Begriffsbestimmung des Katholischen und der Universität als solche unabdingbar. Was also bedeutet „Katholizismus"? Was „Universität"? Und sind beide nicht a priori schon widersprüchlich?

Nähert man sich dem Begriff des „Katholischen" etymologisch, so stößt man auf das spätlateinische catholicus bzw. griechische katholikós, das abgeleitet aus dem griechischen holós („ganz") „das Ganze, alle betreffend"[11] bedeutet. Die katholische Kirche ist damit die von Jesus Christus „für alle" gestiftete Kirche[12] Demnach könnte man also mit Fug und Duden behaupten, eine Katholische Universität wäre eine „für alle" gestiftete Universität.

Der Begriff der Universität folgert sich aus dem lateinischen Begriff universitas, der „Gesamtheit"[13] bedeutet. Demnach wäre also die Katholische Universität die „Gesamtheit für alle". Wegen dieser enormen etymologischen Deckungskraft der beiden Begrifflichkeiten des Katholischen und der Universität muss man also den Verdacht der Widersprüchlichkeit völlig ausräumen, und man ist verleitet, hinsichtlich des Begriffs der Katholischen Universität gar von einer Tautologie sprechen.

Was also sollte eine Katholische Universität, eine „für alle" gestiftete Universität ausmachen? Gerade wegen des umfassenden Charakters sowohl der Universität als auch des Katholischen ist es sehr schwierig, hier eine positive Definition im Sinne einer Vorgabe von Bestimmungsstücken zu geben. Vielmehr soll hier zunächst durch eine Negativabgrenzung der Frage nachgegangen werden, was die Katholische Universität nicht sein sollte.

Der katholische Geist oder vielleicht besser der Heilige Geist, der an der Katholischen Universität wehen sollte, lässt sich nicht einfangen und für die Studenten in goldene Lettern und starre Formen pressen. Deshalb sind auch jene Vorstöße abwegig, die versuchen, theologisch-abstraktes Fachwissen allgemein verpflichtend in das universitäre Curriculum aufzunehmen, denn der katholische Geist der Freiheit und der Erlösung sollte nicht in eine Zwangskatholisierung münden. Ein Blick in die Geschichte lehrt uns, dass Zwangsideologisierung jedweder Art schon immer nicht nur moralisch höchst fragwürdig war, sondern darüber hinaus auch keine wirklich nachhaltige Besserung des Menschengeschlechtesmit sich brachte.

Keinesfalls sollte sich der Katholische Geist der Universität in einer Aufgabe des Gebotes der Forschung und Lehre nach wissenschaftlicher Objektivität und Neutralität niederschlagen. Dabei muss nicht extra auf sozialwissenschaftliche Standardwerke der empirischen Forschung verwiesen werden, in denen dargelegt wird, dass sich „wissenschaftliche" Aussagen und Hypothesen dann nicht mehr als falsifizierbar erweisen, wenn zwischen Normen und Vorstellungen und wissenschaftlicher Objektivität nicht mehr unterschieden wird. Dies heißt jedoch nicht, dass Werte, Normen oder weltanschauliche Systeme, wie sie das Katholische oder allgemeiner gesprochen das Christliche darstellen, nicht Gegenstand der wissenschaftlichen Forschung und des wissenschaftlichen Diskurses sein können. Man sollte sich jedoch diesen weltanschaulichen Forschungsgegenständen mit derselben wissenschaftlichen Neutralität annähern wie anderen Objekten auch.

Der katholische Geist der Erneuerung sollte sich also nicht in Konservativismus erschöpfen, der zwar katholische, vielleicht noch christliche Sympathiebekundungen akzeptiert, ja sogar theologische Zweifel toleriert, Reformen überlieferter Ansichten allerdings gleichzeitig verbissen bekämpft und blockiert. Gemeint ist hier jenes Verhalten, welches einst ein literarisch wie religiös engagierter Katholik in seinem berühmt gewordenen „Brief an einen jungen Katholiken" parodiert:

„So können Sie, lieber Herr M., bei Pfarrer U. getrost etwaige Zweifel am Dogma von der leiblichen Himmelfahrt Mariens äußern; es wird Ihnen eine höchst subtile, gescheite und theologisch saubere Unterweisung zuteil werden; sollte es Ihnen jedoch einfallen, Zweifel am (unausgesprochenen) Dogma von der Unfehlbarkeit der CDU zu äußern, so wird Pfarrer U. auf eine nervöse Weise ungemütlich und unsubtil."[14]

Auch eine strikte katholische Normierung sowohl bei der Auswahl des Lehrpersonals oder der Studenten an der Katholischen Universität zum Zwecke subtiler Einflussnahme läuft dem katholischen, da allumfassenden Geist zuwider. Dabei ist das einseitige Auswählen von Personen nach Religions- oder Konfessionszugehörigkeit ebenso abzulehnen wie versteckktere Benachteiligungen über das Ansetzen sekundärer Auswahlfaktoren, die aber in ihrer Absicht dennoch abzielen auf die Frage Margaretens: „Nun sag, wie hast du's mit der Religion?", um hier den Herrn Geheimen Rat zu bemühen[15].

All dies würde dem Studenten seine Mündigkeit absprechen und ihn zu einem beliebig beeinflussbaren Objekt degradieren, der nur einer bestimmten ideologischen Meinung ausgesetzt werden soll, um sich von vorn herein nicht anders entscheiden zu können. Würde der Student bloß einem sorgfältig katholisch vorsortierten Lehrpersonal ausgesetzt und nur mit bestimmten Kommilitonen in Verbindung gebracht und nur mit bestimmten katholisch gefilterten Lehrinhalten beschult, so würde dies völlig dem ganzheitlichen Charakter des Katholischen widersprechen. Eine solche Universität wäre deshalb für die oikumene nicht hinnehmbar und nicht würdig, den Namen Katholisch im Sinne eines allumfassenden Prinzip zu tragen.

Was aber, so fragt man sich nun, sollte dann eine Katholische Universität ausmachen? Neben der Aufgabe, an den Studierenden fachliche Qualifikationen heranzutragen, sollte sich die Katholische Universität in ganz besonderem Maße darum bemühen, Werte und Ziele den jungen Menschen näherzubringen. Bereits zu Beginn des letzten Jahrhunderts stellte Georg Kerschensteiner (1854–1932) in seinem zentralen Werk „Über die Seele des Erziehers"[16] fest: „Erziehen heißt Verwirklichung von Werten in einem anderen Menschen"[17].

Als übergreifender Wert muss dabei insbesondere die Übernahme von Verantwortung durch die Studierenden gefördert werden. Die Katholische Universität sollte vermitteln, dass die Qualifikationen, die der Student dort erwirbt, sowohl als Chance wie auch als Aufgabe im gesamtgesellschaftlichen Kontext zu sehen sind. Die an der Universität erlernten Fähigkeiten und Fertigkeiten sollten nicht nur dem persönlichen Fortkommen in materieller oder sozialer-persönlicher Hinsicht dienen, sondern gerade auch dazu benutzt werden, um aus der Verantwortung heraus aktiv am Aufbau einer gerechteren, sozialeren und friedlicheren Welt mitzuwirken. Hier soll abermals der Pädagoge Kerschensteiner zitiert werden, der bereits vor beinahe einem Jahrhundert jenen Gedanken wie folgt formulierte:

> *„(...) das Ethos fängt erst dort an, wo der Mensch in seinen Zielen und Zwecksetzungen zur Vervollkommnung des Gemeinwesens beiträgt, dem er angehört: der Humanismus hat uns gelehrt, die Menschheit als die große Gemeinbürgschaft zu betrachten, auf die hin jeder einzelne moralisch verpflichtet ist."*[18]

Im Rahmen der Katholischen Universität ist es möglich, Übernahme von Verantwortung auf zweierlei Arten zu fördern: Zum einen, indem man ein breit gefächertes Angebot bereithält, bei dem sich der Student und später auch der Absolvent einbringen kann. Zum zweiten, indem man im Rahmen einer qualifizierten Studienberatung, die immer auch die Persönlichkeit und die Interessen des einzelnen im Auge haben muss, nicht nur fachliche Hilfestellung anbietet, sondern auch Optionen für die Übernahme von Verantwortung an den einzelnen heranträgt. Seit einigen Jahren erfährt der Begriff des Coaching in den Personalabteilungen führender Unternehmen und Institutionen ja einen ungeahnten Aufschwung. Deshalb sollte gerade auch die Katholische Universität ihre Studierenden intensiv fachlich und persönlich begleiten, damit ihre Talente und Fertigkeiten biblisch gesprochen tausendfach für sie und andere Frucht bringen können.

Die Möglichkeiten einer offenen Katholischen Universität erschöpfen sich nämlich nicht in einem Haus mit wissenschaftlichen Inhalten aus Lehre und Forschung auf einem unsicheren Fundament ohne Werte. Sie implizieren vielmehr, gerade im katholischen Sinne, allen Menschen Möglichkeiten und Angebote für die Weiterentwicklung der Gesamtheit von Mensch und Umwelt unterbreiten zu können. Denn gerade die „Bewohner" dieses Hauses sollten ihre Gaben nicht nur für ihr eigenes Wohlergehen ausbeuten, sondern sie für die große Aufgabe einsetzen, weltweit zu mehr Frieden, Freiheit, Gerechtigkeit und Solidarität beizutragen, denn:

> *„Eine Gabe ist eine Aufgabe."*
> (Käthe Kollwitz)

[1] Rüdiger Stein, geb. 1975, hat von 1995 bis 2001 in Eichstätt und Rennes Geschichte und Politikwissenschaft studiert und 2001 mit dem Grad Magister Artium abgeschlossen. 2002 wird er das Staatsexamen für das Lehramt an Gymnasien in den Fächern Deutsch, Geschichte und Sozialkunde ablegen. Margit Stein, geb. 1975, hat von 1994 bis 2000 in Eichstätt studiert und 1999/2000 ihre Diplome in Psychologie und Pädagogik erworben. Sie arbeitet seit 2000 als wissenschaftliche Projektmitarbeiterin am Lehrstuhl für Sozialpädagogik und promoviert über das Phänomen der besonderen beruflichen Begabung. Beide Autoren sind katholisch, sind wohl auch in wesentlichen Zügen durch die Katholische Universität sozialisiert worden, haben sich in Eichstätt kennen gelernt und ihre wissenschaftlichen Weihen erhalten und schlossen schließlich eine katholischen Ehe, womit man die Katholische Universität Eichstätt nicht nur als einzige Katholische Universität, sondern wohl auch als bedeutsames katholische Eheanbahnungsinstitut im deutschsprachigen Raum bezeichnen könnte.

[2] Vgl. Hurrelmann, K. (Hg.): Sozialisation und Lebenslauf. Hamburg 1976 und vgl. Geulen, D. und Hurrelmann, K.: Zur Programmatik einer umfassenden Sozialisationstheorie, in: Hurrelmann, K. und Ulich, D. (Hgg.): Handbuch der Sozialisationsforschung. Weinheim 1980. S. 51-67.

[3] Vgl. Bandura, A.: Sozialisierung (Sozialisation), in: Arnold, W., Eysenck, H. J. und Meili, R. (Hgg.). Lexikon der Psychologie. Bd. 3. Augsburg 1996. S. 2110-2116.

[4] Bandura, A.: Sozialisierung (Sozialisation), in: Arnold, W., Eysenck, H. J. und Meili, R. (Hgg.). Lexikon der Psychologie. Bd. 3. Augsburg 1996. S. 2114.

[5] Vgl. Erikson, E. H.: Identity, youth, and crisis. New York 1968 und Erikson, E. H.: Jugend und Krise. Stuttgart [2]1974.

[6] Vgl. Zimbardo, P. G.: Psychologie. Berlin u.a. [4]1983.

[7] Vgl. Newcomb, T. M.: Attitude development as a function of reference groups, in: Macoby, E. E., Newcomb, T. M. und Hartley, E. L. (Eds.). Readings in social psychology. New York 1958 und vgl. Newcomb, T. M.: Persistence and regression of changed attitudes: Long-range studies, in: Journal of Social Issues 19 (1963). S. 3-14.

[8] Zimbardo, P. G.: Psychologie. Berlin u.a. [4]1983. S. 623.

[9] Vgl. Newcomb, T. M.: Attitude development as a function of reference groups, in: Macoby, E. E., Newcomb, T. M. & Hartley, E. L. (Eds.). Readings in social psychology. New York 1958.

[10] Vgl. Newcomb, T. M.: Persistence and regression of changed attitudes: Long-range studies, in: Journal of Social Issues 19 (1963). S. 3-14.

[11] Duden. Bd. 7: Etymologie. Herkunftswörterbuch der deutschen Sprache. Bearb. von Drosdowski, G. und Grebe, P. Mannheim 1963. S. 317.

[12] Mayers Taschen Lexikon in 10 Bänden. Hg. und bearb. von Meyers Lexikonredaktion. Mannheim u.a. 1999. S. 1764.

[13] Duden. Bd. 7: Etymologie. Herkunftswörterbuch der deutschen Sprache. Bearb. von Drosdowski, G. und Grebe, P. Mannheim 1963. S. 731.

[14] Böll, H.: Hierzulande. Aufsätze zur Zeit. München [9]1973. S. 37.

[15] Goethe, J. W. v.: Faust. Hamburger Ausgabe. Bd. 3. München 1998. S. 109.

[16] Kerschensteiner, G.: Die Seele des Erziehers und das Problem der Lehrerbildung. Stuttgart [9]1965.

[17] Rattner, J.: Große Pädagogen. München, Basel 1956. S. 150.

[18] Rattner, J.: Große Pädagogen. München, Basel 1956. S. 155.

Klaus Walter Littger

Unio bibliothecarum catholicarum
Aufgaben der Bibliothek einer
Katholischen Universität

Hochschulbibliotheken sind Dienstleistungsbetriebe. Sie gewährleisten *die Versorgung mit Literatur und anderen Informationsmitteln für Forschung, Lehre und Studium aller Mitglieder der Universität,* heißt es in der Eichstätter Bibliotheksordnung[1], könnte so aber in jeder beliebigen Universitätsbibliotheks-Ordnung stehen[2]. Die Aufgabe wird erfüllt durch Aufbau und Pflege eines allgemein- und fachwissenschaftlichen Buch- und AV-Medien-Bestandes, die Vermittlung von elektronischen Informationen aller Art und einen leistungsfähigen Fernleihverkehr. Kurz, Sammeln, Verzeichnen, zugänglich Machen und Anbieten aller für Forschung, Lehre und Studium notwendigen Literatur und anderer Informationsmittel eigener und auswärtiger Bestände sind die Aufgaben einer Universitätsbibliothek, auch die einer Katholischen Universität. Eventuell darüber hinaus gehende Aufgabenstellungen richten sich nach dem Selbstverständnis der jeweiligen Hochschule. In Eichstätt gehört dazu aufgrund der Vorgeschichte die Verwaltung weiterer, insbesondere kirchlicher Bibliotheken mit größeren Altbeständen. Nicht zuletzt wegen dieser mehrfachen Zuständigkeit eröffnen sich der Universitätsbibliothek Eichstätt zahlreiche Möglichkeiten, das übliche Aufgabenfeld einer Universitätsbibliothek deutlich zu überschreiten und als kirchliche Bibliothek Profil zu gewinnen. Das bedeutet vor allem:

Sammeln: Neben Aufbau und Pflege des universitätseigenen Bestandes Übernahme kirchlicher Bibliotheken, deren Träger zur Erhaltung ihrer Bibliotheken nicht mehr in der Lage sind, ins Eigentum der Universität sowie vertraglich geregelte Mitverwaltung eigenständiger Bibliotheken.

Bewahren: Konservatorisch angemessene Aufbewahrung einschließlich eventuell erforderlicher Restaurierungen aller von der Universitätsbibliothek verwalteten Bestände sowie einschlägige Beratung der Bibliotheken anderer kirchlicher Träger.

Erschließen: Nachweis aller Bestände in allgemein zugänglichen Katalogen unter formalen und fachspezifischen Aspekten, möglichst online und über Internet auch überregional. Zusätzlicher Nachweis der Neuerwerbungen in eigenen, fachlich angeordneten Neuerwerbungslisten. Erschließung wertvoller Sonderbestände wie Handschriften, Nachlässe, Graphische Sammlung in eigenen Katalogen, zusehends auch in EDV-Katalogen.

51

Vermitteln: Bereitstellung der Bestände am Ort oder nach auswärts bzw. Vermittlung von Beständen, die nur andernorts vorhanden sind. Auch die Präsentation in Ausstellungen ist eine Form der Vermittlung.

Mitarbeit in kirchlichen bibliothekarischen *Gremien.*

Um eine gute Informationsversorgung sicherzustellen, ist die Universitätsbibliothek Eichstätt Mitglied der einschlägigen bayerischen und überregionalen bibliothekarischen Verbände und Kommissionen. Sie tritt dabei als Nutznießer, aber in umfangreichem Maße auch als Dienstleister auf[3]. Die Eichstätter Hochschulbibliothek ist also in jeder Hinsicht anderen Hochschulbibliotheken vergleichbar[4], bei den Evaluationen der deutschen Hochschulen schneidet die Katholische Universität Eichstätt bislang nicht zuletzt wegen ihrer Bibliotheksverhältnisse gut ab.

Die Universitätsbibliothek übt zugleich eine Reihe außeruniversitärer Funktionen aus, die jedoch in erheblichem Maße der Universität zugute kommen. Zum einen ist sie seit der Aufhebung der Staatlichen Bibliothek Eichstätt 1982 auch Wissenschaftliche Regionalbibliothek für die Bevölkerung von Stadt und Region Eichstätt[5]. Daneben betreut sie, unmittelbar oder mittelbar, vor allem mehrere kirchliche Bibliotheken, seien es nun eigenständige, aber durch die Universitätsbibliothek verwaltete, wie z.B. die Bibliothek des Bischöflichen Seminars (*Seminarbibliothek*)[6], seien es ins Eigentum der Universitätsbibliothek übernommene wie z.B. die Zentralbibliothek der Bayerischen Kapuzinerprovinz[7], oder seien es selbständige, die von der Universitätsbibliothek in unterschiedlichen Bereichen unterstützt werden, wie z.B. die Bibliothek der Benediktinerinnenabtei St. Walburg/Eichstätt[8]. Abgesehen von der letzten Gruppe[9] sind diese Bibliotheken konstitutiver Bestandteil des Eichstätter Bibliothekssystems. Das unterstreicht der erste Artikel der Bibliotheksordnung: Die *Bestände* dieser Bibliotheken *stehen für die Aufgaben der Universitätsbibliothek zur Verfügung*[10]. Die für die verschiedenen Bibliotheken anfallenden bibliothekarischen Arbeiten werden in den Geschäftsgängen der Universitätsbibliothek nach Möglichkeit gebündelt, und der Benutzer merkt in der Regel gar nicht, wessen Eigentum er gerade in Händen hält.

Die Gelegenheit, die Zentralbibliothek der Bayerischen Kapuziner in Altötting, rund 400.000 Bände aus bayerischen Kapuzinerkonventen, die im Laufe der letzten Jahrzehnte aufgehoben worden sind, zu übernehmen, ergab sich 1999 aus der Verbindung der Universitätsbibliothek mit der ehemaligen Staatlichen Bibliothek Eichstätt. Denn zu der Zentralbibliothek gehörten zahlreiche Bände, an denen der Freistaat Bayern Eigentumsrechte beansprucht, die auf die Säkularisation zurückreichen. Deren korrekte Zuordnung innerhalb des Eichstätter Bibliothekengefüges zur Bibliothek der Katholischen Universität bzw. zur ehemaligen Staatlichen Bibliothek überließ der Freistaat der Universitätsbibliothek[11]. Bayerische Kapuzinerprovinz und Universitätsbibliothek Eichstätt stellen gemeinsam das Personal zur Bearbeitung dieses umfangreichen Bestandes von Drucken des 15. bis 20. Jahrhunderts, Handschriften und graphischen Blättern. Die Angehörigen der Kapuzinerprovinz genießen besondere Rechte zur Benutzung des Bestandes, auf dessen Titel sie, soweit sie inzwischen katalogisiert sind, auch von auswärts über Internet zugreifen können.

Schon seit Mitte der 90er Jahre wurden dem kirchlichen Personal der Erzdiözese München- Freising und der Diözese Eichstätt die gleiche Möglichkeit eingeräumt, so dass Geistliche und Laien die ausleihbaren Bestände über Internet direkt bestellen können[12]. Auf diese Weise agiert die Universitätsbibliothek als eine Diözesanbibliothek, was sie ja in der Funktion der Seminarbibliothek im Grunde auch ist. In Verbindung mit dem Diözesanarchiv, dem Diözesan- und dem Juramuseum und der Diözesanbildstelle soll sie deshalb künftig stärker ins kirchliche Kultur- und Bildungsleben der Diözese Eichstätt einbezogen werden. Hierzu wurden Planungen mit der Diözesanleitung aufgenommen.

Nach dem Zweiten Weltkrieg war wegen der großen Kriegsverluste in Westdeutschland ein System von Sondersammelgebietsbibliotheken eingerichtet worden. Die teilnehmenden Bibliotheken erwerben mit Unterstützung der Deutschen Forschungsgemeinschaft schwerpunktmäßig Literatur bestimmter Fächer. Zuständig für katholische und evangelische Theologie ist die Universitätsbibliothek Tübingen. Die Bibliothek der wesentlich später errichteten Katholischen Universität Eichstätt wurde in dieses System nicht einbezogen. Sie setzte im Lauf der vergangenen 20 Jahre eigene Schwerpunkte. Z.B. schloss die Katholische Universität Eichstätt Ende 1981 einen Vertrag mit der Arbeitsgemeinschaft Katholische Presse (*AKP*); die Universitätsbibliothek erhielt das gesamte Zeitschriftenarchiv dieser Vereinigung zur Archivierung und laufenden Fortführung und verfügt somit heute über den kompletten Bestand der aktuellen deutschen katholischen Zeitschriften, darunter vor allem sämtliche Kirchenzeitungen. Anderthalb Jahre später übergab der Verband Katholischer Verleger und Buchhändler (*VKB*) sein Verbandsarchiv. Es wird seither ebenfalls von der Universitätsbibliothek betreut. Ihm schloß sich einige Jahre später der Dreiländerausschuss der katholischen Buchhändler- und Verlegervereinigungen Deutschlands, Österreichs und der Schweiz an. Mit dem österreichischen und dem Schweizer Verband selbst ist eine Zusammenarbeit vorgesehen. Die Inklings-Gesellschaft, eine literarische Gesellschaft um die englischsprachigen anglikanischen und katholischen Schriftsteller G.K. Chesterton, D. Jones, C.S. Lewis, G. MacDonald, D.L. Sayers, J.R.R. Tolkien und Ch. Williams, hat ihr Archiv und ihre Bibliothek zur Betreuung und Fortführung 1994 der Universitätsbibliothek Eichstätt übergeben[13]. Insgesamt betreut die Universitätsbibliothek derzeit 17 verschiedene, unterschiedlich umfangreiche Archive.

Innerhalb der Arbeitsgemeinschaft Katholisch-Theologischer Bibliotheken (*AKThB*), in der vor allem deutsche, österreichische und Südtiroler Bibliotheken kirchlicher Hochschulen, Diözesanbliotheken, Ordens-, Kloster- und Spezialbibliotheken zusammengeschlossen sind, ist die Universitätsbibliothek Eichstätt größter Teilnehmer. Sie dient daher im Innerkirchlichen Fernleihverkehr dieser Arbeitsgemeinschaft als bevorzugter Leihgeber. Derzeit wird auf Eichstätter Initiative hin eine Katalogisierung der zahlreichen, zu einem beträchtlichen Teil noch nicht nachgewiesenen Handschriften im Besitz katholischer und evangelischer kirchlicher Bibliotheken in die Wege geleitet. Die Universitätsbibliothek arbeitet bei der Herausgabe des Jahrbuchs "Kirchliches Buch- und Bibliothekswesen" mit, das seit 2000 im Auftrag der AKThB und des Verbandes der evangelischen wissenschaftlichen Bibliotheken (*VkwB*) erscheint, und wirkt an den Aus- und Fortbildungsveranstaltungen der beiden Verbände mit.

Herausgebertätigkeiten und Förderung von Editionen sind keine bloß sammelnden und vermittelnden Dienstleistungen mehr, da wird die Universitätsbibliothek unmittelbar wissenschaftlich aktiv. Seit Jahren publiziert sie Kataloge ihrer Sonderbestände, zu deren Erschließung neben bibliothekarischen Fachkenntnissen vielfältige Spezialkenntnisse erforderlich sind, seien es Kataloge der mittelalterlichen und neuzeitlichen Handschriften[14], Musikhandschriften[15], Flugschriften[16] und Nachlässe[17] aus den von der Universitätsbibliothek betreuten kirchlichen Bibliotheken, über Einzelgruppen der Graphischen Sammlung[18] oder z.B. der Schellackplatten[19]. Auch wurde begonnen, Quellen aus den Beständen der betreuten Bibliotheken zu edieren. Daneben stellt die Universitätsbibliothek diese und andere Bestände in Ausstellungen vor. In den vergangenen 25 Jahren hat die Bibliothek weit über 100 Ausstellungen gezeigt, neben zahlreichen übernommenen eine Reihe eigener. Für das ökumenische Bibeljahr 2003 z.B. ist auf Anregung der Deutschen Bischofskonferenz und der EKD eine Bibel-Ausstellung geplant. Auch sind in Zusammenarbeit vornehmlich mit dem Diözesanarchiv und dem Diözesanmuseum mehrere Ausstellungen veranstaltet worden, die sich bevorzugt kirchlichen Themen widmeten, z.B. die große Willibald-Ausstellung, Ausstellungen zur Geschichte des Eichstätter Domes und der Eichstätter kirchlichen Hochschule(n), über Professoren der Philosophisch-Theologischen Hochschule und der Katholischen Universität. U.a. wurden Ausstellungen zur Geschichte des Katechismus, über Ausgrabungen in Jericho und Qumran, über die Kapuzinermission in Chile und auf den Osterinseln gestaltet[20], Ausstellungen, deren Wirkung auf die Besucher oft ihren Niederschlag in Einträgen des Besucherbuchs finden. Da seufzte zwar eine Bibliothekarin anläßlich der Qumran-Ausstellung, es sei schon ein *besonderes Gefühl*, daß man, um seinen *Arbeitsplatz erreichen zu können, jedesmal an Totenschädeln vorbeilaufen* müsse. Aber häufiger fühlen sich die Betrachter auf andere Weise angesprochen, anläßlich der Kapuzinermissions-Ausstellungen z.B.:

Mein Bruder [...] war viele Jahre in Chile als Missionar, oder: *Interessant zu sehen, was mein Onkel [...] in 60jähriger Missionsarbeit in Chile geleistet hat. Alle Hochachtung.* Anläßlich einer Ausstellung über das Warschauer Getto wehrte sich ein Besucher: *Warum schreiben Sie dauernd: das darf sich nicht wiederholen? Es wiederholt sich doch täglich!* Andere Besucher schlossen sich dem an - eine unmittelbarere Wirkung kann man kaum wünschen.

Die Universitätsbibliothek Eichstätt betätigt sich also auf vielfältige Weise als kirchliche wissenschaftliche Bibliothek. Sie muss auch dabei stets abwägen zwischen der Verantwortung für eine angemessene Bestandserhaltung und der Verpflichtung zu einer möglichst effizienten aktuellen Informationsvermittlung.

---

[1] Amtsblatt der Stiftung Katholische Universität Eichstätt 9 (1985) Nr. 2, S. 50 Art. 2 (1).

[2] In Eichstätt ist sie aus der Bamberger übernommen, vgl. Bibliotheksforum Bayern 7 (1979) S. 156-162.

[3] Z.B. ist die Fachhochschulbibliothek Ingolstadt über die Universitätsbibliothek Eichstätt dem Bayerischen Bibliotheksverbund (BVB) angeschlossen, die Wissenschaftliche Stadtbibliothek Ingolstadt ist im Rahmen des deutschen Leihverkehrs der Universitätsbibliothek Eichstätt als Leitbibliothek zugeordnet, die Staatliche Bibliothek Neuburg ist ebenso wie die Ingolstädter Bibliotheken durch das Eichstätter Bücherauto dem bayerischen und deutschen Bücherauto-Leihverkehr angeschlossen.

[4] Dank der Gewährleistungsverpflichtung, die der Freistaat Bayern laut Konkordat gegenüber der Katholischen Universität eingegangen ist, partizipiert die Universitätsbibliothek auch an den finanziellen Sonderprogrammen des Landes für seine Hochschulen.

[5] Hierzu und zum folgenden vgl. Klaus Walter Littger: Von der Staats- und Seminarbibliothek zur Bibliothek der Katholischen Universität Eichstätt, in: Bibliothekslandschaft Bayern. Festschrift für Max Pauer zum 65. Geburtstag. Wiesbaden 1989, S. 178ff.

[6] Klaus Walter Littger: Die Bibliothek des Bischöflichen Seminars St. Willibald. Aus 250 Jahren Eichstätter Bibliotheksgeschichte. Ausstellungskatalog und Bibliothekskatalog von 1745. Eichstätt, 1993 (Schriften der Universitätsbibliothek Eichstätt. Bd 22).

[7] Klaus Walter Littger: Die Übernahme der Zentralbibliothek der Bayerischen Kapuziner durch die Universitätsbibliothek Eichstätt, in: Buch- und Bibliothekswesen. Jahrbuch 1 (2000) S. 133-140.

[8] Andreas Friedel: Die Bibliothek der Abtei St. Walburg. Wiesbaden, 2000. (Schriften der Universitätsbibliothek Eichstätt. 45.) Dazu in Auswahl die Volltextausgabe "Edition St. Walburg" auf Mikrofiches oder CD-ROM, erschienen bei Belser Wissenschaftlicher Dienst. Wildberg bei Stuttgart, 1993ff.

[9] Vgl. dazu Klaus Walter Littger: Die Kooperation der Universitätsbibliothek Eichstätt mit kirchlichen Bibliotheken, in: Bibliotheksforum Bayern 26 (1998) S. 9-12.

[10] Bibliotheksordnung, S. 49, Art. 1 (2).

[11] Littger: Die Übernahme (wie Anm. 6), S. 135 und 136f.

[12] Verschiedene, z.T. gebührenpflichtige Formen der Fernleih-Direktbestellung über Internet sind zwar zwischen wissenschaftlichen Bibliotheken seit Kurzem möglich, aber die Universitätsbibliothek Eichstätt bietet diesen Dienst für das Diözesanpersonal schon seit Mitte der 90er Jahre.

[13] Gisbert Kranz: Die Inklings-Bibliothek in Eichstätt. Werden und Wachsen einer Sammlung, in: Inklings-Jahrbuch 12 (1994) S. 195-200.

[14] Z.B. Stefan Kellner: Die neuzeitlichen Handschriften der Universitätsbibliothek Eichstätt. Bd. 3: Die Handschriften der Bischöflichen Seminarbibliothek Cod. sm 600 - 1272. Die Kollegschriften aus dem 19. und frühen 20. Jahrhundert. Wiesbaden, 1998. (Kataloge der Universitätsbibliothek Eichstätt. 2,3.)

[15] Z.B. Christoph Großpietsch: Thematischer Katalog der Musikhandschriften in Eichstätt. 2: Sammlung Raymund Schlecht. Nach Vorarb. von Hildegund Hauser. 2 Bde. München, 1999. (Kataloge Bayerischer Musiksammlungen. 11,2/3.); Helga König, Cordula Schütz: Die Musikdrucke des Bischöflichen Seminars Eichstätt. Münchjen, 2001. (Ebd. 11,6.).

[16] Christina Hofmann: Die Flugschriften der Universitätsbibliothek Eichstätt. Wiesbaden, 1990. (Kataloge der Universitätsbibliothek Eichstätt. 6.)

[17] Z.B. Helga König, Cordula Schütz: Die Bibliothek der Inklings-Gesellschaft. Nach Vorarb. von Christina Hofmann-Randall. Wiesbaden, 2001. (Kataloge der Universitätsbibliothek Eichstätt. 7,1.)

[18] Z.B. Claudia Grund: Der Dom zu Eichstätt im 19. Jahrhundert. Entwurfzeichnungen, Ansichten. Wiesbaden, 1992. (Kataloge der Universitätsbibliothek Eichstätt. 8,1.)

[19] Christian Büchele, Helga König, Cordula Schütz: Die historischen Tonträger der Universitätsbibliothek Eichstätt. Tutzing, 1999. (Kataloge der Universitätsbibliothek Eichstätt. 10.) Vgl. auch: Christian Büchele: Geschichte der Tonträger. Von der Erfindung der Schallplatte zu den digitalen Medien. Begleitheft zur Ausstellung. Tutzing, 1999. (Schriften der Universitätsbibliothek Eichstätt. 44.)

[20] Die Ausstellungskataloge sind durchweg in den "Schriften der Universitätsbibliothek Eichstätt" erschienen.

Nikolaus Lobkowicz und Leonid Luks

ZIMOS als Brücke zwischen Ost und West

Das Zentralinstitut für Mittel- und Osteuropastudien (ZIMOS) wurde nach umfangreichen Fundraising-Aktivitäten im Sommer 1994 errichtet. Zu seinem Direktor wurde der damalige Präsident der KUE, Prof. Dr. Nikolaus Lobkowicz, gewählt.

Im Jahre 1995 wurde in einer engen Verbindung mit dem ZIMOS die Stiftungsprofessur für Mittel- und Osteuropäische Zeitgeschichte errichtet, die Bestandteil der Geschichts- und Gesellschaftswissenschaftlichen Fakultät der KUE ist. Die Professur widmet ihre Aufmerksamkeit in erster Linie der neueren und neuesten Geschichte Rußlands und Ostmitteleuropas (19. und 20. Jahrhundert) und erforscht die geschichtliche Entwicklung dieser beiden benachbarten Regionen, deren historische Schicksale sich grundlegend voneinander unterscheiden.

Seit seiner Errichtung versteht sich ZIMOS als eine Brücke zwischen Ost und West, es unterstützt Transformationsprozesse in Osteuropa, arbeitet eng mit osteuropäischen Universitäten und anderen Einrichtungen zusammen, beteiligt sich am interkonfessionellen und interkulturellen Dialog. Diese Tätigkeit spiegelt sich in mehreren Projekten, Publikationen und Tagungen des Instituts wider. Einige davon sollen nun erwähnt werden:

1. Hilfestellungen des ZIMOS in Mittel- und Osteuropa

Eine der satzungsgemäßen Aufgaben des ZIMOS besteht darin, Transformationsprozesse in Mittel- und Osteuropa zu unterstützen. Neben Tagungen, die zur Problembewältigung beitragen sollen (etwa die Tagung über das Bankenwesen in der Tschechischen Republik, jene über die Probleme der Kirche in Polen oder die zwei Tagungen in Zusammenarbeit mit der Hanns Seidel-Stiftung Prag über die Beziehungen zwischen Deutschen und Tschechen in Böhmen und Mähren), leistet dies ZIMOS u.a. in folgender Weise:

- ausführliche Beratung (so etwa bei der Errichtung einer Pädagogischen Fakultät in Ružomberok, Slowakei, der Vorbereitung der Errichtung eines Forschungsinstitutes der Theologischen Fakultät der Karls-Universität in Prag, aber auch beim Aufbau neuer Studiengänge der Universität Novosibirsk und jüngst bei Ausstellungen der Sammlung Würth in den Nationalgalerien in Krakau und Prag);

- Vorträge und Kurse an mittel- und osteuropäischen Universitäten (so Prof. Lobkowicz in Vilnius und Prag, Prof. Dr. Bernhard Sutor in Vilnius und an der Katholischen Universität Budapest, Prof. Mühlbauer und Dr. Schulz an der Universität Olmütz);

- kleinere finanzielle Unterstützung (so je ein einjähriges Deutsch-Lektorat an der Universität Trnava und an der Katholischen Universität Budapest oder die Erstellung eines Ausstellungskatalogs der Sammlung moderner und zeitgenössischer Kunst des Prager Nationalmuseums);

- Vermittlungstätigkeit bei Anträgen mittel- und osteuropäischer wissenschaftlicher Einrichtungen (so des "Zentrums für das Studium politischen Denkens" in Krakau; des Instituts für Religionsstudien an der Universität Vilnius; eines sechswöchigen *traineeships* für junge Journalisten in Prag; eines wissenschaftlichen Verlages in Brünn) und bei Stipendienanträgen (so konnte ZIMOS von der Töpfer-Stiftung F.V.S., Hamburg, mehrere einjährige Stipendien für Polen und Tschechien erwirken); das Zentrum zum Studium der Demokratie und der Kultur in Brünn erhielt durch unsere Vermittlung eine Finanzierung von der Robert Bosch-Stiftung für die Organisation eines internationalen Diskussionsforums zum Thema "Universalität der Menschenrechtskonzeption". Diese z.T. äußerst zeitaufwendige Teiltätigkeit des ZIMOS wird an mittel- und osteuropäischen Hochschulen besonders geschätzt.

- Finanzielle Unterstützung der Nummer 2/1999 der Zeitschrift *Verbum. Analecta Neolatina*, Piliscsaba, in der die Beitrage der von der Katholischen Universität Péter Pázmány (Ungarn) organisierten Tagung "Aufklärung und Philosophie in katholischen Orden" veröffentlicht wurden.

Die Bitten um Hilfestellungen gehen häufig von mittel- und osteuropäischen, aber auch deutschen Bischöfen aus. So half ZIMOS dem Institute for Religious Studies der Universität Vilnius auf ausdrückliche Bitte von Kardinal Meisner; es ermöglichte die von Kardinal Vlk erbetene Fortbildung des künftigen Leiters der Presseabteilung der Erzdiözese Prag und beriet den Kardinal bei Plänen, an der Theologischen Fakultät der Karls-Universität ein Forschungsinstitut zu errichten; es beriet die slowakischen Bischöfe bei der Errichtung einer Ausbildungsstätte für Religionslehrer; es vermittelte Stipendien für Nachwuchskräfte, die vom Bischof von Tarnów (Polen) und dem Generalvikar von Kasachstan erbeten wurden u.ä.

2. Stipendien

2.1 Krupp-Stipendiaten-Programm

Im August 1994 traf aus Moskau der erste osteuropäische Nachwuchswissenschaftler in Eichstätt ein, dessen Aufenthalt das ZIMOS aus Mitteln der Alfried Krupp von Bohlen und Halbach-Stiftung finanzieren konnte. Seitdem haben im Rahmen dieses Programms über vierzig weitere, fast ausnahmslos promovierte Wissenschaftler einen zwei- bis zwölfmonatigen Forschungsaufenthalt an der KUE dazu nutzen können, sich für ihre akademische Laufbahn durch ein vertieftes Quellen- und Literaturstudium an der KUE und den Austausch mit deutschen Fachkollegen zu qualifizieren. In seltenen Einzelfällen wurde ein solches Stipendium im Einvernehmen mit dem Spender an zukünftige Führungskräfte aus den Bereichen Wirtschaft und Kultur vergeben. Leider ist dieses Programm abgeschlossen und kann z.Zt. nicht fortgesetzt werden.

2.2 Gastwissenschaftler

Aus Haushaltsmitteln, die der kirchliche Träger dem Präsidenten der Universität zur Verfügung gestellt hat sowie aus Eigenmitteln des ZIMOS konnten fast 30 Gastwissenschaftler für einen ein- oder zweimonatigen Kurzaufenthalt an die KUE eingeladen werden. Aus denselben Mitteln konnten im Einvernehmen mit dem Universitätspräsidenten auch Stipendien für zahlreiche Studierende aus Mittel- und Osteuropa vergeben werden.

2.3 Weitere Stipendiaten

Aus eigenen Mitteln hat das ZIMOS bisher 15 Studierenden aus Ländern Mittel- und Osteuropas ein halb- oder ganzjähriges Stipendium von monatlich 800,- DM gezahlt, um ihnen zu ermöglichen, sich an der KUE in ihrem Studienschwerpunkt zu qualifizieren oder an einem Promotionsthema zu arbeiten; in einigen Fällen konnten zu diesem Zweck zusätzliche Mittel eingeworben werden (sogar für ein zweijähriges Promotionsstudium und ein Habilitationsprojekt).

3. Deutschsprachige Ausgabe der Werke von Semen L. Frank

Das Institut plant eine deutschsprachige Edition der Werke des russischen Philosophen Semen L. Frank (1877-1950). Das Herausgeber-Team besteht aus Prof. Dr. Nikolaus Lobkowicz, Direktor des ZIMOS, Prof. Dr. Leonid Luks, Lehrstuhl für Mittel- und Osteuropäische Zeitgeschichte an der Universität Eichstätt, Prof. Dr. Peter Ehlen

S.J., Hochschule für Philosophie in München, und Prof. Dr. Peter Schulz (Universität Lugano). Nachdem die Fritz Thyssen-Stiftung, Köln, im Sommer 1996 die finanzielle Absicherung des Projekts übernommen hat, haben umgehend die Arbeiten an der Edition einer achtbändigen kommentierten Ausgabe begonnen.

Frank, der zu den bedeutendsten systematischen Philosophen der russischen Geistesgeschichte gerechnet werden kann, hinterließ ein umfangreiches *oeuvre*, dem neuerdings nach dem Zusammenbruch des kommunistischen Regimes sowohl in Rußland wie in Westeuropa größere Aufmerksamkeit zuteil wird. 1877 als Sohn einer jüdischen Familie in Moskau geboren, studierte er in Moskau und Berlin, bevor er 1911 Dozent an der Universität Petersburg wurde. 1922 mußte er mit anderen nichtmarxistischen Intellektuellen emigrieren. Einige Jahre lehrte er an der Berliner Universität, bevor ihn diesmal das totalitäre System des Nationalsozialismus in die Emigration zunächst nach Frankreich und später nach England trieb.

Semen Frank, der mehrere Jahre lang in Deutschland studierte und lehrte, ist tief in der westeuropäischen und insbesondere der deutschen Philosophie verwurzelt. Dies zeigt nicht nur der Umstand, daß einige seiner Artikel in deutschen Fachzeitschriften der Philosophie wie etwa in den *Kant-Studien* oder *Logos* abgedruckt wurden. Neben systematischen Arbeiten im Bereich der Philosophischen Anthropologie, der Sozialphilosophie und der Religionsphilosophie betätigte er sich auch als Übersetzer wichtiger Philosophen (Edmund Husserl, Windelband, Kuno Fischer, Zeller u. a.) und sorgte mit seiner Edition des Ersten Bandes der *Logischen Untersuchungen* Edmund Husserls (1909) für die Rezeption der Phänomenologie in Rußland. Seine profunde Kenntnis des westeuropäischen Diskurses verband er mit genuinen Einsichten aus der russischen Kultur.

Nicht minder bedeutsam sind seine Essays zur Zeitgeschichte, die bedeutende Dokumente der Auseinandersetzung mit den totalitären Systemen des Kommunismus wie des Nationalsozialismus bilden. Die Bedeutung, die heute S. L. Frank zugemessen wird, ist angesichts der Tatsache, daß er eine zentrale Vermittlergestalt zwischen der deutschen und der russischen Kultur einerseits, zwischen der jüdischen und christlichen Religion andererseits darstellt, kaum zu überschätzen.

3.1 Zum gegenwärtigen Stand der Edition

In der Zwischenzeit liegen bereits sieben Bände in Übersetzung vor. Der 1. Band *Der Gegenstand des Wissens. Grundlagen und Grenzen der begrifflichen Erkenntnis* ist bereits im Karl Alber Verlag Freiburg/München erschienen. Die nächsten Bände sollen in den Jahren 2002/2003 veröffentlicht werden.

4. Forum

Die Zeitschrift "Forum für osteuropäische Ideen- und Zeitgeschichte", die der Lehrstuhl für Mittel- und Osteuropäische Zeitgeschichte gemeinsam mit dem Zentralinstitut für Mittel-und Osteuropastudien herausgibt, beschäftigt sich in erster Linie mit der wissenschaftlichen Aufarbeitung der kommunistischen Vergangenheit der osteuropäischen Länder. Angesichts der Fülle der nun zugänglich gewordenen Dokumente handelt es sich dabei um eine Aufgabe für viele Jahrzehnte. Unsere Zeitschrift will einen Beitrag zu ihrer Bewältigung leisten.

Das "Forum" versteht sich als eine Brücke, und zwar in vielfacher Weise. Es steht den westlichen und den osteuropäischen Wissenschaftlern in gleichem Maße zur Verfügung und versucht die, nicht zuletzt aufgrund der Sprachbarrieren, immer noch vorhandene Kluft zwischen Ost und West zu überwinden. Zwei Drittel der Beiträge, die im "Forum" bisher erschienen sind, bzw. demnächst erscheinen werden, sind Übersetzungen aus dem Russischen, Polnischen und Tschechischen. Durch die Veröffentlichung dieser Beiträge, die in der Regel von profilierten osteuropäischen Wissenschaftlern, aber auch von vielversprechenden jungen Autoren stammen, wollen wir dem westlichen Leser den Einblick in den zur Zeit geführten wissenschaftlischen Diskurs im europäischen Osten erleichtern. Zugleich gibt aber das "Forum" den osteuropäischen Wissenschaftlern die Möglichkeit, in die westlichen Debatten zum Thema "Kommunismus", "Totalitarismus" usw. aktiver einzugreifen. Von unseren westlichen Autoren erwarten wir andererseits, daß sie den westlichen Diskurs zu den für das "Forum" relevanten osteuropäischen Themen erschöpfend darstellen. Jahrzehntelang waren die osteuropäischen Kollegen von diesem Diskurs im wesentlichen aus politischen Gründen abgeschnitten. Aber auch jetzt ist die Rezeption der westlichen Forschung im Osten mit erheblichen Schwierigkeiten verknüpft, die diesmal nicht politischer, sondern finanzieller Natur sind. Die Buch- und Zeitschriftenproduktion der westlichen Verlage fließt seit etwa 1990 nur äußerst spärlich in Richtung Osten. Für die verarmten wissenschaftlichen Einrichtungen der ehemaligen Ostblockländer ist sie praktisch unerschwinglich. Daher wächst die Rolle der westlichen Osteuropaforscher als Vermittler. Auch unsere Zeitschrift will sich an dieser vermittelnden Tätigkeit aktiv beteiligen

Das "Forum" versteht sich indes nicht nur als Brücke zwischen Ost und West, sondern auch als Brücke zwischen verschiedenen Disziplinen. Die Aufarbeitung der Vergangenheit der ehemaligen kommunistischen Staaten ist eng mit der Auseinandersetzung über die Besonderheiten der geschichtlichen und kulturellen Wege Osteuropas bzw. einzelner osteuropäischer Länder verknüpft. An diesem Diskurs nehmen neben Historikern auch Philosophen, Politikwissenschaftler, Rechtshistoriker, Nationalökonomen und andere teil. Die Fragen, die nun diskutiert werden, lassen sich nur fachübergreifend beantworten. Nicht zuletzt deshalb melden sich im "Forum" Vertreter aller oben genannten Disziplinen zu Wort.

Auch in einem anderen Bereich versucht das "Forum" als Brücke zu fungieren und zur Überwindung einer Kluft beizutragen, der Kluft zwischen der Kommunismus- und der Faschismusforschung, die sich vor allem seit den sechziger Jahren - seit der Verdrängung der Totalitarismus-Theorie an die Peripherie des wissenschaftlichen Interesses - aufgetan hatte. Seit etwa Anfang der sechziger Jahre entwickelten sich die Faschismus- und die Kommunismusforschung relativ unabhängig voneinader, sie hörten beinahe auf, sich gegenseitig zu beeinflussen. Der äußerst aufschlußreiche komparative Ansatz, den die Totalitarismus-Theorie ungeachtet all ihrer Defizite zu entwickeln vermocht hatte, wurde bei der Analyse der totalitären Diktaturen unterschiedlicher Provenienz immer seltener angewandt. Manche Fehldeutungen des "deutschen Historikerstreits" von 1986-1988 oder der Kontroverse um das 1997 in Paris erschienene "Schwarzbuch des Kommunismus" sind nicht zuletzt darauf zurückzuführen, daß die Faschismus- und die Kommunismusforschung wenig Berührungspunkte haben. Der Herausgeber des "Schwarzbuches des Kommunismus", Stéphane Courtois, ging vor kurzem auf die vom "deutschen Historikerstreit" aufgeworfenen Fragen mit folgenden Worten ein: Um sachkundig auf diese Fragen zu antworten, "müßte ein Historiker zugleich ein ausgezeichneter Kenner des Nationalsozialismus und des Sowjetsystems sein. Einen Historiker mit einem solchen Doppelwissen gibt es bis heute nicht" (*Die Zeit*, 21.11.1997, S.17). Und in der Tat scheint zur Zeit eine beinahe unüberbrückbare Kluft zwischen den beiden Forschungssträngen zu bestehen. Auf der anderen Seite kann nur eine auf breiter dokumentarischen Basis durchgeführte vergleichende Analyse der totalitären Regime rechter und linker Provenienz dazu verhelfen, das Wesen dieser Phänomene, die das 20. Jahrhundert entscheidend prägten, gründlicher zu verstehen, das Besondere vom Typischen zu unterscheiden und pauschale Verallgemeinerungen zu vermeiden. Eine derartige Analyse ist im Grunde erst seit der partiellen Öffnung der kommunistischen Archive möglich. Die immer tiefer werdende Kluft zwischen der Faschismus- und der Kommunismusforschung war in der Vergangenheit nicht zuletzt dadurch verursacht, daß den Faschismusforschern eine beinahe unüberschaubare Fülle von Quellen zur Verfügung stand, die Quellenbasis der Sowjetologen sich hingegen nur äußerst langsam erweiterte und einen eher zufälligen Charakter trug. Der Mangel an Transparenz gehörte zum Wesen der kommunistischen Systeme. So waren die Kreml-Deuter gezwungen, die verklausulierte Propagandasprache der komunistischen Medien einem raffinierten analytischen Verfahren zu unterziehen, um daraus stichhaltige Aussagen zu gewinnen. Nach den Umwälzungen von 1989 erlebte aber das Koordinatensystem der westlichen Kommunismusforscher ähnliche Erschütterungen, wie die Regime, die sie seit Jahrzehnten erforschten. Die bis dahin entwickelten Methoden des "Lesens zwischen den Zeilen" verloren ihre bisherige Bedeutung. Dank der partiellen Öffnung der osteuropäischen Archive kann die Kommunismusforschung auf vielen Gebieten den Bereich der Spekulationen und Vermutungen verlassen und ihre Thesen verifizieren. Erst jetzt ist eine vergleichende Analyse der kommunistischen und der rechtsextremen Regime auf einer breiten dokumentarischen Basis möglich, erst jetzt kann der Riß zwischen den beiden Forschungsrichtungen überwunden werden. Das "Forum" will auch dazu einen Beitrag leisten. Nicht zuletzt deshalb wird die Zeitschrift aufmerksam die neuen Entwicklungen in der Totalitarismus-Debatte verfolgen und auf einige ihrer Aspekte eingehen.

Und schließlich versucht das "Forum" noch auf einem anderen Gebiet eine Art Brücke zu sein - nämlich bei den wissenschaftlichen Kontakten zwischen den einzelnen osteuropäischen Ländern selbst. Nach dem Zusammenbruch des Ostblocks lösten sich nicht nur die zwischenstaatlichen, sondern auch manche jahrzehntealte wissenschaftliche Verbindungen zwischen den einzelnen Staaten der Region auf. Alle osteuropäischen Staaten, Rußland eingeschlossen, richten nun ihre Blicke nach Westen und verlieren dabei oft die Entwicklungsvorgänge, die sich in ihrer unmittelbaren Nachbarschaft vollziehen, auch im wissenschaftlichen Bereich, aus den Augen. Nicht selten werden wissenschaftliche Diskurse der Nachbarn erst dann registriert, wenn sie vorher im Westen eine gewisse Resonanz erzielt hatten. Deshalb möchten wir durch die Veröffentlichung mancher anregender Beiträge der osteuropäischen Kollegen nicht nur zur Vertiefung des Dialogs zwischen Ost und West, sondern auch zwischen Ost und Ost beitragen.

5. Tagungen

Tagung 1

Im Mai 1996 organisierte das Institut in Eichstätt eine Tagung zum Thema "Kirche und Gesellschaft am Beispiel Nachkriegspolens".
Polen galt bis 1989 weltweit als das Land des erfolgreichsten christlichen Widerstandes gegen die kommunistische Diktatur. In den achtziger Jahren sahen selbst polnische Atheisten, die früher mit der kommunistischen Ideologie sympathisiert hatten, in der Kirche die letzte Zuflucht humaner Werte. Dennoch scheint es nach der "Wende" der Kirche auch und gerade in Polen nicht gelungen zu sein, sich problemlos dem postkommunistischen Ringen um eine demokratische Staatsordnung und eine soziale Marktwirtschaft zu stellen. Die Frage liegt nahe, ob die Schwierigkeiten, denen die Kirche heute in Polen begegnet, nicht wenigstens teilweise ein Spiegelbild von Problemen sind, mit denen die Kirche in industrialisierten Ländern auf ihrem Weg ins dritte Jahrtausend ringt.

Die "antikommunistische Notkoalition" von Katholiken und linken Dissidenten, wie sie Adam Michnik 1977 in seinem Aufsehen erregenden Buch "Die Kirche und die polnische Linke" vorgeschlagen hatte, ist in Polen nach der politischen Wende von 1989/90 auseinandergebrochen. Um so anregender war es, daß sich Vertreter dieser Gruppierungen bei der Eichstätter Tagung wieder zusammensetzten.

Folgende Themen wurden behandelt:
- Das Christentum und die Totalitarismen des 20.Jhs., Józef Tischner, Theologe, Krakau
- Die Bedeutung der Kirche für die Befreiung vom Kommunismus, Leonid Luks, Eichstätt
- Die Kirche und die Intellektuellen, Henryk Woźniakowski, Leiter des ZNAK-Verlages, Krakau
- Die Kirche und die nationale Identität, Jerzy Holzer, Historiker, Warschau
- Die Kirche und die Freiheiten der modernen Gesellschaft, Adam Michnik, Chefredakteur von Gazeta Wyborcza, Warschau
- Öffentliche Diskussion. Einleitendes Kurzreferat: Christentum und die moderne Gesellschaft, Leszek Kołakowski, Philosoph, Oxford
- Disenchanted with the church? Kazimierz Dziewanowski, Publizist, von 1990 bis 1993 Botschafter Polens in den U.S.A., Warschau;
- Von der Kirche enttäuscht? Nawojka Cieślińska, Direktorin des Museums für zeitgenössische Kunst, Łódź
- Einheit und Vielfalt, Bischof Tadeusz Pieronek, Generalsekretär der Polnischen Bischofskonferenz, Warschau
- Der Dialog mit den anderen, Wacław Hryniewicz, Professor für Ökumenische Theologie, Lublin
- Das Gespräch mit den Juden, Wacław Długoborski, Wirtschafts- und Sozialhistoriker und Kurator für Forschungsfragen in der Gedenkstätte Auschwitz, Breslau
Die Tagungsbeiträge sind 1998 in der Schriftenreihe des Instituts erschienen.

Tagung 2

Vom 6. bis zum 8.10.2000 fand in Eichstätt eine internationale Tagung zum Thema "Das Christentum und die totalitären Herausforderungen des 20.Jahrhunderts am Beispiel Rußlands, Deutschlands, Polens und Italiens" statt.
Die totalitäre Herausforderung stellte die wohl prägendste Erfahrung des 20. Jahrhunderts dar. Der Holocaust und der Archipel Gulag werden von einigen Autoren als der zweite Sündenfall bezeichnet. Die Errichtung der totalitären Regime in Rußland und in Deutschland und des "halb"-totalitären faschistischen Regimes in Italien war die Folge eines gänzlichen Versagens der politischen Systeme und der politischen Eliten

in allen drei Ländern. Der Hitler-Biograph Konrad Heiden spricht im Zusammenhang mit der nationalsozialistischen Machtübernahme vom Zeitalter der Verantwortungslosigkeit, von der Flucht der politischen Klasse Deutschlands vor der Verantwortung. Ähnliches läßt sich auch von Rußland und Italien sagen. Kann man auch den Kirchen ein Versagen bei ihrer Auseinandersetzung mit dem Totalitarismus bzw. die Flucht vor ihrer Verantwortung vorwerfen? Dieses Thema gehörte zu den zentralen Fragen der Tagung. Diese Frage läßt sich nur dann erschöpfend beantworten, wenn man die Problematik auf einer möglichst breiten Basis untersucht, und zwar am Beispiel von mehreren grundlegend verschiedenen Varianten des Totalitarismus. Dieser Versuch wurde auf der Konferenz unternommen. Sie befaßte sich mit der Kirchenpolitik der totalitären Regime sowohl rechter als auch linker Provenienz, mit der Reaktion der Christen auf diese Herausforderungen, aber auch mit dem "ideengeschichtlichen Prolog" des modernen Totalitarismus - also mit der Identitätskrise der europäischen Kultur im ausgehenden 19. und zu Beginn des 20. Jahrhunderts.
Die Tagungsbeiträge werden demnächst in der Schriftenreihe des ZIMOS erscheinen.

Die Sommerresidenz aus der Vogelperspektive   *Foto: Hager / Hoedt*

Karl-Dieter Hoffmann

Das Zentralinstitut für Lateinamerika-Studien

Das 1985 gegründete Zentralinstitut für Lateinamerika-Studien, kurz ZILAS genannt, stellt die älteste Einrichtung dieser Art an der Katholischen Universität Eichstätt dar. Mittlerweile gibt es dort vier Zentralinstitute, deren gemeinsames Merkmal es ist, daß sie keiner Fakultät angegliedert sind, sondern direkt der Hochschulleitung unterstehen. Die 1986 geschaffene personelle Grundausstattung des Instituts ist bis heute unverändert geblieben: sie besteht aus zwei wissenschaftlichen Stellen (darunter die des Geschäftsführers) und der Position einer Fremdsprachensekretärin. Die Leitung des ZILAS setzt sich aus zwei Direktoren zusammen, die mit den Inhabern der beiden einzigen an der Eichstätter Hochschule existierenden unmittelbar lateinamerikabezogenen Lehrstühle identisch sind: Prof. Dr. Karl Kohut (Lehrstuhl für Romanische Literaturwissenschaft), der maßgeblich an der Gründung des ZILAS beteiligt war, sowie Prof. Dr. Hans-Joachim König, der seit 1988 den damals neu geschaffenen Lehrstuhl für Geschichte Lateinamerikas innehat. Die Geschäftsführung des Instituts wird seit Bestehen des ZILAS von dem Politikwissenschaftler Dr. Karl-Dieter Hoffmann wahrgenommen. Die zweite wissenschaftliche Stelle wird zeitlich befristet besetzt und wurde seit 1986 von Vertretern unterschiedlicher Disziplinen (1986-1992 Politikwissenschaft: Dr. Christiano German; 1992-1998 Ethnologie: Dr. Carmen Arellano; 1998-2001 Wirtschaftsgeographie: Dr. Monika Röper) bekleidet. Derzeit ist diese Stelle zum zweiten Mal mit einem Wirtschaftsgeographen besetzt: Herrn Frank Zirkl, der zum Wintersemester 2001/02 von der Universität Tübingen nach Eichstätt kam.

Zu den Lateinamerikanisten im engeren Sinne zählen auch die Mitarbeiter an den beiden Lehrstühlen. Dies sind zur Zeit die Literaturwissenschaftlerinnen Dr. Sonja Steckbauer und Dr. Verena Dolle sowie der Historiker Dr. Stefan Rinke. Einige frühere Mitarbeiter der beiden ZILAS-Direktoren sind mittlerweile selbst Inhaber von Lehrstühlen (z.B. Ottmar Ette/Literaturwissenschaft in Potsdam, Peer Schmidt/Geschichte in Erfurt). Das Lehrangebot zu Lateinamerika wird ergänzt durch Veranstaltungen der Lehrbeauftragten Prof. Dr. Tyrakowski (Kulturgeographie), PD Dr. Christiano German (Politikwissenschaft) sowie Dr. phil. habil. José Morales (Literaturwissenschaft). Der Institutsversammlung, die der Verankerung des ZILAS in den Fakultäten dient, gehört auch eine Reihe von Eichstätter Dozenten an, die sich nicht schwerpunktmäßig mit Lateinamerika beschäftigen.

Aufgaben und Aktivitäten des ZILAS

Als universitäre Einrichtung soll das ZILAS durch seine Aktivitäten in Forschung und Lehre die Voraussetzungen für ein besseres Verständnis zentraler gesellschaftlicher Bereiche und Vorgänge sowie wichtiger kultureller Phänomene in Geschichte und Gegenwart der Länder Lateinamerikas schaffen. Eine der wesentlichen Aufgaben des Instituts besteht laut Satzung in der Koordination und Organisation von Forschungsprojekten, wobei soweit möglich mit Universitäten und Wissenschaftlern aus Lateinamerika zusammengearbeitet werden soll. Weitere Schwerpunktaufgaben stellen die Vorbereitung und Durchführung von wissenschaftlichen Tagungen und Kongressen sowie die Konzeption und Herausgabe von Publikationen zu Lateinamerika dar. Auf der Basis der Bilanz der in den 15 Jahren seines Bestehens entwickelten Initiativen und Aktivitäten läßt sich konstatieren, daß das Zentralinstitut für Lateinamerikastudien den skizzierten Aufgabenstellungen voll und ganz gerecht geworden ist: Der Bereich der Lehre umfaßt neben dem Angebot zweier Magisterstudiengänge mit lateinamerikabezogenem Abschluß (Geschichte Lateinamerikas, Hispanistik/Lateinamerikanistik) Service-Leistungen für die Studiengänge Diplom-Geographie, Diplom-Journalistik und Betriebswirtschaftslehre. Auch Studierende anderer Fachrichtungen besuchen die Veranstaltungen über Lateinamerika. Besonderer Wert wird auf den Spracherwerb gelegt, was bewirkt, daß auch die Studenten, die Lateinamerikanistik (entweder mit kulturell-literatur- oder historisch-sozialwissenschaftlichem Schwerpunkt) als Nebenfach gewählt haben, über gute bis sehr gute Kenntnisse des Spanischen oder Portugiesischen verfügen. Mehrfach haben Eichstätter Lateinamerikanisten untereinander oder zusammen mit Dozenten anderer Fachrichtungen in der Lehre kooperiert, um den Studenten interdisziplinäre oder komparative Aspekte bestimmter Themen und Probleme zu vermitteln. Auch wenn die universitäre Lehre selbstredend im Vordergrund steht, sollte nicht unerwähnt bleiben, daß das ZILAS bestrebt ist, wissenschaftliche Erkenntnisse über den engeren akademischen Wirkungskreis hinaus in die interessierte Öffentlichkeit zu tragen. Ausdruck dieses Bemühens sind die in eigener Regie organisierten Wochenendseminare für außeruniversitäre Multiplikatoren sowie die Konzeption und Durchführung von Lehrgängen an der bayerischen Akademie für Lehrerfortbildung in Dillingen.

Als bester Beleg für die Forschungstätigkeit der Eichstätter Lateinamerikanisten kann wohl die große Zahl von Veröffentlichungen wissenschaftlicher Abhandlungen in Büchern und Fachzeitschriften gelten. Diese werden neben den anderen wissenschaftlichen Aktivitäten (Organisation oder Teilnahme an Kongressen, Referententätigkeit, Gutachterfunktionen u.a.m.) in den in dreijährigem Rhythmus erstellten Tätigkeitsberichten des ZILAS dokumentiert. Die folgende Aufzählung nennt einige Forschungsbereiche der Eichstätter Lateinamerikanisten: Probleme der Staats- und Nationenbildung, Eigen- und Fremdwahrnehmung, Modernisierung und gesellschaftlicher Wandel in Chile, Lage der gegenwärtigen Nationalliteraturen, Kultur der Kolonialzeit, Sozio-Linguistik und Bilinguismus in Südamerika, Drogenhandel in Lateinamerika, Beziehungen USA-Lateinamerika, Stadtentwicklung in Brasilien.

Zum Bereich der Forschung zählen auch die zahlreichen wissenschaftlichen Tagungen zu Lateinamerika, die in den vergangenen Jahren in Eichstätt stattgefunden haben. Besondere Erwähnung verdient hierbei die von Prof. Dr. Karl Kohut initiierte und organisierte Serie von Kongressen zur zeitgenössischen Situation der lateinamerikanischen Nationalliteraturen. Der überwiegende Teil der eingeladenen Referenten reist aus Übersee an, so daß diese Tagungen ohne die Einwerbung von Drittmitteln (DFG) nicht realisiert werden könnten. Die Ergebnisse dieser Kongresse werden in der institutseigenen Publikationsreihe *americana eystettensia* veröffentlicht, die im renommierten Vervuert-Verlag in Frankfurt am Main erscheint. Die Reihe ist in vier Kategorien untergliedert (actas; monografías, estudios, ensayos; textos; poesía) und umfaßt gegenwärtig knapp 40 Titel (davon die Hälfte in der Unterreihe actas). *Historamericana* heißt die von Prof. König und seinem Assistenten Stefan Rinke herausgegebene Publikationsreihe, in der mittlerweile zehn (mehrheitlich historiographische) Titel veröffentlicht wurden.

Im Bereich der Forschung werden vielfältige Kontakte mit lateinamerikanischen Hochschulen und Wissenschaftlern gepflegt. Zum Teil Begleiteffekt solcher Kontakte sind die Kooperationsverträge zwischen der KU und lateinamerikanischen Universitäten, die auf Anregung oder mit tatkräftiger Unterstützung des ZILAS zustandegekommen sind. Von den insgesamt 39 ausländischen Universitäten, mit denen die KU Partnerschaftsverträge abgeschlossen hat, befinden sich 16 in Lateinamerika. Die Tatsache, daß die Eichstätter Hochschule die einzige katholische Universität auf deutschem Boden ist, katholische Universitäten in Lateinamerika jedoch in sehr großer Zahl anzutreffen sind, macht die kleine KU zu einem begehrten akademischen Kooperationspartner. Allerdings zählen zu den lateinamerikanischen Partnerhochschulen der KU auch staatliche Gründungen. So wurde das jüngste Abkommen mit der *Universidad de Costa Rica* (San José) geschlossen. Obwohl die Verträge regelmäßig auch den Austausch von Dozenten vorsehen, sind es in erster Linie die Studenten, die von dieser Möglichkeit Gebrauch machen. Inzwischen haben viele Dutzend Studenten aus Eichstätt und Ingolstadt diese Chance genutzt und ein oder zwei Gastsemester an einer Partneruniversität in Lateinamerika verbracht. Die beliebtesten Ziele sind Buenos Aires, Mexiko-Stadt und Santiago de Chile. Aufgrund der *convenios* sind unsere Studenten in Lateinamerika von den (z.T. durchaus beträchtlichen) Studiengebühren befreit. Leider ist der Austausch bislang von einem großen Ungleichgewicht zugunsten der Eichstätter Studenten gekennzeichnet. Während die Zahlen der KU von Jahr zu Jahr steigen, kommen nur relativ wenige Studenten von lateinamerikanischen Partnerhochschulen an die KU, was zum Teil sicherlich auch finanzielle Gründe hat, in erster Linie aber an der Sprachbarriere Deutsch liegt.

Zu den Gründen für die Existenz eines Lateinamerika-Institutes an der Katholischen Universität Eichstätt, oder: Das ZILAS als Element der Bereicherung des Profils der Katholischen Universität Eichstätt

Warum gerade an der Eichstätter Universität ein Lateinamerika-Institut errichtet wurde, ist wohl kaum weiter verwunderlich, wenn man die Weltkarte der Religionen betrachtet. In quasi allen Staaten des Subkontinents ist der katholische Glaube traditionell so weit verbreitet, daß man bisweilen von Lateinamerika als dem "katholischen Kontinent" spricht. Auch wenn sich in den letzten Jahrzehnten ein spürbarer Wandel vollzogen hat, bekennt sich auch heute noch die weit überwiegende Mehrheit der (rd. 500 Mio.) Lateinamerikaner zur Kirche Roms. Nicht nur, aber gerade auch deshalb paßt ein derartiges Institut sehr gut zum Profil der einzigen katholischen Universität in der Bundesrepublik Deutschland.

Die katholische Prägung Lateinamerikas ist ein Faktum, das jeder Wissenschaftler in angemessener Weise zu berücksichtigen hat, der den Bestimmungsfaktoren des gesellschaftlichen Wandels in dieser Weltregion nachzuspüren sucht. Keineswegs eine Minderheit stellen jene Forscher dar, die den jahrhundertelangen iberisch-katholischen Kultureinfluß als eher fortschrittshemmendes, für die anhaltende sozioökonomische und politische Rückständigkeit des Subkontinents maßgeblich verantwortliches Element betrachten. Kaum zu bestreiten ist, daß die Kirche und ihre Amtsträger bis weit ins 20. Jahrhundert hinein im Regelfall zu den Stützen und Verteidigern der hergebrachten, von starken Disparitäten gekennzeichneten Sozialordnung gehörten. Dieses Verdikt trifft seit geraumer Zeit nicht mehr zu, wobei das Zweite Vatikanische Konzil und insbesondere die lateinamerikanischen Bischofskonferenzen von Medellín (1968) und Puebla (1979) als zentrale Daten einer weltkirchlichen Neuorientierung und gesellschaftlichen Öffnung des lateinamerikanischen Katholizismus zu gelten haben. Heute stehen viele katholische Würdenträger vom einfachen Priester bis zum Kardinal in der ersten Reihe jener Kräfte, die auf umfassende Sozialreformen drängen. Die Überwindung des weitverbreiteten Elends und die nachhaltige Verbesserung der Lebensbedingungen der Bevölkerungsmehrheit der Armen wird von den Kirchenhierarchien der Länder südlich des Rio Grande als legitime Forderung und zentrale politische Aufgabe bewertet und durch vielerlei Aktivitäten unterstützt. Das bekannte Leitmotiv dieses Anliegens lautet "Option für die Armen". Auch wenn es prinzipiell richtig ist, daß es weniger das Wissen um die Ursachen der Armut als vielmehr der politische Wille zur Veränderung ist, was bislang Fortschritte in Richtung auf mehr soziale Gerechtigkeit verhindert hat, fordert allein schon die schiere Größenordnung des Problems und mithin die herkulische Dimension dieser

Herausforderung ein besseres und tieferes Erkennen und Verstehen der zugrundeliegenden Realität. Ohne gute Diagnose keine erfolgreiche Therapie. Zu dieser Mehrung des Wissens und einem besseren Verständnis von Gesellschaft, Politik und Kultur dieser faszinierenden Weltregion im Rahmen seiner bescheidenen Möglichkeiten beizutragen, ist die vornehmste Aufgabe des Eichstätter Zentralinstituts für Lateinamerika-Studien.

Im Studio der Journalisten   *Foto: Ulrich Bien*

Alois Schifferle

In der Sorge um das bedrohte Humanum: Theologie als Brücke zwischen den Fakultäten einer „katholischen Universität"

1 Katholische Universität

Schaut man ins Vorlesungsverzeichnis der Katholischen Universität Eichstätt-Ingolstadt, so findet man unter der Fragestellung: „Was heißt ‚Katholische Universität'?" folgendes: „Im März 1980 legten der Apostolische Stuhl und der Freistaat Bayern als Vertragspartner des Konkordats fest, die ‚Katholische Universität Eichstätt-Ingolstadt' als wissenschaftliche Hochschule zu führen. Entsprechend steht die Universität allen Studierenden genauso offen wie auch staatliche Universitäten. Die Freiheit von Forschung und Lehre ist selbstverständlich gewährleistet. Der katholische Charakter der Universität soll sich besonders im kritischen Hinterfragen von Forschungsergebnissen vor dem Hintergrund des Wertesystems, in Forschungsthemen selbst und in einer grundsätzlichen Offenheit manifestieren. Sichtbar wird dies beispielsweise im Journalistikstudium, zu dem auch Veranstaltungen in journalistischer Ethik zählen. An der Wirtschaftswissenschaftlichen Fakultät Ingolstadt ist zudem ein Lehrstuhl in Unternehmensethik angesiedelt, an der Philosophisch-Pädagogischen Fakultät die Professur eines Sozialethikers. Ein weiteres Beispiel ist das regelmäßige Orientierungsstudium für Hörer aller Fakultäten (Studium generale), das beispielsweise einen Dialog mit anderen Religionen herzustellen sucht oder aktuelle gesellschaftliche Themen aufgreift.[1] Neu ist das Zentralinstitut für Ehe und Familie in der Gesellschaft (ZFG), das zum Jahresbeginn 2001 als interdisziplinäres Forschungsinstitut der Katholischen Universität Eichstätt-Ingolstadt mit dem Ziel gegründet wurde, wissenschaftliche Forschungsarbeiten zur Verbesserung gesellschaftlicher Rahmenbedingungen für Ehe und Familie durchzuführen mit Partnern aus Politik, Wirtschaft, Kirche und Verbänden.[2]

2 Versuch einer Sinnskizze

Fragt man nach einer Sinnskizze einer katholischen Universität, so können wir auf einen Beitrag in meiner Festschrift zum hundertjährigen Jubiläum der Universität Freiburg/Schweiz „Verantwortung und Freiheit"[3] zurückgreifen. Darin taucht ein Beitrag des Freiburger Pastoraltheologen Leo Karrer[4] auf zur Frage: „Was soll eine katholi-

73

sche Universität heute?". Dabei wird an die Notwendigkeit erinnert, die Frage der Erbschaft der Vergangenheit mit der Gegenwart auf Zukunft hin zu verbinden: „*Wir können nicht einfach aus der Geschichte ausbrechen, ohne zu riskieren, den eigenen Standort als Ausgangspunkt für die Gestaltung der Zukunft zu verpassen und viel Lehrgeld zu verschleudern. Zudem würden wir uns der Chance berauben, zwischen dankbarem Erinnern und Annehmen einerseits und kritischer Absage und Loslösung andererseits unterscheiden zu lernen.*"[5] Einschlägige Überlegungen stellte unter anderem auch John Henry Newman (1801 – 1890) an.[6] In der Frage nach dem „Warum" einer katholischen Universität war für Freiburg/Schweiz grundsätzlich der Gedanke vorherrschend, dass „die ganze Universitätsstruktur auf eine vom katholischen Glauben inspirierte Weltanschauung aufgebaut ist."[7] Dass es heute aber nicht um eine diesbezügliche Engführung gehen darf, wird einleuchten. Hinsichtlich einer kritischen Selbstvergewisserung wird heute für alle Universitätsdisziplinen unabdingbar, sich in der Verpflichtung gegenüber einem größeren Ganzen zu verstehen.[8] Bei dieser Verpflichtung gegenüber einem „größeren Ganzen" geht es um die konkrete Sorge gegenüber dem bedrohten Humanum. Hierbei hilft nicht eine eng konfessionalistisch geführte Universität, sondern es kommt hierbei darauf an, analytisch-kritisch und konstruktiv die „Universitas scientiarum" auf die Sorgen und Nöte der zeitgenössischen Menschen auszurichten. Lösungen sind mit Hilfe kritisch-prophetischer Impulse seitens des christlichen Grundverständnisses – hinsichtlich der Universität – zu suchen und zu pflegen und gegenüber den Fragen grundsätzlicher Sinnsuche einzufordern.

3 In der Sorge um das „bedrohte Humanum"

Mit anderen Worten: In der Sorge um das bedrohte Humanum muss es um konkrete Dienstanweisungen gehen. Eine Universität, die sich der christlichen Welt- und Lebensperspektive verpflichtet weiß, darf nicht abstrakt und spekulativ bleiben; es darf sich dabei für die Universität auch nicht um eine „missionarische Verlängerung des kirchlichen Einflusses" handeln, der, wie Karrer deutet, „*eine kritische Distanz gegenüber einem Wissenschaftsbetrieb*" darstelle und „*der sich so sehr in die Verästelungen der Erkenntnisse und Modelle hinauswagt, dass er gegenüber den Sorgen und Nöten der Menschen bewusstlos wird, aber auch die Intentionen der Auftraggeber und die Konsequenzen seiner Forschung übersieht oder übersehen will.*"[9] Die grundsätzliche Gefahr für die Universität läge hier darin, ohne Rechenschaft über die Gegebenheiten der gesellschaftlichen Bedingungen der Wissenschaft und ohne Solidarität in Verantwortung gegenüber dem „größeren Ganzen" zu verharren. Die Gefahr liegt im Sinne von Karrers Votum darin, zwar hohe Wissenschaftlichkeit und akademische Rührigkeit an den Tag zu legen, letztlich aber in eine Art Anästhesie des

Bewusstseins zu verfallen und den Ausgang eines Positivismus zu begünstigen, der erlaubt und glaubt, alles zu dürfen, was man kann.[10]

In der Sorge um das „bedrohte Humanum" müsste es neu und vermehrt um eine Vernetzung gehen. Zudem ist eine würdevolle Solidarität in Respektierung der personalen Selbstverwirklichung notwendig, die die Gleichwertigkeit aller Menschen in Sorge um das Gelingen eines gesellschaftlichen und internationalen Miteinanders befasst! Solidarität bleibt daher Ernstfall angesichts der Individualisierung und Vereinzelung des zeitgenössischen Menschen. Ich denke hierbei an die zunehmenden sozialen Fragen bezüglich der betagten Menschen oder an die Probleme der Wirtschaftsordnung und die Auswirkungen auf Dritt- und Viertwelt-Länder. Zudem denke ich an das grundlegende Postulat einer „politischen Diakonie" (Solidarität), einer solidarischen Politik und an präventive Diakonie.

Die einzelnen Fakultäten hätten im Blick auf die gesamtgesellschaftlichen Herausforderungen gewisse Dienstanweisungen zu geben, wie das „bedrohte Humanum" zu retten sei. Dies wäre da angebracht, wo solidaritätsfördernde Maßnahmen eingeleitet werden könnten, um die ökonomischen Zwänge zu überwinden, zu überbrücken und aufzuarbeiten! Gesamtgesellschaftlich besteht heute die Gefahr, ein Ende von Solidaritätsstrukturen herbeizuführen, wozu Karrer feststellt: *„Die Welt, wie sie sich heute im Mikrokosmos ... zeigt, bietet keine allseits gültigen Solidaritätsstrukturen mehr an. Der sogenannte Pluralismus ist mehr Tatbestand, der für manche Richtungslosigkeit und eine Fülle nebeneinander praktizierter und untereinander kaum verbundener Lebensstile markiert, aber kaum eine Struktur sinnvoller Vielfalt darstellt."*[11]

Zudem sind die Ziele einer Wissenschaft in Pflicht genommen und nicht voraussetzungslos. *„Auf die Verbindlichkeit dieser Aufgaben und auf den Dienst an der Aufgabenlösung hinzuweisen, dürfte eine unverzichtbare Perspektive einer dem christlichen Ethos verpflichteten Universität sein."*[12] Es gilt in Forschung und Lehre, diesen Dialog zu suchen, ihn in wissenschaftlichen Disputationen zu wagen. Mit Karrers Worten verdeutlichen wir diese Notwendigkeit: *„Die Theologen alleine können das nicht leisten oder an sich delegieren lassen, obwohl gerade sie an den Universitäten oft keine schlechte Nase für gesellschaftlich brisante Themen haben, auch wenn dann ihre Lösungsvorschläge oft zu kurz greifen mögen. Sie müssen sich vielmehr in einen solchen Dialog und in den kritischen Disput verwickeln lassen ... und dafür mitsorgen, dass dies nicht unterbleibt oder stillschweigend abhanden kommt."*[13] Es ist an ein stärkeres Angebot beziehungsweise grundsätzlich an eine stärkere interfakultäre Arbeit zu denken, die auch die außeruniversitäre Öffentlichkeit mit einzubeziehen weiß.

4 Zur grundsätzlichen Bedeutung einer Fakultät für die Gesellschaft

4.1 Zusammenarbeit

Es ist gut, wenn immer mehr Studierende der unterschiedlichen Fakultäten die Dienste anderer Fakultäten – etwa die Dienste einer Theologischen Fakultät in Anspruch nehmen. Dabei sind Studierende aus den Bereichen Psychologie und Sozialarbeit, der Philosophie und besonders aus Wirtschafts- und Sozialwissenschaften prädestiniert.

In einem Zueinander der Fakultäten ist es daher unerlässlich für die Studierenden allgemein, für die Theologiestudierenden im besonderen, sich fachliche Kompetenz anzueignen. Daher profilieren sich verschiedene Studierende durch eine Studienkombination von zwei oder mehreren Fachgebieten. Dies kann auch bei Studierenden festgestellt werden, die nicht oder nur teilweise in einen kirchlichen Dienst beziehungsweise eine kirchliche Anstellung treten wollen.

Zudem zeigt sich heute ein Wandel im Studierendenprofil, das sich auf die Theologiestudierenden darin niederschlägt, was eine Fakultät an Angeboten anbieten kann. Wenn die Theologischen Fakultäten in ihrem Angebot auch Studierende anderer Fakultäten erreichen wollen, so muss Theologie mit einem anderen Studium kompatibel ergänzend zu gestalten sein. Es ist ein reichhaltiges Nebenfach- und Schwerpunktprogramm zu entwickeln, das den Wünschen der Studierenden entgegenkommt und ihnen auch neue Zugänge zum Arbeitsmarkt erschließt.

Die Profilierung der Fakultäten kann künftig verstärkt im Zusammenarbeiten auf interdisziplinärer und virtueller Ebene geschehen. Hier sehe ich eine gute Möglichkeit von pastoral begleiteter Projektarbeit (Pilotprojekte) für Nicht-Theologen. Der Traum könnte dahin gehen, dass wir das, was wir angeboten haben, einem weiteren Publikum zur Verfügung stellen. Ich könnte mir aber auch eine Internet-Universität vorstellen (wie dies schon der Dominikanerorden zur Zeit einübt und unterhält) – jedoch als eine Art „virtuellen Campus", der die Studierenden persönlich begleitet, was aber erhebliche praktische wie pädagogische Probleme aufwerfen würde!

Ferner sind die Universitäten und Fakultäten um ständige Profilierung bemüht. Die Theologische Fakultät kann für Studierende anderer Fakultäten durch soziale und ethische Antwortversuche der zeitgenössischen Fragen helfen (und Lehrgänge anbieten). Ebenso kann sie Studierende einer multikulturellen Gesellschaft mit der Fähigkeit zum Dialog ausstatten. Insgesamt hat sie aber auch die Theologiestudierenden auf eine gute Kenntnis ihrer eigenen Konfession vorzubereiten, denn nur, wer die eigene Konfession kennt, wird dialogfähig!

Conclusio: Die Theologie darf angesichts ihres Auftrages in Kirche und Gesellschaft – im Rahmen einer Universität – nicht fehlen. Sie hat sich als Ort zu respektieren, an dem alle Wissenschaften und alle Erkenntnisformen ihren Platz haben sollen. Zudem dürfen wir nicht vergessen, dass gerade Absolventen unserer Katholischen Universität Eichstätt-Ingolstadt in späterer Folge Verantwortung in Kirche und Gesellschaft übernehmen werden!

4.2 Profilierungen

Die Profilierung einer Fakultät geschieht einerseits durch den Unterricht, andererseits durch Forschung, Publikationen, Vorträge und Dienstleistungen, die sie in die Öffentlichkeit mit einbringt. Zusätzliches Gewicht gewinnt die Theologie in ihrer Fakultät durch Rahmenabkommen für wissenschaftliche Zusammenarbeit sowie durch Austausch von Professoren und Studierenden. An Gewicht könnte die Katholische Universität Eichstätt-Ingolstadt etwa durch die Studienrichtung „Ostkirchliche Theologie" und dem „Zentralinstitut für Ehe und Familie in der Gesellschaft (ZFG)" erreichen. Schädlich für jede Fakultät sind zu lange Vakanzen von Lehrstühlen bei Ablösungen und Übergängen. Zudem müsste der wissenschaftliche Nachwuchs stärker gefördert werden. Besitzstandwahrung erweist sich hier als schlechter Dienst, wenn es um eine Wegbereitung für die Zukunft geht.

4.3 Freiheiten

Die Katholische Universität Eichstätt-Ingolstadt soll die Studierenden befähigen, das Gelernte zu überdenken und an eine neue Situation anzupassen, zum eigenen Gebrauch wie zur Verwendung durch Dritte. Diese Fähigkeit setzt eine weitere, allgemeinere voraus, die im Verlauf des Studiums fortwährend geübt wird: Das Vermögen, sich zu fragen, zu forschen um zu entdecken – denn nichts ist gesichert und jedes Ergebnis ist ein Schritt, der den nächsten ermöglicht. Dadurch sind die Studierenden für die immer schneller eintretende Entwicklung gerüstet. Sie werden diese Änderungen nicht mehr als unüberwindbare Hindernisse empfinden, sondern, wo dies möglich ist, als Verbündete erkennen und sie zu ihren Gunsten einspannen.

Schließlich will die Pastoraltheologie als praktische Theologie die Studierenden in ihrem ethischen Verantwortungsbewusstsein stärken, einerseits die Werte zu hinterfragen, zu Gunsten derer sie das erworbene Wissen einsetzen sollen, andererseits ihr Handeln als solidarisches Handeln kennzeichnen, was die Anerkennung der Freiheit des anderen impliziert. Solidarisches Handeln ist hier als kommunikatives Handeln zu begreifen, das die wechselseitige Anerkennung der Kommunikationspartner voraussetzt, gerade deshalb, weil es seinem Inhalt entsprechen muss – im christlichen Sinne das Erlösungsgeschehen zum Ziele hat – sowohl als Annahme des Glaubens und als memoria seiner geschichtlichen Ereignishaftigkeit, als auch als eschatologisches Geschehen, das in der wechselseitigen Verweisung von Form (Liebe) und Inhalt (Botschaft) dieses eschatologische Geschehen plausibel und glaubwürdig macht.

5 Theologie: Brückenbauerin zur Gemeinschaft des Volkes Gottes

5.1 Grundsätzliches

Die Theologie als Brückenbauerin (und als eine der Disziplinen) zwischen den universitären Disziplinen hat unter anderem die Aufgabe, interdisziplinär das Gerechte, das Gute und das Sinnvolle zu verwirklichen, besonders für mich selbst, für alle die Menschen und für die Welt; sie hat dafür all ihre Kräfte zu mobilisieren: Verstand und Wissen, Gemüt und Gefühl, Instinkt und Träume. Daher sind Lehre und Forschung, Wissenschaft und Bildung (in Theologie), wie sie an einer Universität getrieben werden, Instrumente für alle, die – im Sinne unseres Glaubens – das Gerechte für sich und für andere aus Liebe zu Gott, den Menschen und der Welt erwirken möchten.

Besonders darin zeigt sich eine Universität ehrlich und legitimerweise „katholisch", wenn in ihr durch die Theologische Fakultät in Forschung und Ausbildung (in diversen Disziplinen) das Profil deutlich gemacht werden kann – auch für die anderen Fakultäten, bewusst eine gläubige Perspektive jenes Auftrags zu erspüren, den sie als Fakultät/Universität vom Schöpfer her empfangen hat und der darin besteht, ihren Beitrag zu einer menschlicheren und sinnvolleren Welt zu leisten. Denn: Aus Liebe zu Christus und zu allem Geschaffenen hier und jetzt für eine gute und sinnvolle Welt zu arbeiten, bereitet uns gleichzeitig auch für die kommende Welt jenseits der Grenzen der Zeit vor. Und die Vorbereitung auf eine kommende Welt geschieht gerade dadurch, dass innerhalb der universitären Fächer die Theologie mit ihren unterschiedlichen Ausrichtungen und Disziplinen dazu beiträgt, interdisziplinär in dieser irdischen, zeitlichen Welt die Menschheit vor und von Gott her heiligen zu lassen; dass deutlicher aufscheint, was der Liebe zu den Menschen und zur Schöpfung entspricht und dass aus diesem Axiom heraus gehandelt wird.

Da nun Theologie die unterschiedlichsten Fächer – von der Bibel bis zur Philosophie, von den Religionswissenschaften zum Kirchenrecht, von der Ethik bis zur Religionssoziologie und vieles mehr – umfasst und ein Studium mit der größten Methodenvielfalt darstellt (historische Methoden werden ebenso wie literaturwissenschaftliche, psychologische, soziologische wie pädagogische angewandt), kann die Theologie als eine Grundlagenwissenschaft angesehen werden, ohne die unsere Kultur und Gesellschaft kaum verstehbar wären. Die Theologie stellt eine wissenschaftliche Reflexion der christlichen Glaubenstradition sowie der kirchlichen Praxis und der eigenen (sprich: persönlichen) Spiritualität dar.

5.2 Lehre fürs Leben

Forschen in Vielfalt bedeutet angesichts eines nutzbringenden Beitrags einer Theologischen Fakultät im Gesamtauftrag einer Universität etwa folgendes:

1. Im Blick auf die biblischen Studien hat sich eine Fakultät um ein sachgemäßes Verständnis der Bibel zu bemühen und im Umgang mit antiken Texten mit den Fragen der heutigen Menschen zu konfrontieren. In der Erschließung des Alten und Neuen Testaments und ihrer altorientalischen und jüdisch-hellenistischen Umwelt ist über die Wurzeln vom Juden- und Christentum aufzuklären, sprachlich, literarisch und historisch. Dazu können für Forscher/-innen und Studierende durch Sammlungen und Dokumentation etwa altorientalischer Kleinkunst (Siegel, etc.) es erlauben, die biblischen Texte mit Hilfe antiker Bildsymbolik besser zu verstehen.

2. Hinsichtlich Moraltheologie und Ethik: Menschen halten zusammen und tragen auf ihren Köpfen ihre Lasten gemeinsam oder, wie ein afrikanisches Sprichwort sagt: „Schon zwei Ameisen vermögen eine Heuschrecke zu tragen." Wenn es Menschen verstehen zusammenzuhalten, so gewinnen sie an Lebenskraft. So bildet eine gelebte Solidarität eines der Grundprinzipien der Sozialethik. Eine Theologische Fakultät hat hier den Auftrag einer Ethik nachzuspüren, die in interkulturellem Austausch steht. Mit anderen Worten: Sie muss dafür Sorge tragen, dass die Grundprinzipien der Ethik in der jeweiligen Sprache und Symbolik herausgearbeitet werden. Im christlichen Sinne hat sie sich aus einer Perspektive des Glaubens den wichtigen Herausforderungen in Wirtschaft (zum Beispiel Globalisierung), in Gesellschaft (zum Beispiel Wertewandel) und den neuen Wissenschaften (zum Beispiel Gentechnologie, Medizin) zu stellen, also überall da, wo die Frage nach Ethik aufgeworfen wird und der Mensch wie die Natur insgesamt und im kleinen auf dem Spiele stehen.

3. Im Dialog mit anderen Traditionen gilt es für den Bereich von Glaubens- und Religionswissenschaften (zum Beispiel Institut für ökumenische Studien, Institut für Missiologie, Institut für Religionswissenschaften), den Dialog mit den anderen Traditionen in Ost und West zu suchen und auch den Dialog mit nicht-christlichen Religionen zu fördern. Dazu tragen besonders auch die Philosophie-Lehrstuhl-Angebote bei, die philosophischen Grundlagen für das Verständnis der christlichen Lehre in ihrer historischen Entwicklung von der Antike übers Mittelalter hin zu erschließen. Zudem muss die Erschließung der christlichen Glaubensinhalte wie Offenbarung, Lehre

vom dreieinigen Gott, von der Schöpfung, von der Person Jesu Christi, von der Kirche und ihren Sakramenten einzeln erörtert und in ihrer Bedeutung für das ökumenische und interreligiöse Gespräch erschlossen werden.

4. Die praktische Theologie, der es immer um die Praxis des menschlichen Handelns gehen muss, trägt durch Übungen und Seminare, sowie Religionsunterricht, Predigtübungen, Pfarrei- und Diakoniepraktika hierzu bei und kann auch für andere Fachbereiche Rüstzeug für eine kritische Reflexion und Theorien des christlichen und kirchlichen Handelns erbringen. Dabei geht es um die Gabe, die konkrete „Praxis vor Ort" verantwortungsvoll und sozial im Sinne einer diakonischen Einbindung weiter zu entwickeln. Dazu dienen die Bereiche Pastoraltheologie, Katechetik/Religionspädagogik und Homiletik ebenso wie Liturgiewissenschaft und Kirchenrecht.

5. Zudem ist zu sehen, dass gerade die Erforschung von Leben und Werk der sogenannten Kirchenväter (Patristik) und Kirchengeschichte keine museal-archäologischen Wissenschaften sind, sondern im Dienst von Gegenwart und Zukunft der Kirche stehen. Für die künftige Gestaltung eines neuen „Gottesvolkes" – in der nun gut 2000-jährigen Geschichte des Christentums ist es unerlässlich, seine Wurzeln zu kennen und in die Arbeit von Gemeinde, Schule, Erwachsenenbildung oder Universität produktiv einzubringen. Dies ist auch mit ein Grund, weshalb sich die kirchengeschichtlichen Disziplinen häufig auf Personen, Werke, Ereignisse und Epochen konzentrieren, die für die aktuelle Situation von Bedeutung sein können: *„Durch eine kritische Durchleuchtung der Vergangenheit tragen sie darüber hinaus zur ‚Reinigung des historischen Gedächtnisses' des Christentums und zur Versöhnung in der Gegenwart bei."*[14]

5.3 Frage nach Werten

Wissenschaft allein bringt uns nicht weiter, wenn sie sich nicht an allgemeingültigen Werten messen lässt. Zur Qualität des Wissens gehört darum aber freilich auch, dass es einem Miteinander innerhalb der menschlichen Gemeinschaft dient.

1. Den Werten verpflichtet sein, bedeutet dann zudem in einer Welt des Wettbewerbs und der wachsenden Abhängigkeiten, sich „christlicher" Wertanschauungen zu erinnern und diese „interdisziplinär" mit den anderen Fakultäten der Universität einzufordern. Hierzu bedarf es aber zusehends der Persönlichkeitsbildung, des Verantwortungsbewusstseins und der Dienstbereitschaft. Diese drei sind Werte, die aus christlichen Wurzeln heraus wachsen.

2. Die Universität und darin besonders die Theologische Fakultät haben zusehends Brückenbaufunktion für menschliche Gemeinschaft und deren gelingendes Miteinander in der Zukunft. Denn im Auf- und Ausbau der menschlichen Gemeinschaft, im Sozialen wie im Bereich von Kultur und Religion hat hier die Universität und in ihr besonders eine Theologische Fakultät eine bedeutende Aufgabe im Sinne von Einmischung, Transparenz im Dialog mit sich und anderen. Sie sind dazu berufen, den Menschen und seine Kräfte zu bilden und ihn zu befähigen, für die Gemeinschaft und eine friedliche Koexistenz unter den Völkern einzutreten.

5.4 Der katholischen Tradition verpflichtet

Für unsere Universität gilt es, dass die theologischen Fachdisziplinen wie derjenigen der Katholischen Universität Eichstätt-Ingolstadt sich dankenswerterweise ihrer katholischen Tradition verpflichtet und verbunden wissen. Verbunden mit geistiger Offenheit haben die einzelnen Abteilungen und Fakultäten den weiten Horizont und das Engagement dieser Lehr- und Forschungsstätte mit zu prägen und in Zukunft zu vertiefen. Das hohe Niveau, das sie seit ihrer Gründung erreicht hat, gilt es zukünftig zu behaupten und gezielt ihre christliche Ausrichtung (ihr christliches Proprium) in der Hochschulpolitik und in ethischen und sozialen Belangen zu reklamieren.

Schon der Name Katholische „Universität" Eichstätt-Ingolstadt weist auf Gemeinschaft hin: Universitas litterarum – unter einem (geistigen) Dach sollen die verschiedenen Fakultäten und Wissensgebiete zur Gesamtheit und Gemeinschaft der Wissenschaften vereinigt werden. Darin hat sie als Universität wesentlichen Fragen nachzugehen in der Richtung: Was ist der Mensch, was sein Wesen und Werden? Welches sind die Regeln und Gesetze unseres Zusammenlebens mit anderen, unserer gemeinsamen Wohlfahrt? Zudem ist aber stets darüber zu fragen: Wie kann der technische Fortschritt in den Dienst des Menschen und seiner Sendung gestellt werden? Und theologisch eingebunden: Was hat Gott mit diesen Menschen vor, beziehungsweise was ist der Mensch in der durch Christus, den Heiland der Welt, gewirkten Geschichte des Heils?

Im Sinne von Papst Johannes Paul II. muss es einer katholischen Universität wie derjenigen von Eichstätt speziell darum gehen, dass es in ihr eine wachsende Zahl von Gelehrten und Forschern geben wird, die ein hohes Niveau einbringen mit einem klaren Blick für die zeitgenössischen Belange dieser Welt, die ihrer ethischen Verantwortung für das politische und menschliche Zusammenleben gerecht werden sowie, wenn sie Christen sind, auch für die kirchliche Gemeinschaft einstehen und dass hier auch die Frage nach dem sensum fidelium/sensum fidei Berücksichtigung findet! Denn: Angesichts der zeitgenössischen Bedingungen ist auch die Kirche zu einem Ort des Pluralismus und der Meinungsvielfalt geworden, was fast zwangsläufig Polarisierungen und Umbrüche mit all ihren Ab- und Aufbrüchen nach sich zieht.

5.5 Dem Glaubenssinn der Gläubigen auf der Spur

Die theologischen Disziplinen müssten folglich heute verstärkt dazu beitragen, dem Glaubenssinn der Gläubigen nachzuspüren, also zu erkunden, wie der „sensus fidelium" entsteht und inwiefern darin die Realität des zeitgenössischen Menschseins eingebunden und zum Ausdruck gebracht werden kann auf der Basis der vielen Stimmen und ihrer Mitsprachemöglichkeiten. So haben (hätten) die einzelnen Disziplinen der Theologie auf eine kommunikative Kultur des Diskurses hinzuarbeiten und hinzuwirken auf transparente Konfliktregelung in Streitfragen.

Ich darf in diesem Sinne auf den Kongress der deutschsprachigen Pastoraltheologen/ -innen e.V. hinweisen, der im Herbst 2001 dieser Fragenstellung nachgehen wird unter dem Titel: „Sensus fidelium – Senfkorn für Kirche und Gesellschaft".[15] Es wird nach dem Verhältnis des sensus fidei, dem Gemeinsinn im Glauben, in der Einheit mit der Kirche gehen und nach Modellen der Konsensfindung für die Gemeinden und für die Kirche auf dem Weg, sowie nach „Instrumenten für die Mitsprache in der Kirche" gerungen werden.

5.6 Dialog und Interdisziplinarität

Die Theologische Fakultät hat folglich eine Stätte der Forschung und des Dialogs zu sein zwischen Wissenschaft und Glauben. Auf der Grundlage des Evangeliums hat sie sich den gesellschaftlichen Entwicklungen und Problemen zu stellen, den Dialog mit den anderen Ausbildungselementen (beziehungsweise anderen Konfessionen, Kulturen und Religionen) zu suchen und sich der Sehnsucht nach spirituellen Lebensperspektiven zeitgenössischer Menschen zu stellen. Den beängstigenden Fragen der Menschen der Gegenwart sowie der multikulturellen Situation unserer Tage ist Rechnung zu tragen. Eine solide Ausbildung – vertieft mit verschiedenen Praktika – kann die Fähigkeit zu einem umsichtigen Umgang mit gewachsenen, jedoch unterschiedlich eingebrachten Kulturerfahrungen bereichern!

Zudem kann eine Theologische Fakultät durch ihre interdisziplinär eingebrachten Angebote das Interesse Studierender anderer Fakultäten bereichern und Menschen für ihr späteres berufliches Tätigkeitsfeld befähigen, Denken und Handeln ethisch verantwortbar einzulösen. Dies gilt besonders auch für die Vorbereitung zur politischen Entscheidungsfähigkeit, die ja stets mit Lebensqualitäten real existierender Menschen zu tun hat. Die theologische Ausbildung kann somit eine gute Basis für den beruflichen Alltag darstellen. Für das politische Handeln des Einzelnen könnte die theologische Aufgabe in einer Verbindung von Spiritualität (beziehungsweise deren Zugang und Einübung) und der Pastoraltheologie liegen.

6 Aufgaben einer Theologischen Fakultät: Zusammenfassung

„Die Theologische Fakultät trägt zur Kommunikation und zur Vertiefung des christlichen Glaubens bei und nimmt Teil am Dialog zwischen der katholischen Kirche mit anderen Konfessionen, Kulturen und Religionen. Sie versucht, dem spirituellen Durst, den Ängsten und den Fragen der heutigen Zeit zu antworten.“[16]

Theologen und Theologinnen gehören zur Scientific Community und haben in diesem Kreise ihre Wissenschaft zur Geltung zu bringen, zugunsten auch der anderen Wissenschaften. Zugleich empfangen sie von den anderen Wissenschaften ständig neue Impulse für ihre eigenen Aufgaben. Die Theologie unterscheidet sich aber zugleich von ihnen, weil sie eigene leitende Perspektiven hat: Sie handelt grundlegend von Gott und von den Geschöpfen, insofern sie auf Gott als Ursprung und Ziel bezogen sind.

Theologie ist aber auch wesentlich auf die Öffentlichkeit orientiert, in der sie ihre eigene Stellung in Gesellschaft und Kirche kritisch reflektieren muss. Theologen und Theologinnen tragen Verantwortung für Öffentlichkeit und Gesellschaft, für die Menschen und die Schöpfung. Zugleich muss die heutige Gesellschaft angesichts des Agnostizismus (fundamentalistische und esoterische Strömungen) an einer Theologie interessiert sein, die religiöse Fragen an eine klare kritische Semantik bindet.

Die Theologie hat ihre Reflexion auch mit einzubringen, wenn es um die Grundlagen eines politisch neu zu gestaltenden Miteinanders der europäischen Länder geht, um die gesellschaftlichen und insbesondere ökonomischen Prozesse, um die Beziehungen zu den Massen von Armen in der südlichen Hemisphäre und die sich daraus ergebenden Probleme sowie um neue Entwicklungen in Wissenschaft und Technik.

Über die Ausbildung kirchlicher Mitarbeiter/-innen hinaus ist die Theologische Fakultät für die Kirche da, das heißt: Sie ist für die Gemeinden, die kirchlichen Mitarbeiter/-innen und alle Christen/-innen da. Sie hat die Rationalität ihres gemeinsamen Glaubens, wie er von Anfang an bezeugt worden ist, wie er sich in der Geschichte entfaltet hat, zu schützen, zu klären und vor Entstellungen zu bewahren. In diesem Sinne kommt der Theologie in Bezug auf die faktische Kirche eine aufbauende und eine kritische Funktion zu.[17]

7 Universität: Europa

7.1 Dienst am „Frieden" und Dienst an der „Freiheit"

Am Dies academicus des Jahres 1990 betonte der damalige Bundespräsident der Schweiz, Arnold Koller, an der Universität Freiburg/Schweiz, dass die Universitäten und die Fakultäten dazu beitragen und es als eine ihrer vornehmsten Aufgaben ansehen sollten, im Blick auf die tiefgreifende Neugestaltung Europas – die bis heute anhält – allererst dem „Frieden und der Freiheit" zu dienen. Er mahnte wörtlich hierzu an: *„Die vielgenannte neue Architektur Europas" macht aber letztlich nur Sinn, wenn es gelingt, diesen wirtschaftlichen, sozialen und politischen Neuaufbau Europas auf seine Werte auszurichten, welche das gemeinsame kulturelle Erbe der europäischen Nationen ausmachen. „Vor uns steht die Aufgabe", betonte Bundespräsident Koller, „der Schaffung eines großen europäischen Kulturraums, der seinen Reichtum aus der Vielfalt der europäischen Nationen schöpft. Europa muss sich wieder mit dem auseinandersetzen, was sein Wesen ausmacht, das heißt, es muss sein großartiges kulturelles Erbe neu entdecken, nach Möglichkeiten suchen, es weiterzuentwickeln, und sich bemühen, den überkommenen kulturellen Werten neue Ausstrahlung zu geben."* Und er schließt sein Plädoyer mit dem Gedanken aus einem Disput zwischen Jean Monnet und Paul Valery: *„Alle Bemühungen um die Neugestaltung Europas, um die europäische Integration müssen letztlich in diesem kulturellen Rahmen gesehen werden."* Jean Monnet hat diesen fundamentalen Gedanken so umschrieben: *„Si c'était à refaire, je bâtirais l'Europe sur la culture."* [Wenn es nochmals wiederherzustellen wäre, so würde ich (ein künftiges) Europa auf der Kultur aufbauen.] In der Zwischenkriegszeit schrieb ein traurig gestimmter Paul Valery: *„L'Europe n'a pas eu la politique de sa pensée."* [Europa hatte nicht die Politik seines Denkens gehabt.][18]

7.2 Zur Notwendigkeit einer Verantwortungsethik

Die Frage ist folglich die, die uns an allen Fakultäten in Lehre und Forschung umtreiben und verbinden muss, nach einer Verantwortungsethik Ausschau zu halten, die zukünftig besser mithilft, die politische Völkergemeinschaft auf der Würde des freien und verantwortlichen Menschen aufzubauen und auf ein Wertesystem und auf Institutionen zu setzen, die ein menschliches Antlitz zeigen. Den Ausführungen des damaligen Bundespräsidenten Koller folgend würde dies den „Homo europaeus" ausmachen dadurch, *„dass er bereit ist, in der Gemeinschaft mit anderen nach diesen Werten zu suchen, seinen geschichtlichen Ursprung zu erkennen, dass er Europa als* *einzigartig aber nicht als exklusiv erachtet und dass er den Willen hat, dieses kulturelle Europa zu schützen und zu achten.* "[19]

Diese äußerst komplexe Frage kann mit Worten von Denis de Rougemont, dem großen Neuenburger Philosophen und Gründer des weltweit anerkannten Centre Européen de la Cultur – auf die Formel gebracht werden: *„Aux origines de la culture européenne, il y a trois éléments communs, Athènes, Rome et Jérusalem qui ont été conjugués pendant les premiers siècles de notre ère. A quoi sont venus s'ajouter l'esprit critique et la science dès la Renaissance, la raison dès le XVIIIème siècle, l'industrie et la démocratie au XIXème siècle, la technique au XXème siècle.*" [Den ursprünglichen Wurzeln der europäischen Kultur liegen drei gemeinsame Elemente zugrunde: Athen, Rom und Jerusalem, welche miteinander während der ersten Jahrhunderte unseres Zeitalters verbunden waren. An sie kamen der kritische Geist und die Wissenschaft seit der Renaissance, das Recht des 18. Jahrhunderts, die Industrie und die Demokratie im 19. Jahrhundert, die Technik im 20. Jahrhundert.][20]

8 Fazit: „Long life learning"

Einen Beitrag der Theologischen Fakultäten sehe ich in verschiedensten Bereichen der Forschung, was oft eine interdisziplinäre Zusammenarbeit mit anderen nicht-theologischen Forschern und Forschergruppen erfordert. Die Theologie unterscheidet sich zugleich von den anderen Fakultäten, weil sie eine eigene leitende Perspektive hat. Sie handelt grundlegend von Gott und von den Geschöpfen insofern sie auf Gott als Ursprung und Ziel bezogen sind.

In Übereinstimmung mit dem Selbstverständnis des christlichen Glaubens ist Theologie aber auch wesentlich auf die Öffentlichkeit ausgerichtet, in der sie ihre eigene Stellung und die Stellung der Kirche in der Gesellschaft kritisch reflektiert. Theologen tragen Verantwortung für Öffentlichkeit und Gesellschaft, für die Menschen und ihre Umwelt. Zugleich ist die heutige Gesellschaft angesichts der Deregulierung auch im religiösen und ethischen Bereich (fundamentalistische, esoterische und andere Strömungen) wieder zunehmend an Theologie interessiert. Die religiöse Tradition könnte dafür sorgen, dass Wertfragen und ihre kulturelle Bildung nicht aus dem zivilgesellschaftlichen Bereich hinausgedrängt werden.

Die Theologie hat ihre Reflexion auch einzubringen, wenn es um die Grundlage eines neu zu gestaltenden Miteinanders der europäischen und globalen Gemeinschaft geht, um gesellschaftliche und ökonomische Prozesse, die Beziehungen zu den verarmten Massen in vielen Teilen der Welt sowie um neue Entwicklungen in Wissenschaft und Technik. Dies gilt es verstärkt anzustreben in Zeiten eines kulturellen Umbruchs, gesellschaftlicher technischer und politischer Transformationen, wie wir sie in den vergangenen Jahren erlebten. Dank der Sprache und der Symbolik, die dem Glauben zur Verfügung stehen, ist die Theologie in besonderem Maße in der Lage, Erfahrungen gesellschaftlichen Leids zu artikulieren und vernehmbar zu machen.

Eine Theologische Fakultät steht im Dienste der Gesellschaft. Nicht zuletzt steht sie aber im Dienste der Menschen, die Gemeinschaft und vor Ort auch Gemeinde bilden. Somit trägt eine Fakultät im Dienste der Kirche und der Gemeinden und ihrer Mitglieder bei, sie im gemeinsamen Glauben zu schützen und sie vor Entstellungen zu bewahren. Für eine gelebte Kirchen- und Glaubensgemeinschaft hat die Theologische Fakultät eine diakonische, kritische Funktion durch Schwerpunktsetzungen und durch Interdisziplinarität die anderen Fakultäten im christlichen Grundauftrag zu stützen.

„Long life learning" ist heute im beruflichen Leben ganz allgemein selbstverständlich geworden. Dies gilt auch für die seelsorglichen Berufe. So hilft die Theologie, besonders die sozial beziehungsweise pastoral und caritativ ausgerichteten Module, interdisziplinär, Menschen auch für angrenzende Gebiete zu befähigen. Dies ist dann notwendig, wenn eine neue oder leitende Verantwortung übernommen wird, dadurch die beruflichen Erfahrungen zu überprüfen und aufzufrischen sind und für neue berufliche Funktionen, notwendige Kenntnisse zu erwerben sind.

Bleibende Aufgabe der Universität: Eine Universität muss auch auf eine intellektuelle und spirituelle Entwicklung ihrer Mitglieder achten, so dass sie als Universität den Herausforderungen der Zeit gerecht wird. Sie muss sich den neuen Erfordernissen der Weiterbildung stellen und sich national wie international immer mehr öffnen. Insbesondere muss sie sich mit den Fragen auseinandersetzen, welche die heutige Menschheit zutiefst beschäftigen wie die Frage des Lebens, des Lebensraumes, des bedrohten Lebens, die stets neue Frage nach einer freien und zugleich gerechten Gesellschafts- und Wirtschaftsordnung, die Frage der geistigen Erneuerung.

Ihre Möglichkeiten: Eine universitäre Gemeinschaft kann durch die Verwirklichung interdisziplinärer Seminarien zur gegenseitigen Verständigung und Akzeptanz beitragen. Durch „Verantwortung und Freiheit"[21] müssten sich die Glieder der/einer engagierten Universitätsgemeinschaft auch in ihrer spirituellen und offenen Haltung finden können.

[1] Katholische Universität Eichstätt-Ingolstadt (Hrsg.): Personen- und Vorlesungsverzeichnis der Katholischen Universität Eichstätt-Ingolstadt, Sommersemester 2002, Eichstätt 2002. Zur Entwicklung der Katholischen Universität Eichstätt-Ingolstadt und ihrer internationalen Ausrichtung siehe ebd.

[2] Vgl. Faltblatt der Katholische Universität Eichstätt-Ingolstadt zum Zentralinstitut für Ehe und Familie in der Gesellschaft – ZFG.

[3] Alois Schifferle (Hrsg.): Verantwortung und Freiheit. Vocation spirituelle de l'Université. Beiträge zur geistigen Situation der Zeit. Aus Anlass des 100-jährigen Bestehens der „Gelehrtenrepublik" Freiburg Schweiz, Freiburg 1990, 754 Seiten.

[4] Vgl. hierzu: Alois Schifferle (Hrsg.): Pfarrei in der Postmoderne? Gemeindebildung in nachchristlicher Zeit. Für Leo Karrer, Freiburg i. Br., Basel und Wien, 1997, 446 Seiten.

[5] Leo Karrer: Was soll eine katholische Universität heute? In der Verpflichtung gegenüber dem bedrohten Humanum, in: Alois Schifferle (Hrsg.): Verantwortung und Freiheit, a. a. O., Seite 59 – 71, hier S. 59 f.

[6] Vgl. Wolfgang Renz: Newmans Idee einer Universität. Probleme höherer Bildung, Freiburg 1958.

[7] Norbert Alfons Luyten: Warum katholische Universität? in: Ders. (Hrsg.), Forschung und Bildung, Aufgaben einer katholischen Universität. Studien, Freiburg 1965, S. 13 – 34, hier S. 15.

[8] Vgl. ebd., S. 33. Zur Kritik siehe u. a. Urs Altermatt: Katholische Sondergesellschaft, in: Karl Gabriel/Franz-Xaver Kaufmann (Hrsg.): Zur Soziologie des Katholizismus, Mainz 1980, S. 145 – 165.

[9] Leo Karrer: Was soll eine katholische Universität heute? a. a. O., S. 65.

[10] Vgl. ebd.

[11] Ebd., S. 68.

[12] Ebd., S. 69 f.

[13] Ebd., S. 70.

[14] Theologische Fakultät, SPC (Hrsg.): Theologie. Studieren in Freiburg/Schweiz – eine Lehre fürs Leben ..., Freiburg/Schweiz, März 2000, S. 11.

[15] Vgl. Faltblatt „Sensus fidelium". Senfkorn für Kirche und Gesellschaft. 24. bis 27. September 2001. Kongress in Freising. Konferenz der deutschsprachigen Pastoraltheologen und Pastoraltheologinnen e.V.

[16] Leo Karrer: Ein Wort des Dekans, in: Studienführer Universität, Freiburg 1998, S. 45.

[17] Vgl. ebd.

[18] Bundespräsident Arnold Koller: Eine offene Universität, in: Les annales du centenaire. Annalen der Hundertjahrfeier. 1989 – 1990, Université Fribourg, Freiburg 1991, S. 104 ff., hier S. 104 f.

[19] Ebd., S. 105.

[20] Ebd.

[21] Université. Beiträge zur geistigen Situation der Zeit, a. a. O.

Die Zentralbibliothek „Universitätsallee" aus der Vogelperspektive   *Foto: Hager/Hoedt*

Ferdinand Rohrhirsch

Zur Bedeutung des Menschenbildes für die Aus-Bildung an einer weltanschaulich orientierten Universität und die Anforderungen an die Philosophie

Philosophie und Nützlichkeit ?

Wenn sich einer mit Philosophie beschäftigt und gefragt wird - gleichgültig von wem - was er von dem hält, was er da tut und worin er den Sinn seines Tuns für andere sieht, dann ist das eine Gelegenheit, die genutzt werden muß, schon deshalb, um sich auch selbst wieder einmal Rechenschaft abzulegen. Um so mehr, wenn man der Überzeugung ist, daß die Philosophie nicht und niemals nützlich sein *muß*, sehr wohl aber nützlich sein *kann*.

Die Philosophie fragt nach dem Sein des Seienden. Die Wissenschaften hingegen nach dem Seienden. „Das Nachdenken über diese seit zweieinhalb Jahrtausenden in der Philosophie lebendige Unterscheidung scheint mir wesentlich zur Arbeit am spezifischen Wissen der Philosophie zu gehören."[1] Diese Grundscheidung zwischen Seiendem und Sein wird anerkannt und für das Folgende vorausgesetzt. Damit wird implizit eingeräumt, daß Philosophie weder nützlich sein muß noch unmittelbar nützlich sein kann, daß aber gleichwohl das von der Philosophie bearbeitete ‚Gegenstandsgebiet' bzw. die von ihr daraus gezogenen ‚Erkenntnisse' bei geeigneter Transformation (zur Anforderung an den Philosophen weiter unten) nicht nur für das je eigene Leben, sondern auch für das Leben anderer Bedeutung haben kann, z.B. in der Bereitstellung oder Überprüfung von Orientierungswissen oder in der Aufdeckung bisher selbstverständlich akzeptierter Grundannahmen. Als These formuliert: Eine Form der Nützlichkeit der Philosophie besteht darin, daß sie zur Bildung des Menschen beiträgt. Dabei soll unter Bildung nicht das bloße Beherrschen von Techniken und Fertigkeiten verstanden werden.

Mit Bildung soll neben der Beherrschung von Techniken und Fertigkeiten die Ausprägung einer Haltung bezeichnet werden. Diese Haltung ist dadurch gekennzeichnet, daß sie aus einer ausdrücklichen Bejahung der Endlichkeit humaner Existenz den praktischen Anforderungen, die aus dieser Bestimmung des Menschen entspringen, nach ethischen Maßstäben gerecht zu werden versucht. Sie trägt in diesem Verständnis dazu bei, das eigene Leben selbstverantwortlich zu führen. Verkürzt und mit der Gefahr des Mißverständnisses: Gut zu leben angesichts meines Todes. Zur Bewältigung dieser Lebensaufgabe kann Philosophie nützlich sein - und nur um diese Nützlichkeit soll es im folgenden gehen. Angeschnitten werden soll dabei die Frage, in wie weit das Studium an einer weltanschaulich gebundenen Universität im Rahmen ihres wissenschaftlichen Selbstverständnisses diese Lebensaufgabe unterstützen kann und welche philosophischen Anforderungen dies impliziert.

Aber, sind Philosophie und Nützlichkeit nicht *der* Widerspruch schlechthin? Ist Philosophie, ähnlich anderer schöngeistiger Fächer, nicht dadurch gekennzeichnet, daß sie „ohn´ alle Bemäntelung und Gleisnerei"[2] gesehen für das ‚normale‘ Leben wenig bis keinen Einfluß zeigt und, wirtschaftswissenschaftlich besehen und sehr positiv formuliert, zur Wertschöpfung keinen relevanten Beitrag leistet? Wird nicht deshalb und sehr zu recht in Zeiten wirtschaftlicher Rezession das Fach Philosophie als erstes vor den Richtstuhl ökonomischer Vernunft gestellt?

Wer heute z.B. Sozialpädagogik, Psychologie, Betriebswirtschaft oder Informatik studiert, wird von der Philosophie wenig bis überhaupt nicht belästigt. Ausgebildet und unterrichtet werden ‚Wissen und Fertigkeiten, Qualifikationen und Kompetenzen‘ nach Kriterien, die vom Markt gefordert und gefragt sind. Dazu soll es auch noch schnell gehen. Da ist für die Philosophie beim besten Willen kein Platz mehr und da, wo sie Platz hatte, wird sie eingeschränkt. Die Philosophie verschwindet als Lehrfach, die Philosophien aber schießen ins Kraut.

Das Verschwinden der Philosophie beschleunigt das Wachstum von Philosophien

Führungstechnik:

Ein beliebiger Schauplatz: Das Weiterbildungsmagazin *managerSeminare* (2001/47). Seitenweise Philosophien. Sie finden sich in Seminaren, Tagungen und Workshops. Da gibt es ‚Einführung in die Suggestopädie‘ (S. 137), ‚In fünf Tagen finden Sie Ihr persönliches Führungsprofil‘, ‚Führung mit rationaler und emotionaler Intelligenz‘, ‚Besser verstehen - besser verstanden werden‘ (S. 142) oder ‚Das Triogramm®-Training. Menschenkenntnis für Gewinner‘ (S. 141). So geht es weiter, 60 Seiten lang. Ähnliches findet sich in populärer Managementliteratur. Immer wieder wird der Eindruck vermittelt, mit bestimmten Techniken läßt sich die human ressource zu allen möglichen leistungssteigernden Mutationen verführen. Da das typische ‚Belegschaftsmitglied‘ eher durch die X-Theorie denn durch die Y-Theorie beschreibbar ist, also doch eher arbeitsscheu und träge ist, ist eine typengerechte Motivierungstechnik unumgänglich. Um dann auch noch die letzten Leistungsreserven aus der human ressource herauszuquetschen, wird das ganze mit einem entsprechenden Bonus-System garniert. So wird dann dem Mitarbeiter wieder auf die Sprünge geholfen und man glaubt damit, dem anderen auch noch einen Dienst erwiesen zu haben. So wird es vielfach propagiert.

Doch irgendwie scheint das bei dem, der geführt und motiviert werden soll, nicht zu klappen. Daß es nicht klappt, zeigt das permanente Roulette der Modetechniken. Berufswelt wird dabei, je nach Ausbildung und Vorlieben der Autoren, gelegentlich systemtheoretisch, häufig analog der Theorie zur Entwicklung der Arten nach Darwin oder gleich mit der Chaostheorie erklärt. Selten kommt einer (Ausnahme: Reinhard Sprenger) auf die Idee, es könnte am Menschenbild liegen. Wer dieses in der populären Managementliteratur untersucht, kann zum Ergebnis kommen, daß hier Menschenbild und Menschenwürde gerade noch die ersten 8 Buchstaben gemeinsam haben.

Medienkompetenz:

Ein anderer Schauplatz: Der Ruf nach ‚Medienkompetenz'. Verfolgt man die Medien, könnte man glauben, die Katastrophe stehe unmittelbar bevor. Wir können ihr jedoch noch entrinnen, aber nur dann, wenn wir schnellstmöglich vielen Politikern und Unternehmensführern entsprechen und endlich, und gerade noch rechtzeitig, alle Schulen, Universitäten und Kindergärten mit den ‚Neuen Informationstechnologien' vollstopfen. Wenn dann noch Lehrer und Dozenten in den Bildungseinrichtungen ‚spuren' und ihre informationstechnologischen Hausaufgaben erledigen, dann sind wir gewappnet und gerüstet für die Aufgaben der Zukunft. So wird es gesagt und so steht es vielerorts, z.B. in den ‚Empfehlungen zur Erneuerung des Bildungswesens', einer Initiative der Bertelsmann Stiftungen unter der Schirmherrschaft des ehemaligen Bundespräsidenten Roman Herzog. *„Grundlage aller Bildung und lebenslangen Lernens ist die sichere Beherrschung der Kulturtechniken, zu denen traditionell Lesen, Schreiben und Rechnen gehören. ... Als neue Grundkompetenz muss in der Wissensgesellschaft die Medienkompetenz hinzutreten."*[3]

Ähnliches findet sich in der Rede von Bundeskanzler Schröder vom 18.09.2000 auf der Weltaustellung (EXPO) in Hannover zum Thema: ‚Internet für Alle. Schritte auf dem Weg in die Informationsgesellschaft': *„Wir wollen, dass die Beherrschung des Internets Teil der Allgemeinbildung wird."*[4] Im Anhang der Rede findet sich ein Text mit dem Titel ‚10 Schritte auf dem Weg in die Informationsgesellschaft'. Dort heißt es tatsächlich: *„Die Fähigkeit zur Nutzung des Internets wird so wichtig wie Lesen und Schreiben."* Erwin Staudt, Chef von IBM-Deutschland und Gründungsinitiator der Initiative D 21 bläst am gleichen Ort, zur gleichen Zeit, ins gleiche Horn.

Wenn Unternehmensführer so argumentieren, die von der Hard- und Softwareproduktion leben, dann ist das nachvollziehbar und in Ordnung. Diese wollen mit ihren Produkten und Leistungen Profit erwirtschaften. Bedenklich wird die Sache dann, wenn diese Strategien von Menschen aufgenommen werden, die in Politik und Gesellschaft zur Meinungsbildung beitragen und Grundlagenentscheidungen treffen.

Wer nicht mehr darüber nachdenkt, was Schule und Universität eigentlich sollen und worin der Gehalt des Wortes Bildung besteht bzw. bestehen soll, dem kann es passieren, daß er früher oder später die Frage nach der Bildung mit der Frage nach der Ausbildung verwechselt. Deshalb ist es nur zu begrüßen, wenn die Schulabteilungsleiter der deutschen Diözesen (KOLEISCHA) formulieren, ‚im Mittelpunkt der Bildung steht der Mensch‘, und damit gegen die Entwicklung protestieren, Bildung nur noch im Hinblick auf die Erfordernisse des Beschäftigungssystems auszurichten und zu qualifizieren.[5]

Auch in der Diskussion um die kennzeichnenden und unverzichtbaren Merkmale des Wortes ‚Bildung‘ kann der Nützlichkeitscharakter der Philosophie zum Tragen kommen. Denn gleichgültig - um im Beispiel zu bleiben -, wie die Forderung der KOLEISCHA bewertet wird, die argumentative Auseinandersetzung darüber kann nur auf der Basis eines bestimmten Menschenbildes geführt werden bzw. ist immer schon durch die Grundlegung eines bestimmten Menschenbildes fundiert.

Wem daran gelegen ist, das Wesen des Menschen nicht als ‚human ressource‘ oder als ‚evolutionäres Zufallsprodukt‘ zu beschreiben - und es geht nicht darum, daß der Mensch unter einer bestimmten Perspektive so beschrieben werden kann - , der kommt nicht umhin, diesen Diskurs philosophisch zu führen.

Wer den Sonderstatus des Menschen als Person in einer philosophisch begründbaren Würde-Zuschreibung zutreffend charakterisiert sieht, der kann für die ethischen Konsequenzen, die aus dieser Position gezogen werden können, nur werben, wenn er seine Argumentation intersubjektiven und allgemeingültigen Kriterien unterstellt.

Der Mensch - animal rationale?

In jeder Wissenschaft ist ein Selbstverständnis des Menschen präsent. Aber gerade in den Fachwissenschaften, in denen der Mensch sich selbst als ‚Gegenstandsgebiet‘ begegnet, ist das Bild des forschungstreibenden Subjekts, das er von sich selbst hat, maßgebend für die zu erwartenden Ergebnisse. Und diese Ergebnisse schlagen sehr konkret auf ihn zurück.

Verantwortete Arbeit an und mit dem Menschen ist immer nur in produktiver Auseinandersetzung mit dem jeweilig herrschenden Menschenbild möglich. Das Bild des Menschen heute läßt sich durch zwei sehr gegenpolige Schlagwörter beleuchten: ‚body culture‘ und ‚digitale Lebensform‘. In ihren jeweiligen Extremformen bestimmen sie den Menschen als körperliches Wesen, das nicht alt werden darf, mindestens aber nicht alt aussehen soll, und als ein psychisches Wesen, dem sein realer Körper hinderlich ist und das ihn durch einen virtuellen Körper zu ersetzen sucht. In beiden

Sichtweisen herrscht dieselbe Idee vom Menschen, der unter der Herrschaft einer ökonomischen Interpretation seiner selbst, als ein auf wirtschaftlich verwertbare Leistung optimiertes und wettbewerbtaugliches System bestimmt wird und seinen Endlichkeitscharakter wesentlich durch seine Körperabhängigkeit definiert. Seine Würde wird als Wert interpretiert, und dieser wird ihm in Abhängigkeit seines Erfolges zugesprochen. Wer nach einer ,personalen Verkörperung' dieses Bildes sucht, wird in Lara Croft üppig proportioniert fündig.[6]

Laras Kommen hat Martin Heidegger schon 1940 erwartet. *„Jetzt zeigt sich, was Nietzsche bereits metaphysisch erkannte, daß die neuzeitliche >machinale Ökonomie<, die maschinenmäßige Durchrechnung alles Handelns und Planens in ihrer unbedingten Gestalt ein neues Menschentum fordert, das über den bisherigen Menschen hinausgeht."[7]* Dieses Menschentum beherrscht nicht nur die Technik, sondern läßt sich vom Wesen der Technik „ganz beherrschen"[8].

In Lara wird der Mensch selbst technisch und bestimmt so sein Wesen im Sinne maschineller Herstellbarkeit und Planbarkeit. Lara ,verkörpert' den Prototyp des ökonomisch erfolgreichen Menschen, der seinen Sinn und seinen Wert an den Erfolg seiner Aufgabe bindet. Laras Aktionsraum ist das Medium. Das ist nicht als Einschränkung zu verstehen, sondern als wesentlichstes Kennzeichen zukünftiger medialer Persönlichkeit. Heimat ist nicht mehr angezielt und georted in einer zunächst als fremd erlebten Wirklichkeit, die der Mensch durch seine Arbeit gestaltet, auf das hin, was „allen in die Kindheit scheint und worin noch niemand war"[9]. Die ,Heimat' virtueller Persönlichkeiten ist die Ortlosigkeit, d.h. kognitiver Aktionsraum, dessen Einwirkungen auf Seiendes durch die Informationstechnologien gesichert werden.

In jeder Aussage über Natur, Welt und Gott ist ein Bild des Menschen unterlegt, gleichgültig, ob dies gewußt, akzeptiert oder bestritten wird. Die jeweilig vorgelegten und benutzen Grundannahmen vom Menschen enthalten unterschiedliche anthropologische und ethische Konsequenzen.

Unabhängig davon, welche einfachen oder großen Antworten im wissenschaftlichen Kontext auf die Frage nach dem Menschen gegeben werden - von keiner kann gewußt werden, ob sie sich auch zukünftig bewährt. Auch die Philosophie kann keine endgültige Antwort vorlegen. Sie kann aber immer wieder zu intellektueller Redlichkeit (zum steten Überdenken gefaßter Vorurteile) aufrufen, sie kann immer wieder klar machen, daß das, war wir wissen, so viel und so präzise nicht ist, und sie muß auch immer wieder darauf hinweisen, daß einige der Annahmen des heute herrschenden Menschenbildes in der Philosophie selbst ihren Ursprung haben.

So ist die Annahme, der Mensch sei ein ,animal rationale' ein ,zoon logon echon', ein mit Vernunft begabtes Tier, philosophischen Ursprunges. Auf der Basis dieser Annahme haben die Wissenschaften bedeutende Erkenntnisse über den Menschen zutage gefördert und die Technik große Erfolge erzielt, die dem Menschen das Leben in vielfältiger Weise erleichtern. Der Philosophie ist es allerdings auch zu ‚verdanken‘, daß die Idee des ‚animal rationale‘ zur Stellbarkeit und Verfügbarkeit der Natur und des Menschen beigetragen hat. *„Der Anspruch, der sowohl das Seiende in der Planbarkeit und Berechenbarkeit erscheinen läßt, als auch den Menschen in das Bestellen des also erscheinenden Seienden herausfordert, dieser Anspruch macht die Konstellation aus, in der wir uns aufhalten. Aus ihr bestimmt sich das Wesensganze der modernen technischen Welt.“*[10]

Die Folgen der Expansion und Konzentration wirtschaftlicher Macht, gegen die sich das Unbehagen und der Protest von Globalisierungsgegnern artikuliert und formiert, sind die Konsequenz einer anfänglich-prinzipiellen, dadurch alles bestimmenden griechisch-antiken Umdeutung des Wesens der Wahrheit, die auch das Verständnis des Wesen des Menschen maßgeblich prägt. Diese Umdeutung wird von M. Heidegger darin gesehen, daß sich die Bestimmung des Wesens der Wahrheit von der Offenbarkeit zur Gewißheit (Richtigkeit) gewandelt hat.[11] Die planetarischen Konsequenzen dieses Vorganges sind von Heidegger begriffen worden: Jeder Diskurs über Globalisierung bzw. die daran geübten Warnungen; das Plädoyer für ein ‚Arbeitsprogramm‘, das durch eine ‚Rekontextualisierung‘ eine adäquate Form von ‚Internationalisierung‘ erreichen will, oder die energischen Appelle zu Gunsten interkultureller Philosophien (Theologien), die mit der Hoffnung vorgebracht werden, dadurch eurozentristische Denkweisen zu relativieren oder ‚Denktraditionen in den Dialog zu stellen‘, übersehen bzw. sehen nicht gründlich genug. Wer immer derartiges argumentierend entdeckt, begreift, bewertet und fordert, der ‚denkt‘ europäisch. *„ >Das< Denken - dies ist unser abendländisches, vom logos her bestimmtes und auf ihn abgestimmtes Denken. Dies heißt beileibe nicht, die Welt des alten Indien, China und Japan sei gedanken-los geblieben. Vielmehr enthält der Hinweis auf den logos-Charaker des abendländischen Denkens das Geheiß an uns, daß wir, falls wir es wagen sollten, an jene fremde Welten zu rühren, uns zuvor fragen, ob wir überhaupt das Ohr dafür haben, das dort Gedachte zu hören. Diese Frage wird um so brennender, als das europäische Denken auch darin planetarisch zu werden droht, daß die heutigen Inder, Chinesen und Japaner uns das von ihnen Erfahrene vielfach nur noch in unserer europäischen Denkweise zutragen.“*[12]

In diesem Verweis auf die Anfänge der je eigenen Denkgeschichte und der in ihr liegenden fundamentalen Weichenstellungen liegt die Berechtigung, immer wieder gründlicher die Frage Heideggers zu stellen, *„ob überhaupt das Wesen des Menschen, anfänglich und alles voraus entscheidend, in der Dimension der Animalitas liegt. Sind wir überhaupt auf dem rechten Weg zum Wesen des Menschen, wenn wir den Menschen und solange wir den Menschen als ein Lebewesen unter anderen gegen Pflanze, Tier und Gott abgrenzen? ... Es könnte doch sein, daß die Natur in der Seite, die sie* *der technischen Bemächtigung durch den Menschen zukehrt, ihr Wesen geradezu verbirgt.* "[13]

‚Bildung durch Aus-Bildung' als mögliche Antwort einer weltanschaulich gebundenen Universität

Philosophie thematisiert in ihrer Frage nach dem Sein notwendig die Frage nach dem Wesen des Menschen. Dies geschieht in systematischer Absehung von den Antworten des Glaubens und der Theologie. Als Frage nach dem Menschen thematisiert Philosophie Fragen, die den Grund, das Ziel und den Sinn anthropologischer Subjektivität betreffen. Die Antworten zeigen zu jeder Zeit die Endlichkeit und Nichtnotwendigkeit des Menschen. Die Konsequenzen aus dieser ontologischen Bestimmung auf die körperliche Verfaßtheit des Menschen und die daraus folgenden moralphilosophischen Ansprüche werden dagegen weitaus seltener bedacht.[14]

Philosophie kann durch alle Fächer hindurch auf die wesentlichen Fragen des menschlichen Lebens hinweisen. Sie kann die Bedeutung dieser Fragen bzw. die je schon darauf gegebenen Antworten und einige der daraus folgenden Konsequenzen aufzeigen. Die Aufnahme philosophischer Reflexion in Fachwissenschaften würde nicht bedeuten, diese zu ‚verwässern' oder sich nun vom Philosophen sagen lassen zu müssen, wie ein fachwissenschaftlich gegebener Erkenntnisgegenstand methodisch zu untersuchen ist. Die philosophische Reflexion auf die in Anspruch genommenen Grundbegriffe der je eigenen Fachwissenschaft könnte aber für die jeweilige Fachwissenschaft zu Erkenntisfortschritt führen. Ein nicht unwesentlicher Erkenntnisfortschritt wäre schon darin zu sehen, daß ein immer schon unterlegtes Menschenbild als solches thematisiert und begrifflich fixiert werden könnte.

Je ausschließlicher sich z.B. Bildungs- und Sozialarbeit das oben skizzierte Menschenbild zur Basis ihrer Forschungen und Handlungsvorgaben aufdrängen lassen, umso schneller werden sie sich als ‚Bildungsressourcen' für das human capital und als ‚sozialer Dienstleistungssektor' im Denkhorizont einer Wirtschaftswissenschaftlichen Fakultät wiederfinden und sich nur noch durch unterschiedliche Organisations- und Managementmethoden unterscheiden.

In dieser Sensibilisierung für die Voraussetzungen und die Konsequenzen könnte sich auch das Selbstverständnis artikulieren, dem sich eine weltanschaulich gebundene Universität hinsichtlich ihres *wissenschaftlichen* Anspruches verpflichtet weiß.

Das Charakteristikum einer weltanschaulich gebundenen *Universität* (Universität verstanden als *wissenschaftliche Einrichtung*) ist nicht darin zu sehen, daß diese Weltanschauung von möglichst vielen mehr oder weniger gleichgesinnten Gruppen auf dem Campus durch möglichst viele Aktionen präsentiert wird.

Das Charakteristikum einer weltanschaulich gebundenen Universität liegt in der ausdrücklichen Thematisierung der Voraussetzungen, der Gültigkeit und der Verantwortung gegenüber jedem Wissen.

Die Wissenschaften und ihre Resultate können nur dann sachgerecht bewertet werden, wenn sie als ‚Verhaltungen des Menschen' (M. Heidegger) begriffen werden. Wissenschaften sind *nicht* Zweck an sich selbst. Wissenschaften verdanken sich Handlungen des Menschen. Handlungen aber fallen unter ethische Kategorien, des guten und bösen, des Sollens und Nicht-sollens.

Eine davon abgeleitete *wissenschaftliche Perspektive* könnte für eine weltanschaulich gebundene Universität darin liegen, ihre Studierenden zu befähigen, innerhalb ihres je eigenen Fachstudiums die darin enthaltenen ethischen, anthropologischen und wissenschaftsphilosophischen Voraussetzungen zu identifizieren und auf ihre möglichen Konsequenzen gegenüber dem Einzelnen und einer Gemeinschaft zu überprüfen.

Eine *subjektbezogene Perspektive* könnte die Aufgabe darin sehen, nicht nur Experten zu produzieren, sondern in eins damit Persönlichkeiten auszubilden.

Ein Bildungsprofil, das sich hingegen nur auf fachspezifische, hier+jetzt geforderte Qualifikationen und Informationsgehalte spezialisiert, ist gerade unter der Prämisse einer ‚marktwirtschaftlichen' Ausrichtung zu verhindern, weil kontraproduktiv. Wenn aus der Vielzahl populärer Führungs- und Managementliteratur das gemeinsam Verbindende destilliert wird, dann versammelt sich dies an der nicht zu überschätzenden Bedeutung des Mitarbeiters für die Zukunft eines Unternehmens. Wird auch hier noch einmal der Versuch gemacht, die recht unterschiedlichen Anforderungen schlagwortartig zusammenzufassen, dann ist der zukünftige Mitarbeiter ein *‚integrativer Entgrenzer'.*

Wer weiß und artikulieren kann, gegenüber wem und zu welchem Zweck Wissensgenerierung zu verantworten ist; wer weiß und artikulieren kann, an welche Bedingungen es gebunden ist und wie es unter ständig sich wechselnden Bedingungen erzeugt werden kann; wer weiß und artikulieren kann, wie wesentliches Wissen von nichtwesentlichem unterschieden werden kann, ist in der Lage, nicht nur auf Veränderung zu reagieren sondern fachlich kompetent und ethisch verantwortlich Veränderung zu initiieren und mitzugestalten.

Anforderungen an die Philosophie und den Philosophen

Öffentlichkeit:

Eine der entscheidenden Aufgaben der Philosophie besteht darin, die Grundannahmen über den Menschen immer wieder in Frage zustellen. Die Aufgabe einer ‚nützlichen Philosophie' ist es, diese Frage vor allem da zu stellen, wo diese Frage durch die

Selbstverständlichkeit einer akzeptierten Antwort jeder Fragwürdigkeit enthoben ist. Im Bedenken des Selbstverständlichen besteht die Aufgabe der Philosophie. Das Selbstverständliche ist der ‚Erkenntnisgegenstand' der Philosophie. *„Das Wesen des Einfachen und Selbstverständlichen ist es, daß es der eigentliche Ort für die Abgründigkeit der Welt ist.* "[15]

Es muß gezeigt werden, daß philosophische Fragen wesentliche Fragen sind. Weil wesentliche Einsichten immer auch praktische Konsequenzen haben, ist dieser Nachweis nicht nur im akademischen Turm, sondern auch in und für eine Öffentlichkeit zu führen. Öffentlichkeit sollte als Projekt der Philosophie verstanden werden.[16]

Wenn Philosophie sich dem Wagnis der Öffentlichkeit stellt, kommt noch weiteres hinzu: Wo im allgemeinen Antworten erwartet werden, die allgemeinverständlich sein sollen und nicht länger als 60 sec. dauern dürfen, da ist das Risiko des Scheiterns groß. Aber Scheitern, so denke ich, dürfte für einen Philosophen keine sonderlich neue Erfahrung sein.

Eine andere, öffentliche Anforderung, dürfte schwerer fallen: hören zu lernen und das gemeinsame Problem in den Vordergrund stellen. Die Folgen der Erfüllung dieser Anforderung bzw. deren Ignorierung läßt sich besonders an interdisziplinären Projekten (verstanden als eine Form von Öffentlichkeit) feststellen. Jede interdisziplinäre Projekt*absicht* (noch gar nicht Projekt*arbeit*) kann nur bei hinreichender Selbstdisziplinierung der Teilnehmer (wer nicht zur Relativierung seines Expertenstatus fähig ist, d.h. zur Anerkennung der Grenzen des je eigenen Wissens, sollte davon die Finger lassen) und deren freiwillige Unterstellung unter das Sachproblem in Angriff genommen werden.[17]

Professionelle Anfänger:

Philosophie ist nicht notwendig eine öffentliche aber immer eine gemeinschaftliche Unternehmung, in der es nur Anfänger geben kann, niemals Produzenten (Wissende) hier und Konsumenten (Nicht-Wissende) dort. Karl Popper hat das treffend ausgedrückt. *„Es dürfte uns guttun, uns manchmal daran zu erinnern, daß wir zwar in dem Wenigen, das wir wissen, sehr verschieden sein mögen, daß wir aber in unserer grenzenlosen Unwissenheit alle gleich sind.* "[18]

Des Philosophen Profession ist es, Anfänger zu bleiben, immer mehr zum Anfänger zu werden. Das ist gelegentlich ganz schön frustrierend. Aber Philosophie war noch nie eine fun-Disziplin. Al Bundy macht Spaß. Philosophie macht keinen Spaß. Dafür sind schon ihre Texte zu schwierig. Es ist eine mühevolle Tätigkeit, sich diesen Texten beständig auszuliefern. Diese eröffnen sich, unter Umständen, erst nach jahrelangem Kampf. Sie ermöglichen ein Sinngeflecht, das sich immer wieder zu entziehen droht und niemals als sicherer Bestand mit nach Hause genommen werden kann.

Philosophieren braucht wie Bildung Zeit. Beide sind Prozesse, die von außen lediglich gefördert, niemals aber gelehrt werden können. Spätestens hier entpuppt sich der Anspruch auf interaktive Sofortrationalität, möglichst noch mit powerpoint(tm) unterstützt, als ‚virtual reality'. *Wenn* Lernen als Beitrag zur Bildung des Menschen begriffen wird, impliziert das etwas, das auch im multimedialen Zeitalter nicht in die Kategorie ‚Spaß' fällt, sondern mit dem Begriff in Verbindung zu bringen ist, den Hegel ‚Arbeit' genannt hat.

Warum also Philosophie? Es scheint so zu sein, daß wir tatsächlich von Fragen angegangen werden, die wir nicht abweisen, aber auch nicht gültig beantworten können. Die Philosophie vermag zu zeigen, daß die Wissenschaften ‚als Kinder der Philosophie' diese Fragen prinzipiell nicht beantworten können, und sie selbst zeigt, daß auch sie in ihrer Antwort immer wieder fehlt.

So verstandenes Philosophieren - das nicht und niemals nützlich sein *muß,* aber nützlich sein *kann* - vermag Einsichten zu gewähren. Diese Einsichten können unterschiedlich genutzt werden - auch für den Sprung.

---

[1] Karl Albert, Philosophie der Moderne. Betrachtungen zur Geschichte der Philosophie. Teil III, Dettelbach: Röll 2000, S. 379.

[2] Thomas Mann, Doktor Faustus, Frankfurt am Main 1947, S. 98.

[3] Bertelsmann Stiftung (Hrsg.), Zukunft gewinnen. Bildung erneuern, Gütersloh: Bertelsmann 1999, S. 35f.

[4] EXPO 18.09.2000, Hannover-Expo, Rede von Bundekanzler Gerhard Schröder "Internet für Alle - Schritte auf dem Weg in die Informationsgesellschaft, Quelle: Presse- und Informationsamt der Bundesregierung

[5] Vgl. KNA - Bayerischer Dienst Nr. 35, vom 27.03.2001, S. 6, vgl. dazu auch die Presseerklärung des Vorstands der Konferenz der Schulabteilungsleiter der deutschen Diözesen (Koleischa), Quelle: http://www.kueichstaett.de/BISTUM/home/meldungen/a561.htm

[6] Vgl. Ferdinand Rohrhirsch, Wer Qualität fordert, muß Sinn bieten. Zur Bedeutung des Menschenbildes in der Demenzpflege, in: Paul-Lempp-Stiftung (Hg.), Demenz verstehen - Menschen begleiten. Dokumentation zum Landefachtag Pflege, 27.09.2000 in Stuttgart, Stuttgart: Paul-Lempp-Stiftung 2000, S. 24-37.

[7] Martin Heidegger, Nietzsche. Der europäische Nihilismus, Gesamtausgabe = GA Bd. 48, Frankfurt am Main 1986, S. 205.

[8] Ebd.

[9] Ernst Bloch, Das Prinzip Hoffnung, Bd. III, Frankfurt am Main 1959, S. 1628.

[10] Martin Heidegger, Bremer und Freiburger Vorträge, GA Bd. 79, Frankfurt am Main 1994, S. 124.

[11] Ebd., S. 157.

[12] Ebd., S. 145.

[13] Martin Heidegger, Über den Humanismus, in: ders., Wegmarken, (GA Bd.9), Frankfurt am Main 1976,

S. 323 u. 324.

[14] Alsdair MacIntyre, Die Anerkennung der Abhängigkeit. Über menschliche Tugenden, Hamburg: Rotbuch 2001, S. 12f, betont die Unübersehbarkeit der Tatsachen, daß sich unsere Gebrechlichkeit und unser Leiden und die sich daraus ergebende Abhängigkeit von anderen für unser Selbstverständnis von ausschlaggebender Bedeutung sind. Dennoch stellt er fest: „Von Platon bis Moore und darüber hinaus finden sich für gewöhnlich, von einigen seltenen Ausnahmen abgesehen, nur flüchtige Erwähnungen menschlicher Gebrechlichkeit und Leiden sowie ihre Verbindung zu unserer Abhängigkeit von anderen."

[15] Martin Heidegger, Einleitung in die Philosophie (GA Bd.27), Frankfurt am Main 1996, S. 50.

[16] Öffentlichkeit als Projekt der *Theologie* wird von Engelbert Groß folgendermaßen skizziert. „Es werden erstens Instrumente im weitesten Sinne des Begriffs verwendet, mit denen Öffentlichkeit hergestellt werden kann: Tageszeitung, Rundfunk, Fernsehen, Internet z.B. zählen hier. Es wird zweitens in der Koordination kommunikativer Regeln und ethisch begründeter Normen Kontakt aufgenommen nach draußen, hin zu Nichttheologen, hin zu ‚einfachen Leuten', nicht belehrend, sondern gesprächig, nicht von oben nach unten, sondern auf gleicher Ebene des Menschseins, des Bürgerseins. Es wird drittens Information - zwar auch als (theologisches) Erklärungswissen, aber vor allem - als (aus Glauben mitgestaltetes) Benutzerwissen angeboten. Es wird viertens eine Produktion durchgeführt: in Form der Organisation (einer öffentlichkeitsrelevanten Veranstaltung), in Form einer ‚Ware' ... die in der Öffentlichkeit angeboten wird, oder in Form einer gewonnenen Erkenntnis, einer gemachten Erfahrung, die im Umgang mit Öffentlichkeit zuwege gekommen ist." Vgl. Engelbert Groß, Nachwort: Theologische Fakultät in der Universität zielt in Öffentlichkeit, in: Eichstätter Hochschulreden, Bd. 106 (Wolfgang Bergsdorf, Im Spannungsfeld zwischen Wissenschaft und Öffentlichkeit: die Informationsgesellschaft und ihr wachsender Ethikbedarf, Wolnzach: Kastner 2001, S. 25-31, S. 29f.

[17] Vgl. Ferdinand Rohrhirsch, Martin Heideggers Bestimmung des Wesens der Wissenschaft und die Frage einer transdisziplinären Zusammenarbeit von Fachwissenschaften, in: A.J. Bucher, D.St. Peters (Hg.), Evolution im Diskurs. Grenzgespräche zwischen Naturwissenschaft, Philosophie und Theologie, Regensburg 1998, S. 263-273.

[18] Karl Popper, Vermutungen und Widerlegungen, Bd. 1, Tübingen 1994, S. 43.

„Studieren, wo andere Urlaub machen"   *Foto: Ulrich Bien*

Ernst Wehner

Psychologie an der Katholischen Universität Eichstätt

Als mich Herr Dr. Raimund Joos um einen Beitrag für ein geplantes Buch mit ihm als Herausgeber bat, stimmte ich mit Dank gerne zu, teilte ihm aber mit, dass er bei Behandlung des Themas *"Katholische Universität Eichstätt"* mit kontroversen Beiträgen rechnen müsse. Eine "ehrliche" Diskussion trägt von vornherein kontroverse Elemente in sich. Dies zeigte sich vor nicht allzu langer Zeit, als die Aufnahme der KUE als Korporation in die DFG abgelehnt wurde, obwohl Forschungsprojekte von Kollegen an der KUE und mir seitens der DFG Förderung erfuhren, ja ich selbst als Fachgutachter der DFG akzeptiert wurde .

Da ich über ein Vierteljahrhundert an der KUE wirken durfte, möchte ich im folgenden autobiografisch vorgehen.

Obwohl mir mein damaliger Chef, Prof. Dr. W. Arnold, als Leiter des Psychologischen Instituts der Universität Würzburg, beste Aussichten in Würzburg eröffnete, bekam ich Zweifel (Hausberufung u. dgl.) und bewarb mich andernorts. Trotz Listenplätzen in Köln und Erlangen-Nürnberg war ich sehr froh, einen Ruf an die KUE zu erhalten, den ich erleichtert und dankend annahm.

Kurz darauf begegnete ich einem Kollegen aus Nordrhein-Westfalen, und seine Frage nach meiner Berufung, womit wir wieder beim Thema sind, war: "Ist die Universität Eichstätt nicht eine Katholische Kaderschule?"

Die meisten meiner Kollegen, vor allem die maßgeblichen, dürften heute anderer Meinung sein, dafür habe ich mit einigem Erfolg gearbeitet.

I.

Als ich nach Eichstätt kam, damals noch Gesamthochschule, herrschte ein Begriff der "schönen Seele" vor. Ich aber hatte über meinen Lehrstuhl "Allgemeine Psychologie und Methodenlehre" empirische Psychologie zu vertreten. Ich nutzte die Gelegenheit, über einen Studium-Generale-Vortrag u.a. folgende Gedanken einzubringen:

psychologia speculativa - psychologia empirica

Ich möchte den folgenden Ausführungen eine provokative Feststellung vorausschicken: „Es gibt weder eine katholische, evangelische, jüdische noch sonst wie konfessionsgebundene Psychologie - es gab und gibt jedoch katholische, evangelische, jüdische bis hin zu atheistischen Psychologen, denen gute Psychologie zu danken ist."

Misiak und Staudt veröffentlichten 1954 ein Buch mit dem Titel „Catholics in Psychology". In ihm begegnen wir einem Kreis hervorragender Psychologen: Kardinal Mercier, dem katholischen Pionier wissenschaftlicher Psychologie, seinem Schüler Albert Edouard Michotte, einem phänomenologisch orientierten, äußerst kreativen Experimentator, den Jesuiten Joseph Fröbes und Johannes Lindworsky, dem Franziskaner Agostino Gemelli, ohne Zweifel dem Vielseitigsten von den Genannten, u.a.

Ich möchte auf die beiden Jesuiten als unverdächtige Zeugen für meine oben geäußerte Auffassung zurückkommen (Kardinal Mercier, Michotte und nicht zuletzt Gemelli könnten ebenso benannt werden): Fröbes schrieb ein zweibändiges "Lehrbuch der experimentellen Psychologie" (heute ein Klassiker der experimentalpsychologischen Literatur); er schrieb aber auch eine zweibändige "Psychologia speculativa in usum scholarum". Sein Schüler Lindworsky legte desgleichen eine "Experimentelle Psychologie" vor (heute ebenfalls ein Klassiker der experimentalpsychologischen Literatur) und schrieb eine vermerkenswerte "Theoretische Psychologie".

Zum einen möchte ich drauf hinweisen, dass hier eine reinliche Scheidung zwischen der Psychologie als einer empirischen Wissenschaft und der Psychologie als einer Teildisziplin der Philosophie vorgenommen ist; zum anderen, dass hier die philosophischen Voraussetzungen empirischer Psychologie explizit dargestellt sind; zum dritten, dass eine "Theoretische Psychologie" vorgelegt wird, die heutzutage zu recht, wenn auch noch vereinzelt, wieder gefordert wird.

Lassen Sie mich das Angesprochene durch das eine oder andere Zitat belegen:

"Ähnlich wie die Physik und andere aus der Philosophie hervorgegangene Wissenschaften hat sich auch die Psychologie allmählich in zwei Teilwissenschaften gespalten, in die philosophische und die empirische.

Die philosophische (spekulative, metaphysische) Psychologie untersucht vor allem die allgemeinsten Fragen, welche von jeher das höchste Interesse der Menschheit in Anspruch nahmen, die Substantialität der Seele, die Beziehung von Körper und Geist, ... die Frage der persönlichen Unsterblichkeit u.a.

Hier indessen beschäftigt uns allein die empirische Psychologie ... Sie geht... von den Erscheinungen aus und begnügt sich damit, diese in übersichtlicher Ordnung zu beschreiben, ihre Gesetze festzustellen, um so gegebene Erscheinungen erklären oder zukünftige voraussagen zu können."

Lindworsky fordert eine "klare Sonderung beider Wissenschaften". Die reinen Tatsachenfragen zusammmen mit den philosophischen zu behandeln sei "zum Schaden beider".

Zur Frage nach den philosophischen Voraussetzungen einer empirischen Psychologie ist festzustellen, dass diese allerorten wirksam, wenn auch bedauerlicherweise nicht immer offengelegt sind. Es gibt keine empirische Psychologie, die nicht von einem philosophisch-anthropologischen Vorverständnis, von einer bestimmten wissenschaftstheoretischen Position ihren Ausgang nähme.

Was die „Theoretische Psychologie" anbelangt, so nimmt Lindworsky für sein gleichnamiges "Büchlein" drei Vorzüge in Anspruch: "Es borgt bei keiner Philosophie und bei keiner Weltanschauung. Es wird in natürlicher Weise dem Sinnproblem gerecht. Es erlaubt eine echt empirische und experimentelle Erforschung der Erscheinungen, wenngleich es auch die Grenzen solcher Forschung anerkennt." Er sieht das Verhältnis von empirischer und theoretischer Psychologie analog dem Verhältnis von experimenteller und theoretischer Physik und verspricht sich von einer theoretischen Psychologie: *"Einordnung der zahllosen empirisch gefundenen Einzeltatsachen in ein überschaubares System; Zurückführung dieser Tatsachen auf eine relativ geringe Zahl von Grundtatsachen und Annahmen; Ableitung noch nicht beobachtbarer Erscheinungen aus den aufgestellten theoretischen Sätzen und hierdurch Anregung zu neuen Experimenten und Beobachtungen, durch die wiederum die Richtigkeit der theoretischen Auffassung nachgeprüft wird."*

Konsequenzen für unsere Universität

1. Niemand sollte von den Fachvertretern der Psychologie eine katholische Psychologie erwarten bzw. fordern. Es wird hier die gleiche Psychologie vertreten wie an anderen Universitäten der Bundesrepublik Deutschland, von den biologischen Grundlagen der Psychologie bis hin zu einer Psychologie der Werte.

2. Philosophen und Psychologen sollten anknüpfen an die große aristotelisch-thomistische scholastische Tradition, erweitert durch Erkenntnisse der neueren philosophischen Anthropologie, und einen philosophisch-anthropologischen Entwurf erarbeiten, aus dem heraus wir als Empiriker Hypothesen formulieren können, die in der Erfahrung überprüfbar sind. In der empirischen, der Erfahrungsebene allerdings sollte weder schlechte Philosophie noch schlechte Psychologie betrieben werden.

3. Aus diesem philosophisch-anthropologischen Entwurf könnte, ja sollte sich eine Psychologie ergeben, die forschendes Erkennen, sittliches Handeln, künstlerisches Gestalten des Menschen und damit den ganzen Menschen thematisiert.

Eine so getroffene Gegenstandsbestimmung würde auch der auf dem Kongress der DGfPS 1970 in Kiel vorgetragenen Graumannschen Forderung gerecht, den Menschen in der Psychologie nicht als a-historisches, a-soziales Wesen zu sehen, verbunden mit methodischen Folgerungen.

Angesprochen haben möchte ich noch die Psychologie als Hilfswissenschaft diverser Fachgebiete unserer Universität: angefangen bei theologischen Teildisziplinen (Moraltheologie, Pastoraltheologie, Religionspädagogik), über Teildisziplinen der

Philosophisch-Pädagogischen Fakultät (Philosophie, Pädagogik in ihren Spezialisierungen, Kunstwissenschaft), über Teildisziplinen der Sprach- und Literaturwissenschaftlichen Fakultät, der Geschichts- und Gesellschaftswissenschaftlichen Fakultät bis hin zu Teildisziplinen der Mathematisch-Geographischen Fakultät. Die Psychologie hätte in all diesen Bereichen (inhaltlich und methodisch) Substantielles einzubringen. Der Dialog wurde bereits über gemeinsame Veranstaltungen (Moraltheologie, Pastoraltheologie, Kunsterziehung) realisiert.

Ein weiteres bleibt noch zu vermerken: Mit Reichenbach (1934) kann unterschieden werden zwischen dem sogenannten Entstehungs- oder Entdeckungszusammenhang (context of discovery) und dem Begründungs- oder Bestätigungszusammenhang (context of justification). Vor allem marxistisch orientierte Wissenschaftler haben zudem auf den Verwertungszusammenhang hingewiesen. In letzterem Kontext, z. B. in der Pastoralpsychologie, in der Psychotherapie, sollte der Psychologe den streng szientistischen Rahmen sprengen. Hier sollte seine Weltanschauung zum Tragen kommen. (Es dürfte, sollte ein Unterschied sein, ob ein atheistischer Kollege berät, therapiert oder ob dies aus christlichem Glauben geschieht.) Auch bedarf es beim derzeitigen Forschungsstand der Psychologie auf diesen Arbeitsfeldern des Muts zur Lücke - theoriegeleitet sollte der Psychologe sich in eklektischer Weise diagnostischer und Interventionstechniken bedienen.
Ein letztes erscheint mir beachtenswert: In den jüngst vergangenen Jahren werden in empirischen Wissenschaften wie in Physik, der Biologie und so auch in der Psychologie berufsethische Forderungen engagiert diskutiert und artikuliert. Unsere Universität ist durch zwei Mitarbeiter meines Lehrstuhls in einer Kommission des Berufsverbandes Deutscher Psychologen maßgeblich daran beteiligt gewesen. Der Psychologe handelt als Wissenschaftler sowohl im Forschungs- als auch im Anwendungsbereich nicht in einem wertfreien Raum. Er trägt Verantwortung seinen Mitmenschen wie sich selbst gegenüber, ist verpflichtet einer Ordnung unbedingter Werte.
Dies eben Vorgetragene erschien bereits in den Festschriften meiner Freunde Bernhard Schleißheimer und Peter Paulig. Mit diesen Ausführungen hoffe ich, hinreichend Ak-zeptanz an der KUE erreicht zu haben.

II.

Ein weiteres KUE-Problem, das mir bis heute nicht angemessen gelöst erscheint: auch maßgebliche Leute der KUE sind der Meinung, dass der Lehrkörper der KUE katholisch sein müsste. Ich bin da anderer Auffassung. Das würde uns wieder hinführen zu der "Katholischen Kaderschule". Voraussetzung sollte sein ein Bekenntnis zu den Prinzipien der KUE. Vor Jahren führte ich diesbezüglich ein Gespräch mit dem ehemaligen Präsidenten der KUE, Herrn Prof. Dr. N. Lobkowicz. Wir kamen überein, dass etwa 65 % des Lehrkörpers katholisch sein sollten, die übrigen etwa 35 % gegebenenfalls anderer Konfession. Dass es nicht ein Verhältnis von 50 : 50 sein muss, erklärt sich daraus, dass bei Bewerbungen im allgemeinen eine Reihe gleich Qualifizierter vorhanden ist, wobei dann einem Katholiken der Vorzug gegeben werden könnte. Von dieser Lösung ist die KUE jedoch noch weit entfernt.

III.

Wenn man von *Katholischer* Universität spricht, könnte man der Meinung sein, das soziale Klima sei ein besseres als an anderen Universitäten. Leider ist dies nicht der Fall. Da ich Insider der KUE war und auch einige andere Universitäten näher kenne, kann ich begründetermaßen davon sprechen. Das bekannte Phänomen des "Mobbings" ist hierfür ein bedauerliches Zeichen. Hier könnte und sollte sich die Katholische Universität in besonderer Weise positiv profilieren.

IV.

Eine echte Hilfe in religiösen Fragen war in letzter Zeit für mich ein Artikel des Bamberger Neutestamentlers Paul Hoffmann, und zwar in zweifacher Hinsicht. Zum einen zeigte er neue Methoden auf, die die Worte Jesu von späteren Zutaten in der Heiligen Schrift präziser zu unterscheiden vermögen. Zum anderen eröffnete er mir neue Glaubensmöglichkeiten.

Papst Gregor der Große (540-604) diktiert, vom Hl. Geist inspiriert, dem Diakon Petrus den „Gregorianischen Gesang". Getönte Federzeichnung um 1000

Karlheinz Schlager

Die Musikwissenschaft und die Taube

Ein Bild erlebt viele Jahrhunderte, spricht unzählige Generationen an, vermittelt eine Botschaft aus einem Zeitpunkt heraus in den Lauf der Zeiten hinein: Da thront ein hoher geistlicher Würdenträger, mit dem Attribut des "Lichtkranzes" vom Nimbus der Heiligkeit umgeben, und wendet sich einem Mönch zu, der mit einem Griffel Zeichen in die Wachstafel einritzt, die auf einem kunstvoll geschnitzten Pult liegt. Die gemalte Architektur deutet den Raum innerhalb einer Basilika an, der trennende Vorhang zwischen dem Heiligen und dem außerhalb der Rahmung sitzenden Schreiber ist zurückgeschlagen. Offensichtlich ist die Situation einer Vermittlung, einer Übertragung dargestellt, und wenn man das Bild in Schreibrichtung liest, dann beginnt der Vorgang am linken Rand mit einer Taube am Ohr des Geistlichen und setzt sich mit einer vermittelnden Handbewegung in der Bildmitte zum Schreiber hin fort. Um die Jahrtausendwende, als diese Buchmalerei im Kloster St. Gallen entstand und einem zweibändigen Antiphonarium mit den Gesängen des Stundengebetes (St. Gallen, Stiftsbibliothek 390/391, das sogenannte "Hartker"-Antiphonar) beigegeben wurde, bestand kein Zweifel über Inhalt und Bedeutung dieses Bildes, das in der Überlieferung auch mit Prologen und Tropenzeilen kommentiert sein konnte. Dargestellt ist Papst Gregor der Große (590-604), dem Ursprung und Ordnung des lateinischen Kirchengesangs zugeschrieben wurden. Als "organum sancti spiritus", als Werkzeug des heiligen Geistes, empfängt er die Botschaft der Geist-Taube, die das göttliche Wirken unter die Menschen bringt, und diktiert dem Skriptor Melodien, denn der Mönch zeichnet die in St. Gallen üblichen Neumen auf, in Graphien übersetzte Akzente und Bewegungen, die eine musikalische Lesung der liturgischen Texte ermöglichten.
Der historische Ort dieser Botschaft vom "Gregorianischen Choral" ist eine Zeit, in der sich der römisch-fränkische Kirchengesang gegenüber regionalen Traditionen zu behaupten hatte. Die Autorität und Verehrung Gregors als Papst und Kirchenlehrer, die auch in den mit Legenden angereicherten Viten und in der Wirkungsgeschichte seiner moraltheologischen Schriften zum Ausdruck kommt, konnten und sollten auf den Choral übergehen und jenen Melodien Authentizität und spirituelle Würde verleihen, die dazu beigetragen haben, im ausgedehnten fränkischen Reich die Liturgie einheitlich zu feiern.
Die mittelalterliche Funktion und Aussage ist jedoch nur ein Aspekt dieser Darstellung - ein anderer Gesichtspunkt ist zeitloser Natur und berührt letztlich auch das Denken über Musik in unseren Tagen. Die Musikwissenschaft als eine Disziplin der behutsamen Annäherung an das geheimnisvolle, schöne und kunstreiche Spiel mit

vergänglichen Tönen und Klängen befaßt sich mit Quellen, in denen Musik im Geiste zur Musik auf dem Pergament oder Papier geworden ist. Um 1000, zu einer Zeit noch vorwiegend mündlicher Überlieferung, waren es linienlose Neumen, später präzisierte sich das Notenbild mit Linien, Schlüsseln und Wertformen. So sehr sich das Bild auf der Notentafel zur Neuzeit hin auch verändert hat und so wichtig dieses sich wandelnde äußere Erscheinungsbild für die Verfügbarkeit und Reproduktion von Musik auch sein mag: die Bedingungen für den Ursprung und das Werden der Musik sind geblieben. Am Anfang steht die unerforschliche Inspiration, die unscheinbare Taube, der Geist, der durch ein "sinnliches Fenster", wie es schon die mittelalterlichen Theoretiker beschrieben, in das Innere des Menschen eindringt, mit einem jenseitigen Geschenk, das im Diesseits buchstäblich be-zeichnet wird, in Zeichen Gestalt annimmt und erkennbar wird.

Historisch betrachtet wäre es sachlich unkorrekt, Papst Gregor an den Beginn einer langen Reihe von "Komponisten" zu stellen, die Perotin, Josquin, Schütz, Mozart, Brahms, Mahler, Schönberg, Messiaen und anders heißen mögen, aber als zeitlose Verkörperung eines Mediums mit "offenen Ohren" für eine Botschaft, die alle Sprachen in sich aufgenommen hat und allen verständlich ist, gewinnt diese Gestalt allegorische Wahrheit. Die Musikwissenschaft liest dieses Bild gleichsam gegen die Schreibrichtung, von rechts nach links; sie geht von der Aufzeichnung einer Version oder eines Werkes aus und versucht, über den Zeit- und Personalstil, über die Entstehungsbedingungen der Komposition und die Biographie des Komponisten, über den nach-gedachten Kompositionsprozeß der Inspiration möglichst nahezukommen, ohne sie jemals ganz erreichen zu können. Auch wenn der Vorhang ausnahmsweise noch soweit zurückgeschlagen ist, wird sich die Taube nicht fangen lassen. Aber es tröstet und beglückt, in ihrer Nähe zu sein.

Wolfgang Schönig

Gesellschaftliche Entwicklungen und kirchliche Schulen. Überlegungen aus der Perspektive einer Schulpädagogik als Handlungswissenschaft

Der Beitrag umreißt das Selbstverständnis einer wissenschaftlichen Schulpädagogik, die sich in den Dienst der Entwicklung von einzelnen Schulen stellt und die das besondere Spektrum von Aufgaben und Zielen kirchlicher Schulen zu berücksichtigen versucht. Zunächst wird Auskunft gegeben über den Bildungsauftrag kirchlicher Schulen, der sich auf der Grundlage des christlichen Glaubens legitimiert (1). Es wird gezeigt, daß die katholischen Schulen in freier Trägerschaft angesichts der Herausforderungen der Postmoderne immer neu die Identitätsbalance zwischen Glaubenstradition und Öffnung gegenüber der Pluralität versuchen müssen (2). Die Konsequenzen für eine Schulpädagogik, die Schulentwicklungsprozesse begleitet, werden abschliessend skizziert (3).

1. Warum und wozu kirchliche Schulen in der modernen Welt?

Die Entwicklung moderner Schulsysteme ist von einer starken Ausdifferenzierung der Schullandschaften, von Schulvielfalt und wachsenden Handlungsspielräumen in der einzelnen Schule gekennzeichnet. In dieses Bild pluriformer Schulentwicklung paßt nicht nur, daß Staatsschulen eigene Profile und pädagogische Konzepte gestalten, sondern auch, daß sich Schulen in freier Trägerschaft wachsender Beliebtheit erfreuen. Laut einer Übersicht von Klaus Klemm und Peter Krauss-Hoffmann (1999) betrug der Anteil von Schülern sog. Privatschulen an allen Schülern des allgemeinbildenden Schulwesens der alten Bundesrepublik im Jahr 1994 etwa 6 %. Davon waren ungefähr die Hälfte Schüler und Schülerinnen der evangelischen und katholischen allgemeinbildenden Schulen in freier Trägerschaft. Es dominierten die katholischen Schulen mit ca. 250.000 Lernenden vor den evangelischen Schulen mit ca. 60.000 Lernenden. In einer neueren Bildungsstatistik für die katholischen Schulen in den Bereichen allgemeinbildende, berufsbildende und Sonderschule nennt Joachim Dikow (1999) für das Schuljahr 1995/96 die Zahl von 309.986 Schülern und Schülerinnen, die rund 1.000 Schulen besuchen. Bundesländer mit katholischer Tradition liegen erwartungsgemäß an der Spitze: Nordrhein-Westfalen mit 335, Bayern mit 290, Baden-Württemberg mit 137, Rheinland-Pfalz mit 108, Niedersachsen mit 105 Schulen (in Hessen sind es 50, in Berlin 31, im Saarland 24, in Schleswig-Holstein 3 und in den

westdeutschen Stadtstaaten Hamburg und Bremen 30 und 12 Schulen). In den ost-
deutschen Bundesländern gibt es knapp 20 Schulen. Marion Wagner nennt gar "weit
über 1.100 Schulen" in der Trägerschaft der Katholischen Kirche (einschließlich Ge-
sundheitsschulen) und "annähernd 800 allgemeinbildende bzw. Förder- und Sonder-
schulen sowie Berufsschulen" in Trägerschaft der Evangelischen Kirche (Wagner
2001, V).

Wenn auch die Zahlenangaben zwischen den Autoren divergieren, so läßt sich doch
als eindeutiger Befund festhalten, daß die Nachfrage das Angebot von Schülerplätzen
im Sektor der katholischen Schulen um etwa 30 % übersteigt (Dikow 1999, Wagner
2001). Es ist zu fragen, was kirchliche Schulen so attraktiv macht. Ich konzentriere
mich im folgenden auf die Katholische Schule, beziehe aber Überlegungen aus evangelischer Sicht mit ein.

Die Wahl einer christlichen Schule erhält ihren Impuls aus mindestens zwei unterschiedlichen, sich gegenseitig stützenden Motiven. Das eine Motiv ist ein schulkriti-
sches: Der öffentlichen Staatsschule wird vorgehalten, sie favorisiere ein zweckratio-
nales Lernen, das dem jungen Menschen äußerlich bleibe, weil es dessen Suche nach
dem Sinn seiner Existenz, nach dem unhintergehbaren Grund des Seins nicht beant-
worte; die Schule sei allgemeinhin eine säkularisierte Schule. Das zweite Motiv zeigt
sich in dem Wunsch nach einer anderen Schule, die ihre Kraft aus dem christlichen
Glauben schöpft und alle Dimensionen des Menschseins aufeinander zu beziehen
weiß, um dem einzelnen zur Lebenstüchtigkeit in einer komplexer werdenden Welt zu
verhelfen. Zum "Proprium", zum unverkennbaren Charakter insbesondere der katholischen Schule gehört es demnach, auf der Grundlage der christlichen Heilsbotschaft
und der vorbehaltlosen Anerkennung des Menschen als Gottes Ebenbild ein die einzelnen Fächer überspannendes Erziehungs- und Bildungskonzept zu realisieren.

Im ersten Motiv begegnen sich eine Reihe von Argumentationsfiguren modernitäts-
kritischer, theologischer und religionspädagogischer Herkunft. Im Zentrum der Kritik
steht eine konventionelle Staatsschule, die den strukturellen Mustern der gesellschaftlichen Modernisierung wie Säkularisierung, Beschleunigung des Lernens,
Werterelativierung, Normierung des Faktischen und Dominanz des Marktes folgt
(Fischer 2000). In dieser Perspektive nimmt sich das Individuum selbst zum Maßstab
für Freiheit und begreift sich als Urheber einer äußeren Wirklichkeit. Das Leben wird
aus einem Blickwinkel wahrgenommen, der einzig im "Geflecht des Faktischen" Sinn
und Halt suggeriert (Kluge 2000). Eine Welterschließung, die von einer technischen
Rationalität geprägt ist, die dem Menschen die Verfügungsmacht und Steuerungskraft
über den Lauf der selbst geschaffenen Fakten zuspricht, nährt eine gefährliche All-
machtsillusion; der Mensch selbst erschafft den Mythos einer "säkularen Selbsterlö-

sung" (Anhelm 2000). Aus theologischer Sicht wird gegen diese Selbstdeutung des modernen Subjekts festgehalten, daß der Mensch sich nicht seiner selbst verdankt, sondern auf seinen Schöpfer verwiesen ist: Das Leben ist eine Gottesgabe, die Freiheit des Menschen ist eine "verdankte Freiheit", die im Sinne der Bewahrung und Gestaltung der Welt vor Gott verantwortet werden will. Der Mensch ist demnach verbunden mit einem außer ihm selbst liegenden Absoluten, das nach bestimmten Deutungsformen verlangt. Sich selbst und die Welt im Spiegel der christlichen Religion deuten zu können und sich gleichzeitig dieser Deutung bewußt zu sein – dies wäre ein christlicher Glaube mit lebenspraktischer Bedeutung (Anhelm 2000, Dressler 2000).

Auf diesem Hintergrund läßt sich verständlich machen, warum die konventionelle Staatsschule als defizitär angesehen wird. Mit Bezug auf die Katholische Schule weist Volker Ladenthin (2001) auf, daß die herkömmliche Schule die Prozesse der Wissensgenerierung in einer Weise anlege, die die Dimension des Religiösen per se ausklammere. Sie prüfe die Voraussetzungen, unter denen technische und wissenschaftliche Erkenntnisse gewonnen werden, nicht und müsse deshalb ein "erkenntnistheoretisches Vakuum" ausblenden, das sich unweigerlich bemerkbar mache, wenn nach dem Wesen der Dinge gefragt wird. Eine zentrale Aufgabe der katholischen Schulen sieht Ladenthin darin, daß sie gerade dasjenige explizit problematisieren, was andere Schulen umgehen: die Problematik der Letztbegründung und das erkenntnistheoretische Vakuum. Katholische Schulen müßten deshalb *darauf insistieren, alles Wissen immer als begrenztes, als bedingungsweise geltendes, als bedingtes Wissen darzustellen"* (Ladenthin 2001, S. 45). In polarer Spannung zu einer rationalistischen Schule und Gesellschaft spitzt Ladenthin zu, wenn er die Katholische Schule betrachtet als *"Stachel im Fleisch der Gesellschaft, die von sich glaubt, sie wüßte schon oder in absehbarer Zeit alles über sich und die Welt"* (ebd.). In diesem Punkt trifft sich die Position Ladenthins mit der von Friedrich Schweitzer, der im Anschluß an Wolfgang Klafkis Konzept der Schlüsselprobleme (Klafki 1985) für die Evangelische Schule fordert, "Religion als Schlüsselproblem" zu begreifen (Schweitzer 1999, S. 125).

Eltern scheinen eine katholische Schule unter anderem deshalb zu wählen, weil sie mit einer Lehrerschaft rechnen, die auf der Grundlage des Bekenntnisses zum katholischen Glauben und aus der Überzeugung von der Personwürde des Heranwachsenden den ganzen Menschen in seiner Entwicklung zu fördern versuchen. Sie erwarten also Lehrer und Lehrerinnen, die im Fachunterricht und darüber hinaus eine christliche Grundhaltung vorleben und dadurch werteerziehend wirksam werden. Dies schließt hohe Erwartungen an den Leistungsanspruch, die Wissensvermittlung und bestimmte inhaltliche Schwerpunkte keineswegs aus (beispielhaft: Sennekamp 2001). Analoges scheint auch für die evangelischen Schulen zu gelten (vgl. Schweitzer 1999).

Ob die Erwartungen an ein in sich konsistentes Erziehungskonzept der katholischen Schulen, wie es Rainer Ilgner vorschwebt (vgl. Ilgner 1994, 1999), in der Realität erfüllt werden, ist eine andere Frage. Zur empirischen Seite hält Ilgner selbstkritisch fest: *"Wer die Realität des katholischen Schulwesens in unserem Land kennt, ist sich freilich auch darüber im klaren, daß die Idee eines solchen individuellen Erziehungskonzeptes, in dem die einzelne Schule ihr Erziehungsprogramm definiert und ihre Identität beschreibt, vielerorts erst noch entdeckt werden muß"* (Ilgner 1999, S. 91).

2. Die katholische Schule im Zeichen von Identitätsbalancen

Die Enttraditionalisierung, die Pluralität der Lebenslagen Heranwachsender und die Veränderung der Erziehungsbedingungen stellen staatliche wie nichtstaatliche Schulen gleichermaßen vor das Problem, daß der Schulalltag keine Überschaubarkeit und Verläßlichkeit mehr bietet und die üblichen Routinen und Lehrformen keine problemadäquaten Antworten auf die institutionellen Brüche der Schule sind (Rauschenberger 1999). Schule ist schwieriger geworden und fordert die Verständigung im Kollegium über ihre Aufgaben und Ziele besonders heraus. Der Problemdruck in den Schulen dürfte in dem Umfang zunehmen, wie den Einzelschulen die Entwicklung individueller Schulprogramme und der Qualitätsnachweis durch (Selbst)Evaluation abverlangt wird. In einigen Bundesländern ist die Rechenschaftslegung der Schulen bereits seit Jahren vom Gesetzgeber geregelt, und in Bayern ist mit der Veröffentlichung der sog. "Augsburger Thesen" durch das Staatsministerium für Unterricht und Kultus im Jahr 2000 diese Entwicklungsrichtung auch für bayerische Schulen deutlich vorgezeichnet. Kritische Stimmen machen auf die Gefahr für die kirchlichen Schulen aufmerksam, daß es dabei mehr um eine "nur ökonomisch motivierte Zurichtung der Schule" (Fischer 2000; vgl. Wittenbruch 1999) als um die Erhöhung der Bildungsqualität im Ganzen gehen könnte.

Die von Marion Wagner wohl rhetorisch gemeinte Frage, ob die kirchliche Schule angesichts von Evaluation und Controlling dabei sei, "sich selbst zu finden", oder aber "auf dem besten Wege, sich selbst zu verlieren" (Wagner 2001, V), wird man unterschiedlich beantworten können. Man kann die Auffassung vertreten, daß die Schulqualität der kirchlichen (katholischen) Schule von vornherein höher sei als die der staatlichen Schule, weil der Dialog im Kollegium durch Lehrerfortbildung, Arbeitskreise und die ständige Arbeit am Schulprogramm institutionalisiert sei (Wagner 2001, Wittenbruch 1999) – Verständigung über die Praxis als Wesensmerkmal der kirchlichen Schule. Man kann aber auch der Meinung sein, daß der gesellschaftliche Trend der Säkularisierung und Individualisierung vor den Lehrerkollegien kirchlicher Schulen nicht Halt macht, sondern die individuellen Lehrstile nachhaltig prägt und dadurch die Auflösung gemeinschaftlicher Grundpositionen in Lehre und Erziehung vorantreibt. Weil es uns an empirischer Forschung mangelt (Schweitzer 1999), sind solche Überlegungen eher spekulativ. Aber sie machen darauf aufmerksam, daß die kirchlichen Schulen vor der großen Aufgabe stehen, das spezifisch Christliche und mehr noch: das spezifisch Konfessionelle in einer sich dramatisch verändernden Welt herauszuarbeiten. Einige Teilaufgaben sollen mit Blick auf die Katholische Schule in freier Trägerschaft angesprochen werden.

Jede katholische Schule hat zunächst zu klären, wie sie das Katholische versteht und in ihrem Programm wirksam werden lassen kann. Dabei sind mindestens zwei Bezugsaspekte zu sehen, der katholische Glaube mit seinen eigenen Traditionen und Lebensformen einerseits sowie die spezielle Arbeitssituation der jeweiligen Schule in ihrer konkreten Umgebung andererseits. Zu klären ist, welche Aussagen des katholischen Glaubens entgegen dem Wandel der Zeiten fortdauernde Gültigkeit beanspruchen können, und welche Aussagen vor dem aktuellen Weltgeschehen neu ausgelegt werden müssen (Nordhofen 2001). Es liegt auf der Hand, daß die Bildungsinhalte der Katholischen Schule nicht mehr deduktiv aus den Lehrsätzen der Kirche gewonnen werden können, wenn kirchliche Bildungsarbeit öffentliche Bedeutung haben soll. In einer pluralen Gesellschaft kann sie nur dann "anschlußfähig" sein, wenn Glaubens- und Bildungsinhalte diskursiv verhandelt werden (Anhelm 2000). Dies hat Rainer Ilgner in seinem Kommentar zum Band 1 des "Handbuch Katholische Schule" (Ilgner 1994) dazu bewogen, das nachkonziliarische Motiv des "progetto educativo", des "Erziehungskonzepts" der katholischen Kirche aufzugreifen. Das "progetto educativo" zeigt an, daß es nicht mehr um fixierte Einzelmerkmale der katholischen Schule geht, "sondern um die regulativen Ideen für die immer neue Auseinandersetzung mit wechselnden geschichtlichen und gesellschaftlichen Bedingungen und für die unterschiedlichen Ausformungen von Schulpraxis" (Knab 1998, S. 164). Rainer Ilgner spricht in einer sprachlichen Abwandlung des "progetto educativo" auch vom "projet éducatif", um mit dem Projektgedanken die Offenheit und die Dynamik des "Erziehungskonzepts" auf der Ebene der einzelnen Schule zu betonen und der Schulentwicklungsidee Raum zu geben (Ilgner 1999).

Schulentwicklung meint heute die Art und Weise, wie Lehrer und Lehrerinnen in einem gemeinschaftlichen Arbeitszusammenhang die Probleme des institutionalisierten Lehrens und Lernens systematisch bearbeiten (Schönig 2000). Für die Katholische Schule stellt sich die Aufgabe, Unterricht und Schulleben so zu arrangieren, daß die Schule als Ganze den Geist des Religiösen atmen kann. Zwar wird dem Religionsunterricht eine Schlüsselstellung für das, "was unbedingt angeht", zugesprochen, aber "Religion" erschöpft sich nicht in einem einzelnen Fach. Die Fragen nach dem Sinn des Lebens müssen in jedem Fach ihren Platz haben (Ladenthin 2001). Darüber hinaus ist die strenge Verfachlichung des Lernens kritisch zu prüfen, denn *religiöse*

Fragen melden sich nicht ‚diszipliniert' im Doppelsinn des Wortes ..." (Knab 1995, S. 70). Deshalb ist das Verhältnis der einzelnen Schulfächer zu fächerintegrierenden Lernbereichen zu bedenken. Denn dort, wo wir Lernbereiche jenseits der zellularen Struktur der Schule haben, bieten sich Lerngelegenheiten, die einen handelnden und praktischen Umgang mit den Weltphänomenen und somit eigene (religiöse) Erfahrungen ermöglichen.

Eine weitere Aufgabe der katholischen Schule ist in der Bearbeitung der Spannung zwischen der Singularität des Christusereignisses und dem Auftrag, den christlichen Glauben allen Menschen zu verkündigen, zu sehen (Nordhofen 2001). Die schwierige Frage ist, wie der Glaube einerseits verkündigt werden und andererseits die Personwürde des Mitmenschen (auch entsprechend der katholischen Soziallehre) respektiert werden soll. Oder: Wie ist die Tradition des katholischen Glaubens zu pflegen und gleichzeitig Solidarität mit dem Andersgläubigen oder Nichtgläubigen zu üben? Diese Frage ist insofern von besonderer Brisanz, als Kinder heute immer öfter keine "konfessionelle Heimat" mehr haben und in familiär-mehrkonfessionellen oder gar diffusen Verhältnissen groß werden (Krautter 2000). Hinzuweisen ist in diesem Zusammenhang auf das Faktum, daß etwa ein Fünftel aller Lernenden an katholischen Schulen nicht der katholischen Konfession angehören (Dikow 1999). Wenn die Katholische Schule aber allen Heranwachsenden Sinn und Halt für deren Leben geben will, dann muß sie sich auch der Pluralität religiöser und nichtreligiöser Orientierungen stellen. Es ergibt weder Sinn, die religiösen und konfessionellen Unterschiede zu ignorieren noch sie zugunsten des größten gemeinsamen Nenners zu nivellieren. Erst wenn diese Differenz zwischen den Konfessionen und Religionen gesehen wird, ist es möglich, sie miteinander in Beziehung zu bringen und das Lernen voneinander, den Dialog anzuregen (Scheilke 2002) gemäß dem Motto "Gemeinsamkeiten stärken – Unterschieden gerecht werden"[1].

Schulpraktisch gesehen erfordert dieser Standpunkt eine Gesprächserziehung und ein interreligiöses Lernen, das sich auf die ganze Schule bezieht. Aber auch aus systematisch-theologischen Gründen kann die religiöse Erziehung der Katholischen Schule nur als Sinnangebot, als Einladung zum Glauben verstanden werden, die es dem jungen Menschen ermöglicht, seine Entscheidung in Freiheit zu finden. Denn der Glaube läßt sich nicht durch die Schule "herstellen", weil er immer in der Dialektik von freier Entscheidung des Individuums und Gnadengeschenk Gottes steht. Es fragt sich also,

---

[1] So der Titel eines von der DFG geförderten religionspädagogischen Projekts im Grundschulbereich, das an der Universität Tübingen von den Religionspädagogen Schweitzer (ev.) und Biesinger (kath.) durchgeführt wird.

welches Milieu für das Heranreifen von Entscheidungen die einzelne Schule bereit-
stellen müßte.

Katholische Schulen, die sich diese Sichtweise zu eigen machen, werden möglicherweise schul- und unterrichtsorganisatorische Konsequenzen ziehen. Sie werden beispielsweise mit Blick auf den Religionsunterricht prüfen, welche Inhalte und Themen
in einem konfessionell-kooperativen Religionsunterricht besser zu bearbeiten sind als
in einem nach Konfessionen getrennten und umgekehrt. Und sie werden ihr Curriculum so gestalten, daß die religiöse Dimension in vielfältigen Lern- und Erfahrungs-
feldern des Unterrichts und des Schullebens für den Dialog erschlossen wird. Dies erfordert auch eine interreligiöse Kompetenz der Lehrkräfte (Scheilke 2002).

3. Kirchliche Schulen und die Schulpädagogik als kritische Handlungswissen-schaft

Betrachtet man die Entwicklung der Erziehungswissenschaft in den letzten Jahrzehnten, dann läßt sich – von wenigen Ausnahmen abgesehen – von einem Verschwinden
der Religion aus deren Horizont sprechen (Knab 1995). Angesichts der Zukunftsher-
ausforderungen, auf die auch die Schule Antworten zu suchen hat, ist es an der Zeit
für eine Rückbesinnung auf die Dimensionen des Religiösen. Insbesondere bei der
Schulentwicklung brechen Fragen nach dem Stellenwert von Religion in der Schule
neu auf. Sie melden sich dort recht intensiv, wo Schulen Themen wie Frieden, Part-
nerschaftlichkeit, Umgang der Geschlechter miteinander, Bewahrung der Schöpfung,
Gerechtigkeit usw. besonders ernst nehmen, oder wo sie sich große Mühe machen mit
der Gestaltung des Schulalltags durch Arbeitsformen wie Projektarbeit (z.B. im Bereich von "Compassion"), Morgenkreis, fächerübergreifendes Lernen, Freiarbeit,
Wochenplanarbeit usw. sowie durch Feiern, Exkursionen, Begegnungstage und andere kulturelle Veranstaltungen. Der Lehrstuhl für Schulpädagogik an der Katholischen
Universität Eichstätt will nicht an der Tatsache vorbei, daß es in seinem Wirkungskreis zahlreiche katholische Schulen gibt, die ihren Schulalltag einerseits gezielt auf
der Grundlage des christlichen Glaubens gestalten, die andererseits Unterstützung bei
der Lösung komplexer Probleme der Schulentwicklung nachfragen. Weil der Verfasser einen Arbeitsschwerpunkt in der Schulentwicklung und Organisationsberatung
von Schulen hat und die Schulpädagogik als eine sozial verpflichtete Handlungswissenschaft versteht; ist er an einer Verbesserung der Schulpraxis durch die unmittelba-
re Kooperation mit Schulen interessiert (Schönig 2000). Dies bedeutet zweierlei. Zum
einen sind die üblichen Prozesse der wissenschaftlichen Wissensgenerierung gekennzeichnet durch eine zeitliche Dechronisation von Gesellschaftsentwicklung, Schulentwicklung und Schulforschung. Schulforschung kommt gewissermaßen immer "zu
spät".

Aktuelles Wissen über Schulen, das auch relevant für die Lehreraus- und -fortbildung ist, läßt sich aber vor allem durch die Arbeit im Handlungsfeld Schule gewinnen. Deshalb ist die Schulpädagogik auf die Zusammenarbeit mit Schulen angewiesen. Soweit sich die Schulpädagogik zum anderen als praxisbezogene Handlungswissenschaft versteht, wird sie sich in den Dienst der Entwicklung der einzelnen Schule stellen, indem sie ihr wissenschaftliches Sonderwissen zur Disposition stellt – in Gesprächen, schulinterner Lehrerfortbildung, Beratung und Training. Drei Hinweise sollen zur Konkretisierung des Gemeinten beitragen.

-    Die Lehrerausbildung ist der Ort, an dem kirchliche Schulen ins Blickfeld der Studierenden gerückt werden sollten. Die katholische Schule sollte nicht allein als eine Option für diejenigen dargestellt werden, die aufgrund ihres eigenen Glaubens eine Affinität mit ihr verspüren, sondern als eine generelle "alternative Schule" im großen Spektrum des Schulangebots. Dazu ist es notwendig, über Aufgaben, Ziele, Selbstverständnis und Arbeitskonzepte einzelner Schulen zu informieren. Ganz grundsätzlich ist es erforderlich, Studierenden eine "schultheoretische Kompetenz" zu vermitteln, die sie auf die immer wichtiger werdenden Aufgaben der Schulentwicklung vorbereitet.

-    Schulpädagogik im skizzierten Verständnis zielt auf die Erhöhung der Problemlösekompetenz, Selbstreflexivität und Dialogfähigkeit im jeweiligen Lehrerkollegium. Dazu bedarf es einer längerfristigen Kooperation, die gerahmt ist von einem zur jeweiligen Schule passenden Konzept der Organisationsberatung. Es berücksichtigt die Geschichte, Lerngeschwindigkeit und Arbeitssituation der Schule und bietet eine große Bandbreite von Arbeitsinstrumenten an, die auf die Bedürfnisse im jeweiligen Kollegium abgestimmt werden (Schönig 2000). Ein Element eines solchen Konzepts kann auch die Einzelsupervision für Schlüsselpersonen des Kollegiums (z.B. der Schulleiter) sein.

-    Das kritische Potential eines solchen Ansatzes kann darin gesehen werden, daß er über Engführungen der Schulentwicklung aufklärt. Dies erscheint dort angebracht, wo Schulen geschlossene Kulturen bilden und das jeweilige Lehrerkollegium sich zu einer Art verschworenen (konfessionellen) Gemeinschaft zusammenschweißt – mit allen erdenklichen Folgen für die Sonderung bestimmter Schülergruppen. So gesehen hat wissenschaftlich fundierte schulpädagogische Beratung auch die Funktion einer Ideologiebremse.

Literatur

Anhelm, F.E.: Theologische Begründung kirchlicher Bildungsarbeit. In: Fischer, D. (Hrsg.), 2000, a.a.O., S. 13-17

Dikow, J.: Zahlen, die zu denken geben. In: Wittenbruch, W./Kurth, U. (Hrsg.), 1999, a.a.O., S. 22-32

Dressler, B.: Christliche Bildung, Begründungen kirchlicher Bildungsarbeit. In: Fischer, D. (Hrsg.), 2000, a.a.O., S. 19-25

Fischer, D.: Entwicklungsperspektiven der Lehrerinnen- und Lehrerfortbildung. Aufgaben und Beiträge kirchlicher Institute. In: Dies. (Hrsg.), 2000, a.a.O., S. 131-145

dies. (Hrsg.): Im Dienst von LehrerInnen und Schule. Aufgaben, Konzepte, Perspektiven kirchlicher Lehrerfortbildung. Münster 2000

Ilgner, R. (Hrsg.): Handbuch katholische Schule. Bd. 1: Dokumente. Köln 1994

ders.: Das Erziehungskonzept (projet éducatif) der katholischen Schule. Eine zukunftsweisende Perspektive. In: Wittenbruch, W./Kurth, U. (Hrsg.), 1999, a.a.O., S. 81-91

Klafki, W.: Neue Studien zur Bildungstheorie und Didaktik. Beiträge zur kritisch-konstruktiven Didaktik. Weinheim, Basel 1985

Klemm, K./Krauss-Hoffmann, P.: Evangelische Schulen im Spiegel von Selbstdarstellung und Elternurteil. In: Scheilke, Th./Schreiner, M. (Hrsg.), 1999, a.a.O., S. 60-79

Kluge, J.: Die Aufgaben des Religionsunterrichts in der öffentlichen Schule. Verpflichtung und Maßstab der kirchlichen Lehrerfortbildung. In: Fischer, D. (Hrsg.), 2000, a.a.O., S. 27-31

Knab, D.: Religion im Blickfeld der Schule. In: Biehl, P. u.a. (Hrsg.): Jahrbuch der Religionspädagogik (JRP). Bd. 12: Religionspädagogik seit 1945. Bilanz und Perspektiven. Bonn 1995, S. 57-71

dies.: Besprechung. Handbuch Katholische Schule. In: Z.f.Päd. 44(1994)1, S. 163-169

Krautter, A.: Zur Weiterentwicklung des konfessionellen Religionsunterrichts. Ein württembergischer Kooperations-Versuch. In: Fischer, D. (Hrsg.), 2000, a.a.O., S. 39-49

Ladenthin, V.: Erkennen – Werten – Bezeugen: Zu Sinn und Aufgabe Katholischer Schule. In: Wagner, M. (Hrsg.), 2001, a.a.O., S. 41-61

Nordhofen, E.: Das Proprium – eine neue Antwort auf eine alte Frage. In: Wagner, M. (Hrsg.), 2001, a.a.O., S. 7-23

Rauschenberger, H.: Erzieherisches Denken und Handeln. Gesellschaftliche Entwicklungen in ihrer Wirkung auf Schule und Unterricht. Weinheim, München 1999

Scheilke, Chr. Th.: Von Religionen lernen in der Pluralität. Schweitzer, F. (Hrsg.): Der Bildungsauftrag des Protestantismus. Gütersloh 2002, S. 164-178 (Veröffentlichung der Wissenschaftlichen Gesellschaft für Theologie Bd. 20)

ders./Schreiner, M. (Hrsg.): Handbuch Evangelische Schulen. Gütersloh 1999

Schönig, W.: Schulentwicklung beraten. Das Modell mehrdimensionaler Organisationsberatung der einzelnen Schule. Weinheim, München 2000

Schweitzer, F.: Bildung und Bildungsverständnis in evangelischen Schulen. In: Scheilke, Chr. Th./Schreiner, M. (Hrsg.), 1999, a.a.O., S. 121-130

Sennekamp, D.: Warum eine kirchliche Schule für mein Kind? In: Wagner, M. (Hrsg.), 2001, a.a.O., S. 105-118

Wagner, M.: Vorwort: Auf der Suche nach sich selbst? In: Dies. (Hrsg.), 2001, a.a.O., V-VII

dies. (Hrsg.): Wozu kirchliche Schulen? Profile, Probleme und Projekte: Ein Beitrag zur aktuellen Bildungsdiskussion. Münster 2001

Wittenbruch, W.: Katholische Schulen auf dem Weg zur Vermarktung ? In: Ders./Kurth, U. (Hrsg.), 1999, a.a.O., S. 11-21

ders./Kurth, U. (Hrsg.): Katholische Schulen: Nachfrage steigend – Bildungswert fallend? Donauwörth 1999

Rudolf Pscherer

Wo man singt, da lass dich ruhig nieder...
Musikalische Ensembles an der Katholischen Universität

Es gibt wohl keine höhere Bildungsanstalt, sei es Gymnasium, Hochschule oder Universität, die nicht mindestens ein, meistens aber zwei oder mehr musikalische Ensembles zum Bestand ihrer Einrichtungen rechnen kann, Ensembles, in denen Angehörige aller Gruppen, sei es Studierende des Faches Musik, anderer Fächer, aber auch Lehrende und andere Angehörige des Hauses und teilweise auch Externe oder Ehemalige gemeinsam zusammenwirken können.

Drei Ensembles dieser Art sind auch an unserer Katholischen Universität anzutreffen:

     1.der Universitätschor
     2.das vor gut zwei Jahren wieder erstandene Universitätsorchester
     3.die vor eineinhalb Jahren neu gegründete Bigband

Die Bigband ist das – wenn man so sagen will – jüngste Kind in dieser Dreierreihe. Im Sommersemester 1999 erhielt die philosophisch-pädagogische Fakultät im Bereich der Musikpädagogik eine hauptamtliche Stelle für Didaktik der Rock- und Popmusik. Der Inhaber dieser für die heute aktuelle Ausbildung der Musiklehrer an Grundschulen, Hauptschulen und Realschulen ungemein bedeutenden Einrichtung, Eugen Bersenkowitsch, hatte bereits in seiner früheren Tätigkeit an der Universität Augsburg in hohem Maße Erfahrungen gesammelt und begann bereits nach seinem ersten Semester in Eichstätt, für das Entstehen einer Bigband zu interessieren. Da die Musikabteilung unserer Universität zahlenmäßig gesehen relativ klein ist, aber natürlich auch kein Eigenleben führen sollte, war von Beginn an klar, dass alle Interessenten - zunächst im Rahmen der Katholischen Universität - angesprochen waren. Bereits nach einem Semester Probenarbeit machte die Bigband im Rahmen der regelmäßigen „Semester- Schlussmusik" auf sich aufmerksam, wobei insbesonders der temperamentvolle Zugriff die Hörer von der hohen Qualität der geleisteten Arbeit überzeugte. Vor allem - und das ist einer der grundlegenden Faktoren jedweden guten Musizierens - waren die Musiker mit Freude bei der Sache.

Nachdem Eugen Bersenkowitsch einem Ruf an die Hochschule für Musik in München folgte, übernahm im Sommersemester 2001 sein Nachfolger Jörg Edelmann die Leitung und erwies sich bei der Semesterschlussmusik als vollwertiger Ersatz. Sogar das Experiment, eine Posaunegruppe der Universität Erlangen/Nürnberg kurzfristig in die Bigband einzubauen, konnte als überaus gelungen betrachtet werden.

Das Orchester der Universität existierte in früheren Jahren schon einige Male und verlief immer wieder einmal im Sande, da häufig keine über mehrere Jahre hinweg bestehende Besetzung angeboten werden konnte. Was könnte man beispielsweise an Literatur für ein Ensemble, bestehend aus vier Violoncelli, einer Violine und fünf Flöten finden, was darüber hinausgehend auch noch den spieltechnischen Möglichkeiten entspräche?

Vor vier Jahren erhielt Mathias Babl einen Lehrauftrag für Violinunterricht an der Katholischen Universität. Aus einem eher lockeren, freiwilligen Zusammenspiel seiner Schüler und einiger anderer Studenten erwuchs vor nunmehr beinahe drei Jahren der Wunsch, die bestehende Formation auszuweiten und als Orchester der Universität weiterzuführen. So bildet das Universitätsorchester keinen unwesentlichen Teil bei der Gestaltung des „Dies academicus" und der Semesterschlussmusiken und zeigt immer wieder, dass an der Katholischen Universität viele Fähigkeiten quasi im Verborgenen schlummern und eines temperamentvollen „Weckers" bedürfen, um an das Licht zu kommen.

Der Universitätschor ist, so kann man wohl mit Fug und Recht behaupten, *die* Einrichtung schlechthin. Denn er erfordert im Gegensatz zu instrumentalen Gruppen keine bereits relativ entwickelte Spieltechnik, vielmehr zunächst einmal eigentlich nur die Bereitschaft, sich anderen Stimmen der gleichen Stimmgruppe anzupassen und sich - nötigenfalls - korrigieren zu lassen. So bietet er die ideale Basis für ein - wie es ein bekannter neuerer Kanon sagt - „Lasst es uns gemeinsam tun". Wenn dann der Leiter des Chores noch „mehreren Sätteln gerecht wird" und auf verschiedenen Gebieten vokalen und instrumentalen Musizierens beschlagen ist, sind die besten Voraussetzungen für eine funktionierende Einheit geschaffen.

Vor drei Jahren, zum Beginn des Wintersemesters 1998/99, übernahm Prof. Dr. Peter Brünger die Professur für Musikpädagogik und Musikdidaktik an der katholischen Universität. Zum Beginn des Sommersemesters 2000 gründete er einen Projektchor mit dem Ziel, den „Dies academicus" im Jahr 2000, der im Zeichen der Feier zum zwanzigjährigen Bestehen unserer Hochschule als Universität stand, musikalisch zu gestalten. So kam es zu einer beachtenswerten Aufführung eines „Gloria" von Antonio Vivaldi für Soli, Chor und Orchester, bei dem unter anderem zwei Gesangsdozentinnen der Universität als Solistinnen mitwirkten. Der offizielle Anlass dieses Projektes war damit eigentlich zu Ende. Aber nun erhob sich im Chor der vielstimmige Wunsch, die Arbeit weiterzuführen. Somit wurde der Universitätschor auf diese Weise quasi „neu gegründet". In der folgenden Zeit wurden Chorwerke aus verschiedensten Bereichen der Musik einstudiert und zur Aufführung gebracht. Die Auswahl reichte von liturgischen Gesängen aus Barock, Romantik und klassischer Moderne über ältere und neuere Chorliteratur bis hin zu Spirituals und südamerikanischer und afrikanischer Folklore. Einen letzten Höhepunkt stellte sicherlich die in der Schlussmusik des Sommersemesters 2001 dargebotene Interpretation der „vier slowakischen Volkslieder" von Bela Bartok dar, deren Erarbeitung sich über einige Zeit hinzog.

Fragen wir uns, was eigentlich das Bedeutsame an diesen Ensembles, speziell dem Chor, darstellt, so lassen sich, natürlich abgesehen von den rein praktischen Ergebnissen, meines Erachtens vier Aspekte festhalten:

1. Gemeinsames Musizieren nivelliert Unterschiede zwischen Lehrenden und Lernenden, zwischen Vorgesetzten und Untergebenen, zwischen Rangunterschieden.

2. Gemeinsames Musizieren fordert und fördert das Gefühl für Verantwortung einander gegenüber und auch füreinander, was beispielsweise regelmäßige Anwesenheit bei der Arbeit betrifft.

3. Gemeinsames Musizieren verlangt Toleranz gegenüber anderen Meinungen, gegenüber anderen Geschmacksrichtungen, gegenüber anderen Stilen.

4. Gemeinsames Musizieren verlangt aber auch Vertrauen in die Persönlichkeit und die Fähigkeiten des Leiters, verlangt die Akzeptanz seiner Führerrolle.

Gemeinschaftsgefühl – Verantwortungsgefühl – Toleranz – Vertrauen: Sind dies „speziell katholische" Eigenschaften?

Sicherlich nicht. Aber was einer Katholischen Universität auf alle Fälle gut ansteht, ist die *vorbehaltslose* Akzeptanz dieser eigentlich global überall da geltenden Prinzipien, wo Menschen gemeinsame Ziele verfolgen und aufeinander angewiesen sind.

Unisport: Kampfsport - auch eine Methode, sich auf das Lehramt vorzubereiten?!   *Foto: Studio Hetzer*

Friedrich Winter

Evangelische Theologie an einer katholischen Universität Möglichkeiten, Chancen und Grenzen

Einführung

Der Verfasser dieser Darstellungen und Überlegungen ist seit 14 Jahren Lehrbeauftragter an der Katholischen Universität Eichstätt für Evangelische Theologie und Religionspädagogik. Dieser Lehrauftrag wird im Rahmen der Philosophisch-Pädagogischen Fakultät durchgeführt und zielt vor allem auf Lehramtstudierende ab, die nach dem Bayerischen Lehrerbildungsgesetz Theologie im Rahmen des Erziehungswissenschaftlichen Studiums (EWS) studieren. Sie belegen im Volksschullehrerstudium bisher 6 Stunden Theologie oder Philosophie im EWS-Bereich. Davon müssen sie vier Semesterwochenstunden (SWS) mit qualifizierten Scheinen nachweisen[1]. Wenn sie evangelisch sind, muss ihnen Evangelische Theologie angeboten werden. Dies geschieht über den genannten Lehrauftrag, der wegen relativ kleiner Hörerzahlen (im Schnitt zwischen 12 und 20 Hörer pro Semester in zwei Lehrveranstaltungen) an der Katholischen Universität ein kaum wahrgenommenes Schattendasein führt.

Erfahrungen

Interdisziplinäre Lehrveranstaltungen z.B. mit der Theologischen Fakultät finden nicht statt. Auch die Möglichkeit, die oft hoch motivierten Lehramtsstudierenden durch ein Studium der Evang. Religionsdidaktik zu einem Abschluss in Evangelischer Religionslehre als Didaktikfach zu führen, wodurch sie die Vocatio für das Schulfach Evang. Religionslehre erreichen könnten, ist wegen eines fehlenden Lehrstuhls (samt Ausstattung) für dieses Fach nicht gegeben (und im Landeshochschulplan nicht vorgesehen). Nur selten „verirren" sich katholische Studenten in die Lehrveranstaltungen dieses „exotischen Faches" (z.B. als es um „Frauengestalten der Bibel" oder um die „Reformationsgeschichte" ging; dann allerdings kommen oft interessante Diskussionen zustande oder es werden gehaltreiche Referate gefertigt). Ab und zu finden Besprechungen mit dem Inhaber der religionspädagogischen Professur der Theologischen Fakultät und seinen Mitarbeitern statt. Bei wichtigen didaktischen Stellungnahmen, um die die Katholische Universität Eichstätt gebeten wird, werde ich offiziell angefragt (z.B. vor kurzer Zeit, als ich um eine Stellungnahme zum Fach Evangelische Religionslehre im neuen Grundschul-Lehrplan gebeten wurde). Die Lehrveranstaltungen werden somit von interessierten Lehramtstudierenden besucht, die dieses

Fach nur belegen, weil sie entweder Philosophie oder Theologie in ihrem Studienbuch nachweisen und dabei auch Scheine erwerben müssen. Für viele geht es jetzt an der Katholischen Universität um eine Vertiefung und Erweiterung des an der Kollegstufe des Gymnasiums erarbeiteten Stoffes im Hinblick auf das Thema „christliche Erziehung" an der christlichen Gemeinschaftsschule[2]. Für manche Studierende ist das Gebiet der Evangelischen Theologie so motivierend, dass sie sich dann entschließen, das Studium zu erweitern, also Evangelische Religionspädagogik als Didaktikfach zu studieren, auch wenn sie dazu an eine andere Universität wechseln müssen.

Möglichkeiten und Chancen des Faches Evang. Theologie an einer Katholischen Universität

Ein gut ausgestattetes Fach *Evangelische Theologie* kann in vielen Bereichen eine wichtige Ergänzung für traditionelle Arbeitsfelder einer Kath. Universität sein: Zunächst ist da an Partnerschaft und wissenschaftlicher Austausch mit der Theologischen Fakultät zu denken:

In den Fächern der *Biblischen Theologie* (Altes und Neues Testament) können interdisziplinäre Lehrveranstaltungen und Forschungsprojekte zur gegenseitigen Bereicherung und gemeinsamen Vertiefung beitragen. Gerade im deutschsprachigen Raum, aber auch darüber hinaus, findet ja im Bereich der Exegese seit vielen Jahrzehnten ein reger wissenschaftlicher Austausch zwischen Forschern verschiedener konfessioneller Prägung statt[3]. Gemeinsame Seminare und Lehrveranstaltungen können den künftigen Pfarrern, Gemeindereferenten und Religionslehrerinnen/Religionslehrern helfen, ihren ökumenischen Horizont so zu erweitern, dass sie der heutigen Wirklichkeit in Schulklassen oder Pfarrgemeinden besser gewachsen sind und, wenn nötig, ihrerseits selbst Impulse für neue ökumenische Initiativen geben können. Auch fördert das Kennenlernen von künftigen Kollegen der anderen Konfession den Abbau von Vorurteilen und Berührungsängsten. Darüber hinaus kann die gemeinsame Vertiefung in die Bibel als die Grundurkunde des Christlichen Glaubens dazu führen, dass eventuell vorhandene „blinde Flecken" in der Auslegungstradition der eigenen Konfession erkannt und beseitigt werden können.

Schwieriger als im Arbeitsfeld der Biblischen Theologie ist die Kooperation sicher in der „Systematischen Theologie", also in den Bereichen von Fundamentaltheologie, Dogmatik oder Ethik. Hier sind die Vorbehalte der Katholischen Theologie gegenüber dem Protestantismus am größten. Dem eigenen Anspruch nach ist die Katholische Kirche identisch mit der rechten, wahren Kirche, während sie von evangelischer Seite nur als Teilkirche im Sinne einer Konfessionskirche wahrgenommen werden kann[4]. Hier könnten interessante Lehrveranstaltungen in Kooperation geplant und durchgeführt werden zu Themen wie Kirche, Kirchliches Amt, Sakramente, Befreiungstheologien usw. Damit könnte eine katholische Universität, die ja nach ihren *beiden* Namensbestandteilen nach der Universalität streben müsste, bewusst den protestantischen Part der geistesgeschichtlichen Entwicklung, der ja seit fast 500 Jahren einen gewichtigen Teil der Kulturgeschichte zumindest in Europa und Nordamerika mitbestimmt, in ihr Gespräch und ihre Auseinandersetzungen mit einbeziehen. (Voraus-setzung wäre natürlich auch eine personale und finanzielle Aufstockung der Ausstattung des Lehrauftrags für Evangelische Theologie an der Katholischen Universität.)

Ähnliches könnte für die Arbeitsfelder der *Kirchen- und Dogmengeschichte/Theologiegeschichte* gelten. Auch hier wären für Lehrveranstaltungen, Forschungsvorhaben und universitäre Projekte reizvolle Kooperationen möglich, die zu ihrem Teil dazu beitragen könnten, den Horizont der Katholischen Theologie an einer Kath. Universität ein wenig erweitern zu helfen. Gerade in Bayern, das mit Franken eine fast 500-jährige autochthone Evangelische Welt beinhaltet, könnte eine unverstellte Begegnung der beiden Traditionen wichtige Wirkungen haben. Eine Ausgrenzung des Protestantismus und der Evangelischen Theologie schadet beiden Teilen, dem Katholizismus und der Evangelischen Tradition.

Schließlich ergeben sich im Bereich der *Praktischen Theologie/Religionspädagogik* Berührungspunkte. Eine Katholische Universität, deren eine Wurzel in der Lehrerbildung liegt, sollte hier sehr wach Kooperationsmöglichkeiten ausloten, zumal in der heutigen pädagogischen und politischen Diskussion beide Arten konfessionellen Religionsunterrichtes gemeinsam umstritten sind (vgl. das brandenburgische Projekt des LER, das nur noch eine distanziert betrachtete Religionskunde vorsieht).

Damit sind eine mögliche Partnerschaft und eine Kooperation mit der Theologischen Fakultät an einer Katholischen Universität skizziert. Doch auch wenn diese Überlegungen Utopie bleiben, hat die Evangelische Theologie einen unverzichtbaren Platz an der Philosophischen-Pädagogischen Fakultät dieser Universität: Sie hilft den evangelischen Studierenden, die ja keine verschwindende Minderheit darstellen, sondern einen guten Prozentsatz bilden, auch in religiöser Hinsicht ihre *eigene Identität* verstärkt und vertieft wahrzunehmen. Damit ist gewährleistet, dass auch evangelische Studierende (vornehmlich der Lehrämter) nicht in den Agnostizismus abdriften müssen, sondern neben der *seelsorgerlichen* Begleitung in der ökumenisch-kirchlichen Hochschulgemeinde auch eine *wissenschaftliche* Begleitung erfahren, die ihnen hilft, sich ihrer eigenen Wurzeln bewusst zu werden, den eigenen kirchlichen Standpunkt zu reflektieren und vor allem im Blick auf *Menschenbild, Ethische Fragen* und die *Bildungsproblematik* die evangelische theologische Diskussion wahrzunehmen, damit so ein glaubensmäßig mündiges eigenes Weltbild entwickelt werden kann.

Die *Grenzen* des Beitrags Evangelischer Theologie zum Gesamtorganismus Katholischer Universität sind dadurch gegeben, dass natürlich hier keine zweite Evangelisch-Theologische Fakultät aufgebaut werden kann, so dass Evangelische Theologie immer nur ein mehr marginales Dasein an dieser Universität führen kann. Immerhin ergeben sich über Kooperationen und Absprachen mehr Chancen als bisher wahrgenommen werden. Darüber hinaus ist der wichtige Aspekt der wissenschaftlich-theologischen Begleitung der evangelischen Studierenden an dieser Universität nicht zu unterschätzen. Es steht daher zu hoffen, dass der kleine Beitrag, den die Evangelische Theologie zum Gesamtauftrag einer Katholischen Universität leistet, auch künftig aufrecht erhalten werden kann (sowohl personell wie finanziell) und nicht einer möglichen Kürzungseuphorie zum Opfer fällt.

---

[1] Vgl. Lehramtprüfungsordnung I (LPO I) nach dem Bayerischen Lehrerbildungsgesetz in der Fassung vom 12.12.1995, § 36: „Das erziehungswissenschaftliche Studium dient dem Ziel... die Lehrkraft zu befähigen, ihre Aufgaben der Erziehung und des Unterrichts zu erfüllen". Vgl. dazu § 36 Nr. 1.1.a) und 2.1.a) cc). Inhaltlich geht es bei dem Fachgebiet „Evangelische Theologie" innerhalb des „Erziehungswissenschaftlichen Studiums" um „Religion als pädagogisch-anthropologische Realität; Überblick über die religiösen Aspekte von Bildung und Erziehung; Kenntnis ethischer Probleme aus theologischer Sicht (LPO I, § 36 2.3.a).).

[2] Vgl. die „Leitsätze für den Unterricht und die Erziehung nach gemeinsamen Grundsätzen der christlichen Bekenntnisse an Grund-, Haupt- und Förderschulen" von 1988: Z.B. „Lehrer, die auf der Grundlage des christlichen Verständnisses vom Menschen unterrichten und erziehen, sind sich bewusst, dass jedes menschliche Leben einzigartigen Wert hat. Sie werden sich deshalb bemühen, die ganzheitliche Entwicklung ihrer Schüler nach Kräften zu fördern" (S. 5). Oder: „In den Geboten Gottes, vor alle im Liebesgebot Jesu, sind dem Menschen Werte und Maßstäbe für verantwortliches Handeln gegeben. Sie sind die Grundlage für eine humane Welt" (S. 6). Oder: „Christliche Lebensgestaltung schließt immer auch ein, für den Mitmenschen offen zu sein und sich ihm zuzuwenden (S.7). Diese betont christliche Ausrichtung ist Folge des Art. 135 der Bayerischen Verfassung, der die Gund-, Haupt- und Förderschule als christliche Gemeinschaftsschule festschreibt (Leitsätze, S.3).

[3] Vgl. Art. „Biblische Theologie im Kontext" in: Evangelisches Kirchenlexikon (Dritte Auflage, Neufassung, 1996) Bd. 1, Sp. 494 ff., von E. Fahlbusch. Dabei gilt es bleibende Unterschiede zu berücksichtigen: „Allerdings ist zu bemerken, dass in diesem interpretativen Prozess weder die von allen anerkannte Autorität der Bibel noch die übereinstimmend angewandten Auslegungsregeln zu gleichen Ergebnissen führen müssen" (AaO, Sp. 494 f.).

[4] Vgl. R. Joos, Katholische Hochschulbildung, S. 31 f. mit Art. Katholizismus in Evang. Kirchenlexikon, 3. Aufl. Bd. 2, Sp. 1018 f. von E. Fahlbusch: „Nach röm-kath. Verständnis ist die bestimmte hist.-soziologische Gestalt immer schon zu dem gemacht, was sie darstellen will, die wahre und einzige Kirche Christi...Indessen begegnet der Katholizismus in der historischen und soziologischen Sicht als kontingente Gestalt einer christl. Teiltradition".

Jan Tonnemacher

"Gibt es denn eine katholische Journalistik?"

"Gibt es denn eine katholische Journalistik?" – Eine solche Frage gehört noch zu den freundlicheren, die einem von Zeit zu Zeit auf Tagungen, Konferenzen oder Treffen mit anderen Fachvertretern gestellt werden. Wenn auf einem solchen Treffen bei einer Abendveranstaltung nach einem Glas Wein die Zunge schon etwas gelöst ist, dann können die Fragen auch schon eher so aussehen: "Gibt's denn überhaupt genug Kirchenzeitungen, die Eure Absolventen aufnehmen können?" oder "Müsst Ihr denn auch vor jeder Vorlesung beten?" Der erste Satz in meiner Antwort lautet dann entweder: "Ja natürlich - aber vorher *und* nachher!" oder "Ach, wissen Sie, eigentlich ist das eine ganz normale Universität." Weitergehend zu begründen, was denn nun "das Katholische" an diesem Studium ausmache, fällt mir – als Protestant, wie man das hier ja nennt – schon etwas schwerer. Der Hinweis auf das christliche Menschenbild, das an der KUEI eine besondere Rolle spielen soll, kann schon damit gekontert werden, dass ein solches an einer Universität in einer pluralistischen Gesellschaft, deren Wertefundament in Bewegung ist, die sich aber durchaus noch auf christliche und humanistische Ideale beruft, etwas eher Selbstverständliches darstellen müsste. Auch die besondere Verpflichtung zur Wahrheit hat sich die Wissenschaft ja grundsätzlich schon auf die Fahnen geschrieben. Bleibt also das, was von empirisch orientierten Wissenschaftlern meist als Gegensatz gesehen wird, die Frage von Wissenschaft einerseits und Glauben andererseits, und hier bin ich als zwar dem Ziel und Auftrag der KUEI gegenüber loyaler, aber eben doch nicht sehr religiöser Mitarbeiter in Schwierigkeiten. Für mich persönlich habe ich einen aufkommenden inneren Konflikt so gelöst, dass ich das Wort „Glaube" durch das Wort „Verantwortung" ersetzt habe, dass ich also spätere Journalisten ausbilde, die sich ihrer Verantwortung gegenüber den Menschen und der Gesellschaft bewusst sein sollen. Ausgerichtet an den Menschenrechten – und hinter diesen steht ja auch das christliche Menschenbild – und versehen mit (eher unklaren) Richtlinien eines journalistischen Berufsethos, sollen sie im Rahmen des Möglichen verantwortlich handeln und sich beispielsweise immer dessen bewusst sein, dass, wenn etwas durch die Medien erst einmal in die Welt gesetzt wurde, es nur schwer wieder zurückgeholt werden kann.

Journalistische Berufsethik – das war das, was diesen Studiengang am Anfang deutlich gegenüber anderen vergleichbaren Studienmöglichkeiten in Kommunikations- oder Medienwissenschaft, in Publizistik oder Journalistik auszeichnete. Dies verpflichtend in den Lehrplan aufgenommen und auch zu einem Prüfungsfach gemacht zu haben, das war zur Entstehungszeit des Diplomstudiengangs Journalistik an der

KUEI alles andere als selbstverständlich. Die Zeiten haben sich aber inzwischen gewandelt, und Berufsethik zählt inzwischen zu den Lehrfächern wohl aller übrigen Studiengänge, die auf Berufe in den Medien vorbereiten. Es gibt auch eine beachtliche und weiter wachsende Zahl von Publikationen zu dieser Thematik, die allerdings in ihrer praktischen Verwertbarkeit für journalistisches Handeln immer an Grenzen stoßen. Deutlich vermittelt habe ich den Studierenden immer, dass es nicht allein auf individuelles Verantwortungsbewusstsein ankommt, sondern dass natürlich auch die Institutionen gefragt sind. Der Wettbewerb gewährt jedoch nur wenig Gnade, und bei den Medien zeigt sich dies vielleicht noch stärker als in vielen anderen Bereichen. Und gerade dann, wenn ethisches Bewusstsein bei Redaktion und Verlag aufgrund von Zeit- und Kostendruck und weil Auflage oder Quote gemacht werden müssen, nicht vorausgesetzt werden kann, wird es auf die Entscheidung des einzelnen Journalisten ankommen, wie weit er gehen kann. Mehr als Nachdenken über mögliche Folgen und das Entstehen eines Bewusstseins von der besonderen Verantwortung kann man als erfüllbares Lernziel einer solchen Lehrveranstaltung nicht erwarten, aber eben auch nicht weniger.

Das Studium der Journalistik gibt es an der Katholischen Universität Eichstätt seit 1983, neben nur drei anderen Universitäten, an denen die Journalistik als Diplomstudiengang existiert: Dortmund, München und Leipzig. In seiner Verbindung von Theorie und Praxis des Journalismus wird nicht allein das Sachwissen für verschiedene Ressorts und das Fachwissen über die Medien vermittelt, sondern journalistische Praxis als "handwerkliches" Wissen im Radio- und Fernsehstudio sowie in einer Lehrredaktion für Druckmedien eingeübt. Verbindlich zum Studiengang gehören die Fächer Anthropologie und Ethik. Veranstaltungen zur journalistischen Berufsethik werden grundsätzlich interdisziplinär, also in Zusammenarbeit mit Philosophie- und Politikwissenschafts-Hochschullehrern dieser Universität durchgeführt. Berufsethische Fragen und Probleme werden aber auch in Seminaren behandelt, die sich beispielsweise mit Medienrecht, Kommunikationspolitik oder den Wirkungen der Massenmedien befassen und in denen deutlich wird, wie weit die „Macht der Medien" geht, wo aber auch ihre Grenzen liegen. Darüber hinaus besteht die Möglichkeit, sich – von Zeit zu Zeit zumindest – auch speziellerer Themen anzunehmen, die zum Verantwortungsbewusstsein eines künftigen Journalisten beitragen können, wie beispielsweise mit einem Seminar zum Thema "Medien und Journalismus in der NS-Zeit" oder auch in der DDR.

Das Studium ist darauf angelegt, für eine spätere Tätigkeit in allen Massenmedien wie auch in der Öffentlichkeitsarbeit einen Teil des "Rüstzeugs" zu liefern. In den im Hauptstudium zu wählenden Studienschwerpunkten können und sollen sich die Studierenden allerdings auch schon auf Bereiche spezialisieren, die den späteren Ressorts in den Massenmedien entsprechen: Politik und Gesellschaft, Kultur und Bildung sowie Wirtschaft und Soziales. Im Vergleich zu den vielfach an anderen Universitäten angesiedelten medien-, kommunikations- oder publizistikwissenschaftlichen Studiengängen ist das Journalistik-Studium mit einem starken Praxisbezug angelegt. Bereits vor dem Studium müssen die Bewerber ein Praktikum von einem halben Jahr bei einem Medium nachgewiesen haben, und in der Studienordnung ist ein fester Anteil von praktischen Übungen und Lehrveranstaltungen vorgesehen. In der vorlesungsfreien Zeit ist darüber hinaus je einmal ein dreimonatiges Praktikum bei einem Medium bzw. als "Internes Praktikum" in den Lehrstudios der Universität zu absolvieren. Ausbilder sind fast ausnahmslos Journalisten, die selbst in der Praxis stehen und diese entsprechend auch vermitteln können.

Die große Zustimmung, die die Universität in sogenannten "Rankings" stets erfährt, spiegelt sich in den Befragungen wider, die von uns in jedem Jahr bei den 25 Studienanfängern sowie bisher zweimal bei den Absolventen des Studiengangs durchgeführt worden sind. So sagte beispielsweise die ganz überwiegende Mehrheit der 181 im Jahre 2000 befragten Absolventinnen und Absolventen, sie würden wieder Journalistik studieren (79 %), davon 69 % in Eichstätt. Nahezu 60 % der Absolventen sahen ihren Journalistik-Abschluss "für Einstellung und Beförderung" insgesamt als großen Vorteil bzw. Vorteil an. Nun sind in dem Beitrag für dieses Buch nicht Güte, Qualifikation und Beurteilung des Studiums gefragt, sondern es geht darum, was "das Katholische" an diesem Studiengang und für seine Studenten und Mitarbeiter bedeutet und welchen Stellenwert es hat. Die Studierenden im ersten Semester wurden im Jahre 1999 – wie in allen vorhergehenden Jahren auch – gefragt, warum man sich für ein Studium in Eichstätt entschieden hatte. Als wesentliche Gründe wurden hier der "hohe Praxisanteil", die "wenigen Journalistik-Studenten" und die "überschaubare Universität" genannt. Auch der "gute Ruf" des Studiengangs spielte noch eine größere Rolle. Dass es sich um eine katholische Universität handelt, wurde aber nur von drei Befragten als Grund genannt, unterboten nur von einem einzigen Studierenden, der wegen des "hohen Freizeitwertes" von Eichstätt gekommen war.

Der Freizeitwert der Stadt ist allerdings allgemein unbestritten, wenn er auch in dieser Altersgruppe wohl noch keine allzu große Rolle spielt. Ist es mit "dem Katholischen" ähnlich? Später scheint es schon etwas anders auszusehen, denn die Absolventen der 2000er Befragung wurden danach gefragt, ob es für sie insgesamt gesehen eher ein Vorteil oder ein Nachteil gewesen sei, dass die Universität Eichstätt katholisch ist. "Eher ein Vorteil" sagten 17 %, "eher ein Nachteil" dagegen nur 11 %. Fast drei von vier Absolventen (73 %) sagten, dies habe keine Bedeutung für sie gehabt. Umfrageergebnisse sind fast immer interpretationsbedürftig. Eine Interpretation könnte so aussehen: Man nimmt es wahr, dass die Universität katholisch ist; es spielt zwar kaum eine Rolle für die Bewerbung an dieser Universität; von denjenigen, für die das überhaupt eine Bedeutung hat, wird es aber mehr als Vorteil gesehen, wenn das Studium erst einmal abgeschlossen ist und man im Berufsleben steht. Diese Interpretation könnte gestützt werden durch die Frage an die Absolventen, welche Studieninhalte man bisher im Beruf anwenden oder umsetzen konnte. Journalistische Ethik bekam hierbei einen durchaus respektablen zweiten Platz unter den kommunikationswissenschaftlichen Fächern. Ob wir – die Lehrenden – also damit auf einem richtigen Weg sind, möchte ich hier nicht behaupten. Und ich weiß auch nicht, ob "journalistische Ethik" hier mehr pragmatisch im Sinne der Richtlinien des Pressekodex des Deutschen Presserates verstanden worden ist, die natürlich zum Handwerkszeug eines jeden Journalisten gehören. Zumindest kann man aber wohl konstatieren, dass die Vermittlung von journalistischem Verantwortungsbewusstsein sich im späteren Berufsleben durchaus "bezahlt" macht.

Jürgen Habermas, der diesjährige Friedenspreisträger des Börsenvereins des Deutschen Buchhandels, hat sich in seiner Dankesrede zur Preisverleihung im Oktober 2001 in der Paulskirche mit dem Verhältnis von Glauben und Wissen in einer säkularisierten Welt auseinandergesetzt und Wiederannäherungs-Punkte benannt, nachdem "die verlorene Hoffnung auf Auferstehung ... eine spürbare Leere" hinterlassen habe. Er hat davor gewarnt, dass sich "die säkulare Gesellschaft" von "wichtigen Ressourcen der Sinnstiftung abschneiden" würde, wenn es zu einem "unfairen Ausschluss der Religion aus der Öffentlichkeit käme". Man könne "von der Religion Abstand halten, ohne sich deren Perspektive zu verschließen", denn schließlich gelte: *"Der demokratisch aufgeklärte Common sense muss auch die mediale Vergleichgültigung und plappernde Trivialisierung aller Gewichtsunterschiede fürchten."* Diesen Entwicklungen entgegenzuwirken – das versuchen auch wir an der Katholischen Universität Eichstätt Ingolstadt mit einer Ausbildung zu verantwortungsbewussten Journalisten.

Harald Dickerhof

„Europäische Identität und katholische Selbstvergewisserung": Ein religionsgeschichtlicher Vorschlag aus der mittelalterlichen Geschichte

Es ist weder Betriebsblindheit noch Hybris, wenn ein Historiker sich von einem interdisziplinären Programmentwurf für eine „Katholische Hochschulbildung" angesprochen fühlt und seiner Disziplin eine herausgehobene Rolle zuschreibt. Mit Raimund Joos, der Geschichte nächst Theologie und Philosophie als eine Integrationswissenschaft für die katholische Hochschulbildung benennt[1], ist damit nicht primär die „Katholische Universität" als Ergänzungshochschule angesprochen, die nach staatlichen Prüfungsordnungen vorwiegend Lehrer ausbildet und so die Staatsuniversitäten entlastet. Vielmehr ist hier die Rede von einem opus supererogatorium, von einer zusätzlichen Leistung, die von den historisch arbeitenden Kultur- und Sozialwissenschaften an einer katholischen Universität allen Studenten angeboten werden kann. Denn nach den Erfahrungen eines Historikers, der ex professo mit dem sogenannten „finsteren Mittelalter" zu tun hat, fehlt es auch an einer Regionaluniversität wie Eichstätt, die vornehmlich kirchlich sozialisierte Studenten anzieht, die zudem über Jahre Geschichts- und Religionsunterricht genossen haben, mitunter an Kenntnissen über kirchliche Doktrinen und Institutionen, zumeist auch an Orientierung über die politischen und kulturellen Entwicklungen, ohne die man die in 2000 Jahren gewachsene Gestalt der römischen Kirche, aber auch die europäische Kultur unserer Tage mit all ihren Verästelungen und Widersprüchen nicht verstehen kann. Wenn Geschichte – nach der schönen Formulierung von Jan Huizinga – die geistige Form ist, in der sich eine Kultur über ihre Herkunft Rechenschaft ablegt, dann gehört wohl auch solche Rechenschaftslegung zu jeder Hochschulbildung.

I.

Papst Johannes Paul II. nennt in der Einleitung der apostolischen Konstitution für die katholischen Universitäten „Ex corde ecclesiae" aus dem Jahre 1990[2] *„das Gespräch, das die Kirche mit den verschiedenen Kulturen der heutigen Zeit führt"*, den Ort, *„»auf dem das Schicksal der Kirche in der Welt am Ende dieses unseres Jahrhunderts entschieden wird«"* (nr. 3). Freilich konzentriert sich der Text auf die *„Begegnung zwischen dem unerforschlichen Reichtum der heilbringenden Botschaft des Evangeliums und der Vielfalt und Größe der Bereiche menschlicher Erkenntnis"* (nr. 6) mit dem Ziel, die Integration des Wissens im Dialog zwischen Glauben und Vernunft in philosophischer Perspektive und im Bewußtsein ethischer Verantwortung (nr. 15) voranzutreiben, um zuletzt als Proprium der katholischen Universität jenseits des interkulturellen Dialogs die „Evangelisierung" zu benennen. Wie die Konzilsdeklaration „Gravissimum educationis" (1965, nr. 10)[3] geht auch die Konstitution für die katholischen Universitäten (nr. 17, 29) davon aus, daß methodische wissenschaftliche Forschung *„niemals in einen echten Konflikt mit dem Glauben kommen kann, weil die Wirklichkeiten des profanen Bereichs und des Glaubens in dem selben Gott ihren Ursprung haben"*[4]. Wenn so die fable convenue vom unvermeidlichen Antagonismus von Wissenschaft und Glauben erledigt ist, scheint es wenig plausibel, den Kulturbegriff der apostolischen Konstitution, die mit dem Konzilsdekret „Gaudium et spes" nr. 59 (vgl. Ex corde nr. 29) die *„»rechtmäßige Eigengesetzlichkeit der Kultur und vor allem der Wissenschaften« bejaht"*, sich zudem auch der Berufsausbildung stellt, in exklusiv christozentrischer Lesart zu verstehen[5]. Tatsächlich werden für die Integration des Wissens im Dialog mit dem Glauben ziemlich konventionell nur Philosophen und Theologen eigens genannt (nr. 16)[6], aber das „gaudium de veritate", *„... jene Freude nämlich, die Wahrheit auf allen Gebieten der menschlichen Erkenntnis zu suchen, zu entdecken und weiterzugeben"* (nr. 1), wird als Mitgift aller Universitätslehrer apostrophiert. So spricht viel für ein Zwei-Schichten-Modell[7], das die Einzelwissenschaften nicht jenseits der ihnen gesetzten methodischen Grenzen beansprucht, aber von ihrem Kulturauftrag einen Beitrag zur katholischen Hochschulbildung erwartet[8].

Die widersprüchlichen Deutungen resultieren m. E. auch aus der Unbestimmtheit des Kulturbegriffs in der Konstitution „Ex corde ecclesiae", die für unterschiedlich strukturierte Hochschuleinrichtungen in aller Welt ein institutionelles Dach und ein Leitbild liefern wollte[9]. Seitdem spätestens mit der Entkolonialisierung christliche Weltmission nicht mehr Hand in Hand mit der Europäisierung betrieben werden konnte, seitdem mit dem Neologismus „Inkulturation"[10] ein Pluralismus christlicher Kulturen in Afrika, Lateinamerika usw. neben dem älteren europäischen Modell sich Lebensrecht erobert hat, kann die Studienkongregation Kultur in sozial-historischem Sinne nur mehr im Plural gebrauchen und muß sich im übrigen auf einen Kernbestand zurückziehen, auf „die Kultur des Menschen", die aber nur in vielfältigen historischen Brechungen real existiert.[11] Das Christentum ist Erlösungsreligion mit universalem Anspruch, die aber Geschichte als „Ort und Medium weitergehender Heilsverwirklichung" akzeptiert und sich als ethisch-dogmatische Religion nicht aus den irdischen Realitäten zurückzieht, sondern an ihrer Gestaltung mitwirken will.[12]

Das Konzilsdekret „Gaudium et spes" nr. 53ff. hat gerade diesen geschichtlichen Charakter christlicher Kultur herausgearbeitet und die akzelerierte wissenschaftlich-technische Entwicklung, die das Vatikanum ja durchaus hoffnungsvoll betrachtet hat, sowie den Austausch der Kulturen auch als Gefahr für die Tradition christlicher Überzeugungen und Haltungen gezeichnet (nr. 56). Im Übrigen aber sperrt sich der Text gegen die künstliche Trennung „einer Kultur im humanistischen Sinne" von der konkreten Kultur im „sozialhistorischen Sinne" [13]. Darum bindet sich die Kirche einerseits an keine Rasse und an keine Nation, aber sie läßt darum auch den „Zusammenhang mit ihrer eigenen geschichtlichen Herkunft [nicht] abreißen" (nr. 58). Im apostolischen Schreiben „Tertio millenio adveniente" (1994)[14] über die Vorbereitung des heiligen Jahres 2000 wird die „fundamentale Bedeutung" von Zeit und Geschichtlichkeit (nr. 10) betont (nr. 11f.); die „Fülle der Zeit" in der Inkarnation wird historisch detailliert verortet (nr. 1-6). Die Papstreisen, die einen „systematischen Charakter" angenommen haben (nr. 24), erinnern an Etappen der Kirchen- und Missionsgeschichte besonders des 2. Jahrtausends (nr. 33ff.). Bewegende Bekenntnisse des Papstes zu Verfehlungen der Kirche in der Vergangenheit wollen ein versöhntes Erinnern ermöglichen[15]. Die Kirche läßt also den „Zusammenhang mit ihrer eigenen geschichtlichen Herkunft" nicht abreißen und hält ausdrücklich dazu an, die Märtyrer, die gerade im 20. Jahrhundert zahlreich gewesen sind, historisch zu erforschen und so für die Memoria der Kirche zu bewahren. Die internationale theologische Kommission „Erinnern und Versöhnen" hält „die Bildung eines historischen Urteilsvermögens" nötig für einen reflektierten Umgang mit der Geschichte der eigenen Kirche[16]. Zu einer katholischen Hochschulbildung gehört so in Europa auch die historische Rechenschaftsablegung über die Herkunft der eigenen Kultur.

Jenseits einer Nabelschau hat die Beschäftigung der Europäer mit ihrer eigenen Kultur eine paradigmatische Funktion. Denn historisch hat das „Abendland"[17] gleichsam einen kulturmorphologischen Zyklus durchlaufen, zu dessen Beginn im Frühmittelalter die lateinische Kirche gleichsam Entelechie der Kulturentwicklung geworden war, die den Anschluß der jungen Herrschaften der Völkerwanderungszeit an die antike Mittelmeerökumene vermittelte, an dessen (vorläufigem) Ende aber Papst Johannes Paul II. zur Neuevangelisation aufrufen muß (Tertio millennio nr. 21, 57) – während gleichzeitig das Christentum geographisch universal geworden ist und seinen Schwerpunkt in die südliche Hemisphäre verlegt hat. Tatsächlich nämlich hat das lateinische Christentum in dramatischen Kämpfen seit dem 11. Jahrhundert – das Schlagwort war libertas ecclesiae - eine Differenzierung und Verselbständigung unterschiedlicher Daseinsbereiche, namentlich der kirchlich-religiösen und der herrschaftlichen Sphäre, die seit der konstantinischen Wende eng zusammengewachsen waren, eingeleitet, ferner das Studium (Wissenschaft und Universität) freigesetzt und zuletzt eine Autonomisierung insbesondere der Wirtschaft in Gang gebracht. Die Christianisierung Europas hat so selbst eine Dechristianisation entbunden (so Jean Delumeau) in einer Dialektik, die zuletzt zur Privatisierung und Anonymisierung der Religion geführt hat. Aber unter der Asche der modernen Säkularisierung, die insbesondere in alten christianisierten Ländern viel Unchristliches ausgeboren hat, liegt ein christliches Erbe, das in einer Geschichte des Christentums wieder ins Bewußtsein gehoben werden kann, die neben den verfaßten Kirchen auch die Vielzahl der Menschen vor Augen rückt, die aus christlichen Wurzeln an der Gestaltung der Welt mitgewirkt haben: denn eine Beziehung zur christlichen Offenbarung – gleich ob positiv annehmend oder negativ ablehnend – „liegt für die Geschichte des Abendlandes nahezu universal vor" (Gerhard Ebeling).[18] Eine Wiederbegegnung mit der europäischen Kulturentwicklung könnte so den Blick für die Vielfalt der christlichen Kulturleistungen und auf ihre fortdauernde Wirksamkeit in Europa und in aller Welt öffnen.

II.

Wenn es nun darum geht, an einer katholischen Universität in Europa ein ins Belieben der Studenten aller Disziplinen gestelltes Zusatzangebot zu entwerfen, das die fundamentale Rolle des Christentums für Ausbildung und Fortentwicklung der europäischen Kultur bis heute vorführen will, ist ein Blick auf die schulische Mitgift aus Religions- und Geschichtsunterricht angezeigt, um stoffliche Widerholungen zu vermeiden und tatsächlich komplementäre und neue Akzente zu setzen. Ein in Eichstätt angesiedeltes Forschungsprojekt „die religiöse Dimension des Geschichtsunterrichts"[19] hat mir die Arbeit erleichtert.[20]

II.a

Das Ergebnis ist ernüchternd. Während nämlich im 19. Jahrhundert ein Jakob Burckhardt die Religion neben Staat und Kultur zu den drei Geschichte bestimmenden Potenzen gerechnet hat, im endenden 20. Jahrhundert die Religionsgeschichte im Rahmen einer historischen Anthropologie an Bedeutung gewinnt[21], behandeln Geschichtsbücher Religion nur als „politikgeschichtliches Nebenprodukt" oder als „folkloristisches Zeitkolorit"[22]; kirchengeschichtliche Themen werden „zur Belanglosigkeit" degradiert[23]. Im pluralistischen, weltanschaulich neutralen Staat der Gegenwart und in seinen Geschichtsbüchern lebt also das liberale Axiom von der Überwindung der Religion durch den modernen Staat fort, auch ein Erbe der protestantisch-nationalliberalen Historiographie Deutschlands im 19. Jahrhundert, die Geschichte als Machtkampf zwischen dem Kaiser (dem Staat) und dem herrschsüchtigen römischen Papsttum (der Kirche) gedeutet hat.[24]

Nach der Reformation – wenn sie überhaupt noch eigens behandelt wird – verabschieden die profanen Geschichtsbücher das Christliche und überlassen dem Staat das Feld; Kirchengeschichte figuriert, „wenn man vom Mittelalter absieht, als ein exotisches Anhängsel"[25]. Die Christen haben sich scheinbar verlaufen, die caritas der

Mönche erscheint schon im Mittelalter zum halbstaatlichen „sozialen Dienst" verfremdet; christliche Ansätze zur Linderung der Not im 19. Jahrhundert rangieren analog hinter der Heilslehre von Karl Marx und Friedrich Engels. Last not least kommt die Schilderung des Umbruchs im Ostblock ohne die Nennung von Karol Woytila / Papst Johannes Paul II. aus. In einem Wort: das Christentum scheint abgetan, als hätte es für die Freiheitssphäre der Menschen gegenüber den Staaten, für die soziale Fürsorge und schließlich auch für die Einigung Europas nach dem 2. Weltkrieg nichts bewirkt.

Das „Religionsbuch"[26], das eine bunte Fülle von Themen – Bibelkunde, Sakramentenlehre, Weltreligionen, Weltmission, Ökumene, Atheismus, Dritte Welt, Krieg und Frieden und nicht zuletzt „das eigene Leben" der Schüler – reflektiert, widmet der „Kirchengeschichte" nur rund ein Achtel des Raums. Auch wenn das Buch der Chronisten-Pflicht genügt und die Kirchengeschichte bis zur Gegenwart traktiert, so begibt es sich doch in Abhängigkeit von der Profangeschichte, findet keinen eigenen Ton und bezieht eine defensiv-apologetische Haltung[27]. Schöne Abschnitte über den Kirchenbau und über „Menschen in der Kirche" sind nicht in die allgemeine Geschichte integriert, so daß letztlich Bandbreite und sachlicher Konnex kirchlichen Lebens nicht aufscheinen und moralisierend-präsentistische Urteilskriterien dominieren. – Insgesamt zeigt die kurze Analyse der Schulbücher markante Defizite besonders bei der Behandlung des Christentums in der modernen Geschichte auf.

II.b

Die wenigen folgenden Anregungen, die auf eine Wieder-Vergewisserung der europäischen kulturellen Identität abzielen, weichen von dem ambitionierten Entwurf ab, den R. Joos[28] gleichsam als Extrakt aus theologischen, philosophischen, gesellschafts- und kulturwissenschaftlichen Studiengängen zusammenfügt – mit der Gefahr, daß dieses „Zweitstudium" die Adressaten überfordert. Demgegenüber zielt das Minimalprogramm nicht auf enzyklopädische Information, sondern auf Sensibilisierung für vergessene oder verdrängte christliche Wurzeln unserer europäischen Kultur. Für dieses Projekt bietet sich m. E. ein religions- und geistesgeschichtlicher Ansatz an, der vor der Alltagsgeschichte, die in den Schulbüchern gepflegt wird, den Vorzug weiträumiger Orientierung hat. – Ich beschränke mich dabei auf das Mittelalter, für das ich die Perspektive der Behandlung breiter ausführe.

Mittelalter
Die Rede vom „finsteren Mittelalter" haben zuerst italienische Renaissance-humanisten geprägt, die in klassizistischer Haltung sich am „goldenen [augusteischen] Zeitalter" lateinischer Literatur orientiert haben und darüber den Zu-

gewinn an Ausdrucksfähigkeit der als Mönchslatein verspotteten lateinischen „Vatersprache" übersehen haben[29]; analog sind die reformatorischen Kirchen über die babylonisch-apokalyptische Papstmonarchie und einen wundergläubig-werkfrommen Katholizismus hergefallen: aus diesen punktuellen Kritiken hat das Mittelalter, als historische Periode in Schulbüchern des 17. Jahrhunderts eingeführt, den pejorativen Beigeschmack behalten. Indes ist das finstere Mittelalter nicht vom Himmel gefallen, sondern war vorbereitet durch wirtschaftliche und kulturelle Schrumpfungsprozesse, die im spätantiken Zwangsstaat begonnen hatten und unter der Herrschaft germanischer gentiler Könige auf dem Boden des Imperium Romanum bis zum Kulturbruch gesteigert worden sind. Das Mittelalter hatte tatsächlich eine schwierige Erbschaft angetreten – und es war gerade unter religionsgeschichtlichem Aspekt noch finsterer, als man bisher wahrhaben wollte, wie Arnold Angenendt in seinem großen Werk „Religiosität im Mittelalter" gezeigt hat[30]: Man hat nicht nur kollektive Taufen germanischer Könige und ihrer Gefolgschaften, die sich zum stärkeren, siegbringenden Christengott bekannten[31], sondern auch ein Tarifsystem in der Buße, das nicht nach der Intention, sondern nur nach der Tat fragte und zuletzt auch dritte Helfer zuließ, die eine Abkürzung der Bußzeit ermöglichten. Solche Neuchristen brachten dem christlichen Gott nicht das Opfer der Liebe und des reinen Herzens, weil ihnen Innerlichkeit, die die Hochreligion forderte, unbekannt war. Stattdessen führten sie einen in primitiven Rechtskulturen verbreiteten Ritualismus in die Liturgie ein zusammen mit vielen einfachen urtümlichen Deutungsmustern.

Ein Aufstieg aus solcher Gemengelage archaischer und hochreligiöser Momente setzte bei dem Christentum als Buchreligion auch bildungsgeschichtliche Entwicklungen voraus, die sich in der Zeit Karls des Großen spektakulär verdichteten. Der große Eroberer hat die christlichen Völkerwanderungsstaaten des Westens als „pater totius Europae" vereint, so daß an seinem Hof die frühmittelalterlichen Regionalüberlieferungen zusammentrafen und sich ein europäischer Literaturkanon herausbildete. Freilich ging es dem Herrscher nicht um allgemeine Kulturpolitik, wie die Bezeichnung karolingische Renaissance suggeriert. Seine Sorge galt vielmehr dem – ziemlich ritualistisch gedachten – korrekten Kultus Gottes, der dem Reich Segen gibt. Darum wurden die zentralen liturgischen Bücher, aber auch Kirchenrechtsammlungen von der römischen Kirche, die als Hort sicherer Überlieferung verehrt worden ist, bezogen, vervielfältigt und obligat gemacht; man hat sich auch an einer Bibelrevision versucht und Musterpredigtsammlungen verbreitet.

Freilich hat die karolingische Reform, die auf grammatikalisch richtiges Latein Wert legte, auch in der Romania eine in der Germania vom Anfang an bestehende Kluft zwischen Mutter- und schulisch vermittelter Vatersprache hergestellt, die in der Kirche und in der Welt der Gelehrten fortan für Jahrhunderte dominierte und eben auch

Zugang zur großen lateinischen Überlieferung offengehalten hat; tatsächlich hat die Karolingerzeit nach patristischen Autoren und über die spätantiken Artes-Lehrbücher hinaus ein Gros der klassischen heidnischen Literatur gerettet und damit der christlich-religiösen Tradition einen wichtigen „nur" humanen Gesprächspartner geschenkt, der für die Physiognomie Europas wichtig werden sollte. Daß 800 in Rom mit Karl dem Großen die mittelalterliche Kaiserreihe neubegründet worden ist, hat ein solches harmonisches Verhältnis zur ganzen – heidnischen und christlichen – römischen Tradition erleichtert und legitimiert. Diese Kulturentwicklung, die lateinkundige clerici/Experten und volkssprachliche laici/idiotae trennte, hatte die Kehrseite, daß bei der religiösen Erziehung der Menschen ein doppelter – sprachlicher und kultureller – Übersetzungsprozeß nötig war, wenn das archaische Element im frühmittelalterlichen Christentum überwunden werden sollte.

Das Karolingerreich, das Europa zur Einheit gezwungen hatte, war um 900 in eine (durch Mission erweiterte) Pluralität von Staaten auseinandergebrochen, von denen das ostfränkische Reich, das auch Oberitalien und Burgund beherrschte, als Vormacht den römischen Kaisertitel führte und der Herrscher in den Fußstapfen Konstantins und Karls des Großen als Bischof der äußeren Dingen und Vogt der Kirche Hoheitsrechte forderte. 1046 hatte so König Heinrich III. in Verantwortung für die Kirche in Sutri und Rom drei stadtrömische Päpste absetzen lassen und mit der Erhebung deutscher Bischöfe auf die Cathedra beati Petri dem Papsttum wieder einen europäischen Horizont und Anschluß an vielerlei Reformbewegungen in der ganzen Christenheit geschenkt. Eine international besetzte Kurie konnte sich auch nach dem Tod des kaiserlichen Protektors 1056 in Rom behaupten und hat in der zusammenwachsenden lateinischen Kirche durch Legaten, Papstreisen, Konzilien usw. gegen Simonie und Nikolaitismus erfolgreich wirken können und so schnell an Selbstbewußtsein gewonnen[32], sodaß Papst Gregor VII. (1073-85) 30 Jahre nach Sutri den Sohn des hochgeschätzten dritten Heinrichs bannen, suspendieren und zum Bußgang nach Canossa 1077 nötigen konnte. Canossa war eine Wende und markiert die Zäsur zwischen Früh- und Hochmittelalter. Denn die Sakralität des Königs, die das Alte Testament jüdischen Herrschern aufgrund der Salbung beigelegt hatte, die in der kirchlichen Herrschaftserhebung fränkischer Tradition neubegründet worden war, immunisierte den König nicht mehr gegen ein kirchliches „Seelenrichteramt" – wie es Papst Gelasius I. gefordert hatte – und gab dem weltlichen König auch keine unwiderruflichen Rechte in der Kirche, die Christus auf den Felsenmann Petrus gegründet hatte.[33] Man hat eine Konditionierung der durch Salbung verliehenen Sakralität nach Würdigkeit der weltlichen Herrscher und eine Freistellung der von Christus dem Papst anvertrauten Kirche für ihre Aufgabe, die Menschen zum Heil zu führen. Als Seelsorger hat Gregor VII. am Fest der Conversio Pauli Heinrich IV. in Canossa absolviert in Hoffnung auf Kooperation bei der Reform von Kirche und Welt. De facto aber folgten gerade im Reich der Salier noch annähernd 50 Kampfjahre, bis 1122 – lange nach den übrigen Regna – ein Kompromiß möglich wurde. Damit war der Vermischung des weltlichen Herrschaftsbereichs und der Kirche eine Absage erteilt, die Zeit der Kohärenz, die mit Konstantin dem Großen begonnen hatte, in eine Phase der Diastase überführt.

Allemal haben die Reformdebatten über Zölibat und Priesterehe, über Simonie und über die Wirksamkeit der von simonistischen oder sündhaften Priestern gespendeten Sakramente, zuletzt die in großer Erregung auch auf Schlachtfeldern ausgetragenen Probleme des Verhältnisses zwischen regnum und sacerdotium in ganz Europa eine breite Kontroversliteratur hervorgerufen, die sich um Sammlung und Verarbeitung der Autoritäten bemühte und darüber hinaus auch die Regeln einer überzeugenden Beweisführung geklärt hat. Wir hören von Mönchen, die das Kloster verlassen haben, um den einfachen Leuten die Streitfragen zu erklären, in den schnell wachsenden Städten finden die Prediger großes Interesse, und in Mailand etwa führt die Reformdebatte zu revolutionären Situationen. Die Leute waren zur Parteinahme aufgerufen und bereit, sich für Papst und Kirche zu engagieren: So gelingt es 1095 Papst Urban II., der durch einen Gegenpapst aus Rom vertrieben ist, aber in Frankreich glanzvoll empfangen wird, in Clérmont mit seiner Kreuzzugspredigt eine Völkerwanderung in Europa auszulösen mit dem Ziel, das Grab Christi in Jerusalem zu befreien. Über die Berechtigung der Kreuzzüge wird viel diskutiert; ich nehme den ersten Kreuzzug als Beleg dafür, daß Papst und Kirche für den Bildungsstand der Menschen die richtigen geistlichen Worte gefunden haben und für ein Ziel, Jerusalem, den Konsens der Zuhörer fanden, die mit dem Ruf „Deus lo volt" das Kreuz genommen haben und letztlich die heilige Stadt 1099 – unter schlimmen Greueln – zum Zentrum lateinischer Kreuzfahrerstaaten gemacht haben.

Die Kirchenreform, die sich ja nicht auf die großen „politischen" Probleme, Gewaltenverhältnis bzw. Kreuzzug beschränkte, sondern explizit und implizit Grundfragen des menschlichen Daseins angesprochen hat und nicht müde wurde, die Superiorität des geistlichen vor dem weltlichen Leben, der Seele vor dem Leib zu predigen, hat für den Prozeß der Verchristlichung auch neue und neuartigen Institutionen geschaffen, wie dies übrigens Papst Gregor VII. angemahnt hat, indem er die allmächtige Consuetudo vor den Richterstuhl der „Wahrheit" (Jo 14, 6) forderte, die Christus ist. Tatsächlich hat ein monastischer Aufbruch, den unter griechischem Einfluß Eremiten in Italien antizipiert hatten, an der Wende vom 11. zum 12. Jahrhundert das rigide karolingische Monopol der Benediktinermönche hinweggespült und eine Vielfalt monastischer Lebensformen wiederhergestellt, wobei übrigens die Gründergestalten mehrfach als „Aussteiger" (z. B. Bruno von Köln und Norbert von Xanten) eine ganz personale Note eingebracht haben. Spektakulär und schwierig war die Emanzipation des Klosters Cîteaux aus dem Banne Clunys, das viele Klöster in einen Verband gebracht hatte, der Liturgie und stellvertretendes Gebet für die Verstorbenen pflegte, aber auch die Armen großherzig bedachte. Cîteaux, das die benediktinische Regel buchstäblich verwirklichen wollte, hat die altchristliche monastische Handarbeit wieder gefordert, das Kloster zugleich aus weltlicher und kirchlicher Rechtsbindung befreit und im eremo – in bewußter Schlichtheit – gebaut, darum aber konsequent das Gebet, das in Cluny gesteigert worden war, horribile dictu, verkürzt, um aus eigener Kraft überleben zu können. Cîteaux hat – gegen benediktinische Consuetudo – keine pueri oblati aufgenommen, sondern nur Erwachsene, die sich frei für das Ordensleben entscheiden konnten. Neu und vorbildlich war auch ihre „charta caritatis", die aus der brüderlichen Liebe einheitliche mores folgerte, diese Einheitlichkeit durch Visitationen der Mutterklöster sicherte und darüber hinaus dem schnell expandierenden exemten Orden im jährlichen Generalkapitel in Cîteaux ein legislatives Zentrum gegeben hat. Fortan gehörten zu einem vollentwickelten Orden nicht nur gemeinsame Regel und consuetudines sowie Tracht, sondern eben auch einheitliche Führung. Der Zisterzienser Bernhard von Clairvaux hat mit seiner Schrift „De laude nove militiae" zum Aufschwung des ersten christlichen Ritterordens der Templer beigetragen und kühn neben dem Gebet den Dienst für Christus in irdischen Waffen aus der Gesinnung der Nächstenliebe (1 Jo 3, 16) – dieses Motiv findet sich schon bei Papst Gregor VII. – als Ordenszweck anerkannt, und so die Intention über die Tat gestellt und das Monasterium zur Welt weitgeöffnet.

Insgesamt aber hat die Kirchenreform, der Gregor VII. das paulinische „Wehe mir, wenn ich das Evangelium nicht verkünde" (1 Kor 9, 16, vgl. Is 58, 1f.) ins Stammbuch geschrieben hatte, im monastischen Bereich eher den Rückzug aus der Welt forciert, den die Kartäuser besonders radikal praktiziert haben. Einen Gegenpol haben wir in Norbert von Xanten, der primär Prediger sein wollte, aber seine Gefolgschaft im Prämonstratenserorden auf kirchlichen Druck regulieren mußte, während er selbst als Erzbischof von Magdeburg endete. Mit der Übernahme von Pfarren haben die Prämonstratenser ähnlich wie die Augustiner-Chorherren, die aus der Kanoniker-Reform hervorgegangen waren, die Gregor VII. schon vor seinem Pontifikat 1059 betrieben hatte, für die Intensivierung der Seelsorge gewirkt.

Eine „Mönchstheologie"[34], die den profan-heidnischen Zuerwerb der Karolingerzeit integriert hatte, aber die Herrschaft der Dialektik in theologischen Fragen mit Mißtrauen betrachtete, hat in einer breiten Literatur, die den Brief, den Dialog, die Predigt und die geschichtliche Darstellung bevorzugt hat, eine meditative, auf Innerlichkeit gerichtete Theologie des andächtigen Nachvollzugs entwickelt, die für die Bildwelt des Zeitalters wichtig geworden ist. M.-D. Chenu[35] spricht von einer „mentalité symbolique", die hinter der oberflächlichen Rinde des Buchstabes dem mit innerer Aufmerksamkeit Lesenden einen höheren Kern verborgener Wahrheit vermittelt (Alanus de Insulis), die die sichtbaren Dingen transparent macht auf das Unsichtbare (Hugo von St. Victor). Insbesondere die Auslegung der Bibel hat – oft in patristischer Tradition – den überschießenden Sinn der Offenbarung auszuloten versucht und dafür einen Merkvers geprägt:

Littera gesta docet, quid credas allegoria,
Moralis quid agas, quo tendas angogia.

[Der Buchstabe lehrt die Ereignisse ; was du zu glauben hast, die Allegorie ; die Moral, was du zu tun hast, wohin du streben sollst, die Anagogie]

Dieses Verfahren, das Hugo von St. Victor „demonstratio" nennt, ist wissenschaftsgeschichtlich übel beleumundet, aber auch Vehikel einer intensiven Durchdringung der ganzen Bibel und eine Quelle künstlerischer und religiöser Inspiration, die hierzulande unter kunsthistorischer Führung zu entdecken und zu entschlüsseln ist. Die Mönchstheologie hat mit der Brautmystik des Bernhard von Clairvaux eine wirkkräftige, unstrittige Vertiefung religiösen Lebens hervorgebracht und darüber hinaus die neuen frühscholastischen theologischen Schulen in ihrer curiositas an die spezifischen Bedingungen der Glaubenswissenschaft erinnert. In der Tradition der Kathedralschulen des 11. Jahrhunderts haben die neuen Studien vom Aufschwung der Städte und von wachsender Mobilität profitiert; sie haben sich aus dem Schatten der Kreuzgänge und damit auch aus der Abzweckung der lectio auf das Gebet gelöst und statt dessen im Schulbetrieb auf eine „sacra doctrina" abgehoben, die Methoden der freien Künste, der Grammatik und bes. der Dialektik im Gefolge der Reformkontroversen auch auf die „sacra pagina" angewandt, „ce qui les amène à réclamer un jour... l'autonomie de leurs démarches et de leurs methodes"[36]. Die „magistri moderni", die anders als die Patres keine kirchliche Autorität genossen, beherrschen dank ihrer rationalen Interpretationsmethoden in der dialektischen Theologie, für die Petrus Abaelard, in „Sic et non" eine Verstehenslehre entwickelt hat – den Bernhard von Clairvaux als „catolicae fidei persecutorem, inimicum crucis Christi" denunziert hat. Auch in der konservativen Schule von Laon, die mit der „Glossa ordinaria" einen Bestseller der Schulen geschaffen hat, ist eine Bibelexegese nach dem Wortsinn, nach der littera gepflegt worden, die bald in questiones das Textverständnis vertieft und in systematischen „Sentenzen" erstmals wieder seit der Patristik die „Theologie" (ein Terminus Abaelards) wieder selbständig dargestellt hat. Am „Generalstudium" von Paris, das zuletzt viele Kathedralschulen beerbt hat, wurde die Theologie zusammen mit ihrer philosophischen Propädeutik, für die der sperrige Aristoteles ausschlaggebend geworden ist, der z. B. die Ewigkeit der Welt doziert hat, zur Königin der Wissenschaften. Theologie als „subalternierende Wissenschaft" bekannte sich zu Offenbarungsquelle, aber sie hat den aristotelischen Wissenschaftsbegriff und so den Dialog von Glaubenswissen und natürlicher Erkenntnis in sich selbst aufgenommen: „fides quaerens intellectum", wie Anselm von Canterbury formuliert hat. Die europäische Universität, als Korporation der Lehrenden bzw. der Lernenden neben Sacerdotium und Imperium als dritte Potenz – „Studium" – seit etwa 1200 in der päpstlichen Christianitas anerkannt, hat ferner eine weitgehend arabisch geprägte Medizin in ihr Lehrprogramm aufgenommen und das Corpus iuris civilis Kaiser Justinians aus dem 6. Jahrhunderts wegen seiner rechtssystematischen Vorzüge zuerst in Bologna doziert. Das wissenschaftliche Kirchenrecht, das als „Concordia discordantium Canonum" aus der Feder Gratians um 1140 mit einem eigenen mittelalterlichen Lehrbuch ins Leben getreten ist, dem die Sententiae des Petrus Lombardus für die Theologie bald nachfolgten, belegt die neue „curiositas" eines Wissenschaftsbetriebes, der die Bereitschaft Europas, auch das Fremde und Widersprüchliche zu integrieren und zu assimilieren, sichtbar macht. Das lateinische Abendland hatte den tiefen kulturellen Einbruch des Frühmittelalters wenigstens in seinen Eliten überwunden, die nach einem Wort des Bernhard Silvestris sich als Zwerge auf den Schultern intellektueller Riesen der vorchristlichen Antike bzw. der Patristik fühlten, die aber gerade darum weiter blicken konnten als die großen Autoritäten.

Die Christianitas, die sich in den Wissenschaften just in dem Moment zum Erben der besten bekannten Traditionen gemacht hat, als im Judentum und im Islam der Dialog zwischen Glauben und philosophischer Vernunft abgebrochen worden ist, war im 12. Jahrhundert eine erfahrbare politische und gesellschaftliche Realität geworden, mit einer verbindenden lateinischen Vatersprache, mit einem gemeinsamen kirchlichen Recht, das in der päpstlichen Dekretalengesetzgebung des 13. Jahrhunderts seine Hochblüte erreicht hat, mit einem Papsttum, das seine innerkirchlichen Kompetenzen mit Hilfe einer modernen Zentralverwaltung wesentlich ausgeweitet hat und das – ungeachtet zahlreicher Konflikte mit den sich konsolidierenden Königtümern – in der Wahrnehmung gesamtchristlicher Aufgaben wie namentlich der Sorge für die Kreuzfahrerstaaten, gleichsam eine europäische Leitungskompetenz errungen hat, die sich etwa in Kreuzzugsfrieden, der auch den Staaten auferlegt wurde, manifestierte und in dem Kreuzzugszehnten einen pragmatischen finanziellen Hebel einsetzen konnte. Der Papst, der seit Innozenz III. den Titel „vicarius Christi" führte und sich als „debitor iustitiae in omnibus", als Schiedsrichter im Interesse von iustitia und pax verstand, hat mit dem 4. Laterankonzil 1215 gleichsam eine Repräsentation der Leiter der Christenheit versammelt, das einen Kreuzzug nach Palästina vorbereitet hat, vor allem aber die eingeleiteten kirchlichen Reformen systematisch zusammenfassen sollte in der Hoffnung, daß die Kirche nach dem „Übergang von den Lastern zur Tugend" den überhand nehmenden Häresien besser widerstehen könne. Tatsächlich treten seit etwa 1140 in den fortgeschrittensten Regionen zahlreiche neue Häresien auf, von denen sich im Süden Frankreichs die dualistischen Albigenser/Katharer zu einer Gegenkirche konsolidiert haben, so daß die Kirche, in Mißtrauen verhärtet, die religiösen Antriebe der Laien, die sich zusammenschlossen, um nach dem Evangelium zu leben, leicht verkannte, wenn das Armutsideal dieser Gruppe in Kritik an der reichen, herrschaftlichen Kirche und im Antiklerikalismus umschlug. Sie hat mit Disziplinierungsversuchen bis hin zur Ausbildung der Inquisition und des Ketzerkreuzzugs Gutwillige aus der Kirche getrieben. Papst Innozenz III., in dessen Namen nach 1208 ein grausamer Vernichtungskrieg in Albi geführt worden ist, hat andererseits selbst Teile der Waldenser und der Humiliaten in die Kirche zurückgeführt; mehr noch: Mit der Sendung des regulierten spanischen Domherrn Dominikus zur Albingensermission „verbo et exemplo", also durch das Wort und ein entsprechendes armes, demütiges Auftreten, hat er selbst einen Anstoß für den Ordo Praedicatorum gegeben, nachdem er vorher schon mit der kühnen Bestätigung einer ersten Regel von Franz von Assisi, der Laie war, für die Minderbrüder die Armutsbewegung im Gestalt der Bettelorden in die Kirche integriert hatte. Nach mehr als hundert Jahren waren Ansätze Gregors VII. realisiert! Die Bettelorden haben mit dem Aufbau eines ordenseigenen Studiensystems, das sich an die bestehende theologische Fakultät anlehnte, die sacra doctrina in der Abfolge legere – disputare – predicare schöpferisch auf die Seelsorgspraxis hin ausgerichtet: denn es ist Pflicht des Dominikaners, „principaliter ardenter summo opere debeat intendere, ut proximorum animabus possimus utile esse". – Das große Konzil Innozenz' III. hat durch seine umfassende weitwirkende Gesetzgebung den kirchlichen Rahmen präzisiert, innerhalb dessen die neuen zentralistischen päpstlichen Bettelorden ihre vita apostolica et evangelica leben konnten.

Marie-Dominique Chénu[37] hat den Wandel eindrucksvoll als réveil évangelique anhand einer begriffsgeschichtlichen Studie aufgezeigt. Die Mönchstheologie sah im Kloster eine fortlebende Urkirche nach Apostelgeschichte 4, 32, die siegreiche civitas Dei, weil ja nach Auffassung des Zisterzienser-Bischofs Otto von Freising der „Weltstaat" seit Konstantin dem Großen gleichsam gelähmt war. Die vita apostolica besteht denn nach Rupert von Deutz, der Benediktinerklöster vor Augen hat, die aus Priestermönchen bestanden, nicht etwa in der Missionspredigt, im Taufen oder Wunderwirken, sondern in der persönlichen Heiligung, die in der demütigen Einpassung in die einmütige Mönchsgemeinde liegt. Das war nun eine elitäre symbolisch-kultische Sakralität, die mit dem Leben der Apostel wenig gemein hatte – und die denn auch im späten 12. Jahrhundert der Pariser Theologe Peter Cantor eine „pessima taciturnitas" gescholten hat, weil sie die Lebensbedingungen der meisten Christen nicht in den Blick nahm. Tatsächlich hat die Kanonikerbewegung sich selbst in Konkurrenz zum Mönchtum als urkirchliche Einrichtung definiert und hat Gerhoh von Reichersberg entdeckt, daß jeder Getaufte, indem er dem Teufel absagt, auch wenn er nicht auf seinen Besitz verzichtet „in fide catolica et doctrina apostolica suae qualitati aptam regulam habet, sub qua ... poterit pervenire ad coronam". Damit ist die irdische, historische Existenz der Kirche und ihrer Glieder anerkannt; es kommt zu einer Aufwertung der weltlichen Berufe, zur Wiederbelebung der Predigt, in der Exegese und Dogmatik sich verbinden in Bemühen um Verständnis des Evangeliums. Die neue Begegnung von Evangelium und Welt, die Welt weltlich sieht, nach Naturgesetzen frägt und Natur und Gnade in ein neues Gleichgewicht bringt, nennt M. D. Chénu die Triebkraft der Entwicklung der Christenheit[38].

Freilich wird es noch lange dauern, bis das Gott wohlgefällige, verdienstliche Studium der litterae unter den Christen in die Breite drang, bis die Übersetzung der Bibel und belehrenden Schrifttums in der Volksprache möglich war, bis das Buch aus Papier erschwinglich wurde, so daß die Laien unmittelbaren Zugang zum Evangelium hatten.

---

[1] R. Joos, Katholische Hochschulbildung. Vorüberlegungen für ein interdisziplinäres Programm, 2000, bes. 124ff. Dem Autor danke ich für die Einladung zur Mitarbeit am vorliegenden Band; sie gibt mir Gelegenheit, nach historischen Studien über katholische Universitäten Eichstätter Lehrerfahrungen mit schul- und kulturpolitische Reflexionen zu verbinden.

[2] Zitiert nach dem Abdruck der amtlichen deutschen Übersetzung in M. Seybold (Hg.), Katholische Universität. Wesen und Aufgaben, 1993, 135ff. Der Band bietet auch Analysen des Textes aus der Perspektive unterschiedlicher Disziplinen.

[3] Die Texte des Zweiten Vatikanums sind bei Karl Rahner, H. Vorgrimler (Hg.), Kleines Konzils-Kompendium, 1966 bequem zugänglich, mit großem Apparat in den drei Ergänzungsbänden des Lexikons für Theologie und Kirche (2. Auflage) „Das 2. Vatikanische Konzil", 1966ff.

[4] Diese Konvergenz, für die „Gravissimum educationis" modelhaft auf Thomas von Aquin verweist, hat Konflikte wie etwa den berühmten Fall Galilei nicht ausgeschlossen; vgl. W. Brandmüller, Galileo Galilei und die Kirche. In: W. Schreiber (zit. Anm. 19) 193 ff. Die Kirche hat sich von Grenzüberschreitungen ihrer Organe distanziert: Vgl. „Gaudium et spes" nr. 36.

[5] Vgl. St. Alberto, Ex corde Ecclesiae profecta. Zur Christozentrik der apostolischen Konstitution. St. Alberto, In: M. Seybold (wie Anm. 2), 57ff., bes. 71f.

[6] Ex corde Art. 4 §5 verlangt darüber hinaus im Blick auf die Berufstätigkeit der Absolventen Vorlesungen über katholische Soziallehre.

[7] Vgl. R.L. Fetz, Katholische Universität und moderne Universitätsidee. In: Seybold (wie Anm. 2), S. 39ff.; zu der Frontstellung vgl. auch Seybold, 13ff.

[8] Vgl. unten IIb.

[9] Einige Hinweise auf den heterogenen Bestand bietet Dickerhof, Die »katholische Universität«. Begriff, Geschichte und Verbreitung. In: R. A. Müller (Hg.) Veritati et vitae. Vom bischöflichen Lyzeum zur katholischen Universität, 1993, 149ff., bes. 166ff.

[10] Vgl. LThK[4] 5, 504ff.

[11] Ich übernehme die Unterscheidung von St. Alberto (wie Anm. 5), 71.

[12] Vgl. M. Seckler und V. Conzemius, Christentum: LThK[3] 2, 1105ff.

[13] Das Dekret betont nr. 53, daß die Kultur des Menschen „notwendig eine geschichtliche und eine gesellschaftliche Seite hat", „eine abgegrenzte und geschichtliche Umwelt, in die er [der Mensch] eingefügt bleibt, und von der her er die Werte zur Weiterentwicklung der menschlichen und gesellschaftlichen Kultur empfängt".

[14] Mir war der Text, hg. vom Sekretariat der deutschen Bischofskonferenz, nur im Internet, nicht im Druck zugänglich.

[15] Vgl. Publikation der internationalen theologischen Kommission „Erinnern und Versöhnen. Die Kirche und die Verfehlungen in ihrer Vergangenheit", hg. von D. L. Müller, 2000.

[16] Wie Anm. 15, 34f.

[17] Lange hat man den lateinischen Occidens dem griechischen Orient konfrontiert, bis angesichts der osmanisch-islamischen Expansion im 15. Jahrhundert beide Flügel der Christianitas sub voce Europa zusammengefaßt und dem Islam konfrontiert worden sind.

[18] Zitiert nach P. Meinhold, Geschichte der kirchlichen Historiographie II 1967, bes. S. 482-485.

[19] Hg. von W. Schreiber, 2000.

[20] Darüber hinaus habe ich einige in Bayern zugelassene Lehrbücher durchgelesen, „Geschichte für

Gymnasien" 1992-1994, dazu Religionsbuch (5. bis 10. Schuljahr) 1989-91, schließlich „2000 Jahre Christentum" (5. bis 10. Jahrgang) 1994, mit ausführlichem Quellenanhang zu den einzelnen knappen Kapiteln. Ferner danke ich Kennern der Schulpraxis für hilfreich-klärende Gespräche.

[21] Von diesem Bedeutungsgewinn hat die herkömmliche theologische Kirchengeschichte in Deutschland m. E. wenig profitiert; die Trennung von theologischer Kirchengeschichte und Profangeschichte hat die Entwicklung zu einer Synthese retardiert.

[22] U. Baumgärtner, „Ich mache doch keinen Religionsunterricht"... In: Schreiber (wie Anm. 19), 436.

[23] D. Schönemann: ebd. 416. Anders K. Wittstedt, ebd. 396, der gegen ein Gros der Autoren wachsendes kirchenhistorisches Interesse feststellt.

[24] Vgl. Oldenbourgs „Geschichte für Gymnasien Jahrgang 11"; der Band rekapituliert exemplarisch die älteren Epochen bis zum Zeitalter der Revolutionen. In – pointiertem – Kurzreferat: mit zwei Kapiteln „Attische Polis" bzw. „Rom zur Zeit des Prinzipats" ist die Antike gut – und mit Einbeziehung religionsgeschichtlicher Aspekte – repräsentiert, während die Formverwandlung der Spätantike und die konstantinische Wende nicht thematisiert werden. Das Mittelalter erhält nur ein Kapitel über die – in Deutschland populären – Staufer, das den Blick von unten nach oben richtet (Bauern, Ritter, Mönche, Bürger, Fürsten, König), und insoweit lediglich die Schwerpunktsetzung des ersten Durchgangs (Jahrgang 7) repetiert, der übrigens mit Luther auf 3 Seiten zurechtkommt, der Renaissance aber 16 Seiten widmet. Die Reformationszeit wird nicht eigens thematisiert, sondern degeneriert zu einer Voraussetzung des Absolutismus'. Luthers Suche nach dem gnädigen Gott resultiert anscheinend aus der Verunsicherung durch die raschen Veränderungen durch Renaissance-Humanismus, Entdeckungen, Aufstieg der Naturwissenschaften usw.; politische und gesellschaftliche Konflikte – die in dem Lehrbuch zum Kern des Fachs werden – sind überlagert durch konfessionelle Gegensätze; im 30jährigen Krieg wird der politisch-hegemoniale Charakter hinter religiösen Vorwänden deutlich. Im Absolutismus beginnt die Beglückung der Menschen durch den modernen Staat: durch Bürokratisierung, Militarisierung und Sozialdisziplinierung. Das 5. Kapitel traktiert dann die Aufklärung und das Zeitalter der Revolutionen bis 1848/49. Kräfte gegen die Aufklärung waren der Drill beim preußischen Militär, aber auch „die Kirchen" (Pietismus), vor allem aber der Sturm und Drang mit Goethes „Werther"! Die „Hauptfragestellung" des Bandes zielt auf menschliche Entwürfe politisch-sozialer Ordnung, und fragt nach der Rolle von Kultur und Kunst (Religion wird nicht genannt!); es geht um „Aussagekraft und Gewicht dieser Entwürfe für unsere Gegenwart" (Vorwort des Herausgebers.).

[25] Vgl. den hilfreichen Beitrag von H.-M. Körner, Kirchengeschichte und Geschichtsunterricht... In: Schreiber (wie Anm. 19) 92f.

[26] Zit. Anm. 20.

[27] Z.B. Jahrgang 10 „Der Verrat an den Juden" zur Zeit des Nationalsozialismus (!?).

[28] Joos, (wie Anm. 1),127ff.

[29] Die „Vatersprache" lernt man nicht von der Mutter, sondern in der Schule; aber sie ist lebendige Buch- und Verkehrssprache; kennzeichnend werden philosophische Präzisierungen der via moderna – wegen Wilhelm von Ockham – als englischer Nebel verspottet.

[30] 1997; die zweite Auflage war mir nicht zugänglich.

[31] Vgl. R. Schieffer, Christianisierung im frühen Mittelalter. In: Schreiber (Wie Anm. 19) 111ff.

[32] Eine Folge dieses Selbstbewußtseins war freilich der Bruch mit der byzantinischen Kirche 1054.

[33] Die Verbreitete Rede, der Papst habe „den Herrschern [!?] die Sakralität abgesprochen ... König und Kaiser sollten nicht länger ›Gesalbten des Herrn‹ sein, sondern nur noch Laien", die auch Angenendt (wie Anm. 30) 45 reproduziert, überzeugt nicht; weiterhin wurden Könige gesalbt!

[34] Vgl. den Klassiker von J. Leclercq, Wissenschaft und Gottverlangen, 1966.

[35] M.-D. Chénu, La Thélogie du XIIe siècle, 1966, 159ff. ; vgl aber noch unten Anm. 36.

[36] Chénu, 90 „Grammaire et Théologie". Unter anderem Aspekt habe ich die bildungsgeschichtliche Entwicklung behandelt in „Globalisierung aus mediävistischer Sicht" in W. Schreiber (Hg.), Von Imperium Romanum zum Global Village, 2000, bes. 93ff; und „Innozenz III. und die Universitäten", In: Thomas Frenz (Hg.) Papst Innozenz III., 2000, 117ff, jeweils mit Literatur.

[37] Wie Anm. 36, S. 223ff.

[38] Chénu, wie Anm. 36, 245: „c'est bien la découverte de l'évangile qui est à la base de l'évolution de la chrétienté".

Rainer Greca

Die Katholische Universität als soziale Einrichtung – organisationssoziologische Überlegungen zu Chancen und Dilemmata einer besonderen Institution

Die Katholische Universität Eichstätt ist die einzige Universität – wenn auch nicht die einzige Bildungseinrichtung - im deutschen Sprachraum, die in besonderer Weise mit der katholischen Kirche verbunden ist. Schulen in kirchlicher Trägerschaft, Fachhochschulen für Sozialarbeit und Ordenshochschulen bereichern ebenso die Pluralität der Bildungsträger. Sie ist auch nicht die einzige Universität in Deutschland, die einen nicht-staatlichen Träger hat: auch hier sind in den vergangenen Jahren neue Einrichtungen gegründet worden, die gerade aufgrund ihrer besonderen, von den normalen Landesuniversitäten abgehobenen Merkmalen, ein spezifisches Leistungsprofil für sich reklamieren, um damit Studierende anzuwerben und ihnen besonders günstige Chancen auf dem Arbeitsmarkt zu eröffnen.

Auch für die Katholische Universität Eichstätt gilt, dass ihr besonderer Charakter von den Studierenden, aber auch von den potentiellen Abnehmern der Absolventen auf dem Arbeitsmarkt – Unternehmen und die öffentliche Verwaltung – durchwegs positiv beurteilt wird, z.T. werden einzelnen Bildungsabschlüssen an der KUE in den Rankinglisten der vergangenen Jahre Spitzenplätze zugeschrieben.[1] Die kurzen Studienzeiten, die hervorragende Ausstattung und ein im Vergleich optimales Betreuungsverhältnis tragen zu dieser Einschätzung bei. Weniger positiv fällt dagegen bei den Evaluationen häufiger das Urteil von Fachkollegen anderer Universitäten aus. Gerade dies scheint mir die besondere Weise, mit der die Katholische Universität im Kontext der anderen Universitäten wahrgenommen wird, zu charakterisieren. Auf die Ursachen dieses besonderen Verhältnisses möchte ich in der Folge aus der Sicht der Organisationssoziologie eingehen.

Bildungseinrichtungen können als symbolische und verhaltensorientierte Systeme bestimmt werden, die repräsentative, konstitutive und normative Regeln zusammen mit regulierenden Mechanismen enthalten, die ein gemeinsames Sinnsystem definieren und auf dieser Grundlage den Akteuren die Möglichkeit zur Orientierung und zur Ausbildung notwendiger Handlungsroutinen geben.[2]

Eingebettet sind Bildungseinrichtungen in eine Umwelt, die selber wiederum zu einem großen Teil aus anderen Institutionen gebildet wird: aus anderen Bildungseinrichtungen, den staatlichen Aufsichtsbehörden, politischen Parteien, wirtschaftlichen Organisationen, Interessenverbänden, etc.[3] Bildungsorganisationen befinden sich somit in einer Umwelt der konkurrierenden Kooperation, in der auf der Grundlage gemeinsamer Traditionen und normativer und gesetzlicher Verpflichtungen um knappe Ressourcen und Studierende ein Wettbewerb ausgetragen wird. Gleichzeitig werden aber auch Gemeinsamkeiten gepflegt: institutionell durch die Zusammenarbeit in diversen Gremien (z.B. HRK, DFG) und auf der Ebene der Hochschullehrer, des wissenschaftlichen Nachwuchses und der Studierenden durch gemeinsame Forschungsprojekte, die Organisation von Konferenzen, Dozenten- und Studentenmobilität.

Konkurrierende Kooperation bedeutet auf der Handlungsebene, dass die Vorzüge der eigenen Hochschule auch zur Steigerung der persönlichen Kompetenz und Chancen eingesetzt werden. Der „Ruf" der Heimatuniversität steigert bei Anträgen, Konferenzen und Begegnungen die Chance, die eigene Position wirksam herausstellen und benötigte Aufmerksamkeit und Ressourcen gewinnen zu können. Es ergibt sich für Mitarbeiter der Katholischen Universität dann ein Problem, wenn diese das Profil der KUE nicht nützen wollen oder können.

Dabei spielen Vorurteile der Kollegen anderer Universitäten oft eine wichtige Rolle: gerade im deutschen Sprachraum werden oft Fragen gestellt, wenn man erklärt, Angehöriger dieser Universität zu sein, die zeigen, dass mit „katholisch" in einer Welt, die sich an säkularen Maßstäben orientiert, oft „eingeschränkt", „zurückgeblieben", z.T. sogar „nicht-wissenschaftlich" assoziiert wird. Häufig gestellte Fragen sind beispielsweise „Muss man katholisch sein, um da zu studieren?" Solchen Vorurteilen wird nicht immer konstruktiv begegnet. Sobald die eigene Position oder die des vertretenen Faches von der der eigenen Universität abgehoben wird, gelingt möglicherweise eine kollegiale Solidarisierung – aber zu Lasten der Institution KUE. Andererseits sind Vorurteile nicht leicht abzubauen, gerade dann, wenn damit der eigene Vorrang weiter behauptet werden kann. Im Ausland wird das Bekenntnis der Mitgliedschaft in einer katholischen Universität dagegen in den Ländern, die auf eine lange Tradition solcher Einrichtungen zurückblicken, insbesondere in den USA, den Niederlanden und Italien, häufig sogar positiv gewertet. Eine offensive Vertretung der positiven Leistungsbilanz der KUE muss daher nicht nur in den regionalen Medien erfolgen.

Damit stellt sich die Frage nach dem Eigen- und dem Fremdbild der KUE. In wirtschaftlichen Organisationen, neuerdings aber auch in der öffentlichen Verwaltung und in öffentlichen Betrieben wird dies oft mit der Frage nach dem Bestand einer „corporate identity" oder eines „corporate design" verknüpft. Die Empirie zeigt aber, dass eine derartige Bestimmung des Bildes einer Einrichtung des Bildungswesens schwierig und oftmals nur für die Außendarstellung relevant ist: Untersuchungen in solchen Organisationen zeigen, dass eine künstlich initiierte Entwicklung einer „corporate identity" häufig eine nicht intendierte Wirkung auslöst: soziale Systeme, in denen sich Mitarbeiterinnen und Mitarbeiter aufgrund ihrer Qualifikation und ihres Selbstbildes bereits Traditionen, Normen und Rationalitätsprinzipien (z.B. ihrer Wissenschaften) verpflichtet sehen, lehnen eine als fremdbestimmt gesehene Festlegung des Organisationsbildes ab und fühlen sich durch derartige Vorgänge eher ausgegrenzt anstatt integriert.

Welches Eigenbild kann aber eine Katholische Universität in ihrem Inneren, d.h. im Umgang der verschiedenen Gruppen miteinander und im Verhältnis zu ihrer Umwelt, der der anderen Universitäten, der Wirtschaft, der Politik und der Bevölkerung, vermitteln?

Das Spezifikum der Katholischen Universität ist, dass sie zum einen zu den Bildungseinrichtungen zählt, andererseits aber in gleicher Weise institutionell mit der katholischen Kirche verbunden ist. Aus dieser doppelten Platzierung heraus ergeben sich aus organisationssoziologischer Sicht eine Reihe von Dilemmata, die sie mit anderen Organisationen teilt, die sich in kirchlicher Trägerschaft befinden und gleichzeitig auch „weltliche" Aufgaben übernehmen.

Bildungseinrichtungen zeigen sich aus empirischer Sicht oftmals als „Mülltonnen", in denen Überreste unterschiedlicher Konzepte, Probleme, Lösungen und widersprüchlicher Reformprogramme aus unterschiedlichen Zeiträumen zusammengeschüttet werden.[4] Dies erzeugt bereits eine Reihe typischer Konflikte in diesen Einrichtungen und zwischen diesen Einrichtungen und den relevanten Institutionen in ihrer Umwelt (Politik, Wirtschaft, Verwaltung).

Kirchliche Organisationen weisen darüber hinaus zusätzliche strukturelle Dilemmata in ihren Umweltbeziehungen auf:

Aus systemtheoretischer Sicht besteht die Funktion der Religion in der Präsentation eines unauflösbaren Problems.[5] Jede Systembildung ist asymmetrisch, weil sie notwendig die Ausgrenzung einer zu komplexen Umwelt erfordert. Jeder Systemprozess ist selektiv, reduziert für das System zu hohe Komplexität, indem er Elemente und Relationen der komplexen Umwelt pauschalisiert und simplifiziert. Sinn als Grundlage sozialer Systembildungen erzwingt Selektivität, verweist aber gleichzeitig auf mehr Möglichkeiten, als systemintern aktuell dargestellt werden können. Daraus entsteht das Problem der Überbrückung der Kluft zwischen der Fülle des Möglichen und spezifischen Sinnformen. Religion übernimmt für ein Gesellschaftssystem die Funktion, die nach außen zur Umwelt unbestimmbare und nach innen zum System her unabschließbare Welt in eine bestimmbare zu transformieren, in der System und Umwelt in Bezug stehen können. Die Gegenstände der Religion gehören als Übernatürliches zur Umwelt eines Systems. In der Religion geht es um die Transformation unbestimmbarer in bestimmbare Komplexität. Religiöse Chiffren arbeiten wie Vexierbilder, indem sie Innen und Außen gleichermaßen präsentieren. Dadurch, dass dieses Problem unlösbar ist, kann Religion durch kein anderes Deutungssystem ersetzt werden. Komplexere Gesellschaften weisen zusätzlich noch die Existenz von Subsystemen auf, daher müssen die Hochreligionen zusätzlich noch die Aufgabe der Erlebnisverarbeitung tradierter Muster übernehmen. Im Lauf der gesellschaftlichen Evolution werden Religionssysteme als Teilsysteme mit besonderen Funktionen ausgegliedert.

Aus diesen allgemeinen sozialen Funktionsbestimmungen lassen sich drei Eigenarten organisierter religiöser Systeme in der heutigen Gesellschaft ableiten:

1.   Der gesellschaftliche Bedarf nach religiöser Sinnbestimmung entsteht an inneren und äußeren Systemgrenzen. An der äußeren Systemgrenzen bezieht er sich auf generelle Fragen, die allgemein menschliches Verhalten betreffen (wie unvorhersehbare Ereignisse). An den Grenzen gesellschaftlicher Subsystemen entsteht ein spezifischer Bedarf an religiösen Deutungen, z.B. für ausdifferenzierte Teilsysteme wie die Wirtschaft, das Recht oder die Wissenschaft. Eine katholische Universität hat in einer pluralen Gesellschaft daher eine besondere Chance, sie trägt dafür aber auch ein besonderes Risiko mit sich: als Teil des gesellschaftlichen Subsystems Wissenschaft und als Teil der Kirche kann sie eine besondere Vermittlungsrolle übernehmen. Das Risiko besteht allerdings darin, dass sie innerhalb beider Teilsysteme mit dem Vorurteil leben muss, vorrangig Loyalität dem jeweilig anderen Subsystem entgegenzubringen. Entsprechend wird ihr und ihren Angehörigen mit Misstrauen begegnet oder es werden die subsystemspezifischen Charakteristika – „Wissenschaftlichkeit" oder „Katholizität" - in Frage gestellt.

2.   Religiöse Institutionen bilden selber soziale Organisationen, die in einem Verhältnis zu anderen sozialen Einrichtungen stehen. Dem Bedarf an differenzierter Sinndeutung stehen religiöse Organisationen damit doppelt gegenüber: (a) als Instanzen für allgemeine und spezifische Deutungen und (b) als konkrete Handlungssysteme, die ihrerseits einen spezifischen Umweltbezug haben, der der sinnhaften Vermittlung mit anderen Handlungssystemen bedarf. Es zeigt sich damit aber ein nicht aufhebbares Strukturproblem kirchlicher Organisationen, das sich dadurch ergibt, dass diese in ihrer konkreten sozialen Ausgestaltung ebenfalls immer das Problem einer komplexeren Umwelt haben, in der sie als gesellschaftliche Teilsysteme mit anderen Geltungsansprüchen konfrontiert sind, so dass die eigenen Maßstäbe nicht unproblematisch durchgesetzt werden können, d.h. ihrerseits der Vermittlung bedürfen. Vom Standpunkt institutionalisierter Religion aus muss eine derartige Vermittlung auf religiöse Bestimmungen rückführbar sein. Diese tangieren aber nicht die Logik anderer

gesellschaftlicher Subsysteme, wie die der Wissenschaften, die eigene Typen von Rationalität entwickelt haben. Fraglich bleibt in der wissenschaftlichen Diskussion über Vermittlungsversuche zwischen verschiedenen kulturellen Deutungssystemen oder Rationalitätsparadigmen, ob diese prinzipiell überhaupt leistbar sind.[6] Ein von Seiten der kirchlichen Organisationen häufig gemachter Versuch der pragmatischen Lösung dieses Dilemmas besteht darin, die für die kirchlichen Organisationen tätigen Personen in ihrer beruflichen Existenz an normative Vorgaben zu binden und die Einhaltung dieser Normen verwaltungstechnisch zu exekutieren. Eine stärkere Bindung der Mitglieder wird dadurch in der Regel aber nicht erreicht: entweder orientieren sich die Vermittlungsinstanzen an den Imperativen ihrer Überzeugungen: dann wird eine Vermittlung schwierig. Oder aber sie bemühen sich um eine erfolgreiche Vermittlung, dann droht die Identität der Institution verloren zu gehen, die sich dagegen durch die Androhung von Ausschluss zur Wehr setzt. Empirisch lässt sich nachweisen, dass der Versuch einer kontrollierten Bindung der Mitglieder zu Formen innerer Emigration führt. Während die zuletzt beschriebenen Strategien daher eher kontraproduktiv sind – in amerikanischen Universitäten finden sich dafür allerdings kaum Beispiele – besteht die Chance der Katholischen Universität darin, einen Raum für Dialoge zwischen verschiedenen gesellschaftlichen Teilsystemen zu eröffnen.

3. Nach wie vor besteht ein erheblicher gesellschaftlicher Bedarf an Sinnvermittlung. Je stärker die Kirchen dem Prozess der Säkularisierung unterworfen werden – dieses Schicksal teilen sie mit anderen gesellschaftlichen Institutionen, wie den Gewerkschaften oder den politischen Parteien – desto deutlicher wird das Spannungsfeld zwischen Bedarf und Angebot. Religiöse Deutungen gewinnen dort an Bedeutung, wo es ihnen gelingt, die allgemeinen Aussagen mit der Sinngebung für spezifische Probleme zu verknüpfen, insbesondere, wenn dadurch auch soziale Freiräume ermöglicht werden. Der „Erfolg" solcher Bemühungen – z.B. bei den religiösen Jugendbewegungen – hat aber nicht mehr unbedingt eine tiefere Bindung an die soziale Institution Kirche zur Folge. Eine Dauerhaftigkeit der Bindung kann nach Auffassung der Organisationsforschung durch regulative, normative und kognitive Institutionalisierung in den Dimensionen von Kultur, Sozialstruktur und Verhaltensroutinen erreicht werden.[7] Das gesellschaftliche Aktionsfeld der Katholischen Universität ist damit deutlich erkennbar: als kulturelle Einrichtung muss sie ein spezifisches kognitives Angebot entwickeln, das einerseits auf ein gesellschaftliches Bedürfnis gerichtet ist, das aber andererseits auch ihr eigenständiges Profil erkennbar werden lässt. Dieser Spannungszustand lässt sich nicht weiter reduzieren. Daher muss die zur Aufrechterhaltung nötige Toleranz aufgebracht und institutionell abgesichert werden.

[1] Vgl. Der Spiegel, Nr.15/1999: Wo was studieren?

[2] Greca,R., Lernen lernen – eine Herausforderung für die Schule als soziale Organisation, in: Lemnitzer,K. und Wiater,W., (Hrsg.) Die Entwicklung einer Lehr- und Lernkultur erfordert eine kompetente Lehrkraft, Seelze-Velber 2001, S.42.

[3] Vgl.: Scott,W.R. und Meyer, J. W., Institutional Environments and Organizations: Structural Complexity and Individualism, Thousand Oaks, CA, 1994.

[4] Cohen,M.D./March,J.G./Olsen,J.P., A Garbage Can Model of Organizational Choice, in: Administrative Science Quarterly, 17, pp.1-25, 1972.

[5] Luhmann,N., Funktion der Religion, Frankfurt a.M. 1977.

[6] Vgl.: Lawson, Th.E., McCauley ,R.N., Rethinking Religion. Connecting Religion and Culture, Cambridge Univ. Press 1990.

[7] Scott, W.R., Institutions and Organizations, Thousand Oaks/London/New Delhi., 1995.

Rainer Felix und Wolfgang Rump

Gibt es eine katholische Mathematik?

Der Name „Mathematik" entstammt dem griechischen Wort μάθημα, was einfach „Wissenschaft" bedeutet. Die Mathematik war für die Griechen demnach die Wissenschaft schlechthin. Folglich könnte die Titelfrage auch lauten: „Gibt es eine katholische Wissenschaft?" Gewiß mag man jeder Wissenschaft einen religiösen Leitgedanken zuerkennen, indem man ihn in der Wahrheitssuche wahrnimmt; Wissenschaft ist ja primär Suche nach Wahrheit und damit auch Suche nach den Spuren Gottes in der Welt. Kann es aber, ja darf es überhaupt eine Wechselwirkung von wissenschaftlichen Erkenntnissen und religiösen Einsichten geben? Schließlich gewinnt die Wissenschaft ihre Erkenntnisse durch forschende Beobachtung und logische Schlüsse, während der Glaube in der Offenbarung gründet.

Nun kommt aber Universität von *universitas*, was „Gesamtheit" bedeutet, und katholisch von κατά (= über . . . hin) und ὅλος (= ganz), was dann in der Zusammensetzung „allgemein, überhaupt, umfassend" heißt. Universität ist demnach mehr als nur Wissenschaft und katholisch mehr als nur eine Konfession. (Letzteres schließt selbstverständlich nicht aus, daß Katholizität auch Bekenntnis verlangt.) Wenn es also schon keine katholische Wissenschaft gibt, so scheint doch die Idee einer *universitas catholica* durchaus denkbar, ja drängt sich aus der Etymologie der Begriffe vielleicht sogar auf.

Aus diesem Kontext kann man dann aber auch und gerade das Fach Mathematik keineswegs eliminieren. Gehört doch das Fach Mathematik, dem immerhin zwei, wenn nicht gar vier der *septem artes liberales* der mittelalterlichen Gelehrsamkeit zuzuordnen sind, an jede Universität, insbesondere an eine Katholische Universität.

Nachdem man die Idee einer Katholischen Universität befürwortet und die Existenz des Fachs Mathematik an einer Katholischen Universität grundsätzlich bejaht hat, muß man sich natürlich auch der konkreteren Frage stellen, inwieweit das Fach Mathematik der Idee einer Katholischen Universität dienlich sein kann. Beim Bemühen um eine Antwort kommt man nicht umhin, vorab die Kernfrage aufzurühren, worin denn eine Katholische Universität ihr *Proprium* gegenüber anderen Universitäten sieht.

Ein wünschenswertes *Proprium* bestünde gewiß in einer Weite des Geistes, die freilich mit Standpunktlosigkeit nichts zu tun hat, sondern sich vielmehr dadurch auszeichnet, daß sie über die Tagesbedürfnisse und kurzfristigen Ausbildungsziele hinausgeht und stets die gesamte Geistesgeschichte im Blick behält. Als Orientierung könnte die Universalität und die offene Denkweise der großen Geister der Wissenschafts- und Kulturgeschichte dienen. Neben den großen Gestalten der Antike wären hier Denker anzuführen wie Albertus Magnus, Dante Alighieri, Nikolaus Cusanus, René Descartes, Blaise Pascal, Gottfried Wilhelm Leibniz, Isaac Newton, Wilhelm von Humboldt, Werner Heisenberg und viele andere mehr. Mit „interdisziplinärer" Zusammenarbeit allein, wo ja doch nur zwei- oder dreistimmig gesungen und die den Einzelwissenschaften eigentümliche Begrenzung auf Teilaspekte letztlich nicht überwunden wird, hätten sie sich gewiß nicht zufrieden gegeben, weil ihr Blick stets „auf das Ganze" gerichtet war, um einen Ausdruck Josef Pieper's zu gebrauchen.

Im Grunde wird ja die Haltung, den Forschungsgegenstand immer in Beziehung zur Gesamtheit des Wirklichen zu sehen, durch den Namen „Universität" selbst schon eingefordert und bei einer Katholischen Universität durch das Attribut nochmals unterstrichen. Bei den Alten ging die Ausrichtung auf das Ganze teilweise so weit, daß – wie hinlänglich bekannt – Naturwissenschaftler das kirchliche Lehramt in theologischen Fragen und dessen Vertreter dann wiederum die Naturwissenschaft in deren Belangen glaubten schulmeistern zu müssen. Bei aller berechtigten Skepsis gegenüber solchen Vorgängen: Verdient dieses leidenschaftliche Ringen um des Ganzen willen nicht auch Bewunderung? – Wäre die Betonung einer Offenheit für das Ganze, die selbstverständlich auch theologische Gesichtspunkte miteinschließen kann und soll, nicht ein vorzügliches Kennzeichen einer Katholischen Universität?

Die Rolle der Mathematik

Wenn sich der Mathematiker in seine Wissenschaft vertieft, also ganz und gar im inneren Bereich der Mathematik verweilt, so ist er mit seinen Strukturen allein und vergißt Welt und Wirklichkeit und alles um sich herum. Vielleicht ahnt er in erleuchteten Momenten des Staunens etwas von der Gegenwart Gottes, der alles in allem ist[1] und in seiner Seinsfülle auch die ewig gültigen Sätze der Mathematik umgreift. Aber das Verhältnis von *fides* und *ratio* ist für die mathematische Gedankenwelt kein Thema; die Methode der Mathematik, der Beweis nämlich, der die mathematischen Sätze wie in keiner anderen Wissenschaft zu unbezweifelbaren und unanfechtbaren Wahrheiten erhebt, sie fußt ausschließlich auf der *ratio*, ungeachtet aller Phantasie und Intuition, die der Mathematiker ins Spiel bringen muß, wenn er Konzepte entwickeln und zu Beweisideen gelangen will.

Anders stellen sich die Dinge dar, wenn man den Blick von außen auf die Mathematik richtet, wenn man also die Spezifika der Mathematik im Vergleich mit anderen Wissenschaften betrachtet. Dabei ergeben sich vielleicht einige Aspekte, die für verschiedene Kulturerscheinungen, ja sogar für Glauben und Kirche von Interesse sein könnten.

Zunächst ist festzuhalten, daß die Mathematik von ihrer Natur her allen Weltanschauungen gegenüber neutral ist und somit keine Weltanschauung hervorbringen oder begünstigen könnte. Niemals würde sie sich die Rolle eines säkularen Religionsersatzes anmaßen. Sie erlaubt sich keine Kompetenzüberschreitungen, weiß genau um ihren engen Erkenntnisrahmen (und *a fortiori* um die Begrenztheit aller Wissenschaft), wird ihre Einsichten nicht als alleinigen Weg der Welterklärung postulieren und daher nicht dem Aberglauben von der Allmacht der Wissenschaft verfallen. Wegen der apriorischen Struktur der Mathematik gibt es im Grunde keine Verflechtungen zwischen Mathematik- und Religionsgeschichte[2], keine Parallelen oder Gegenläufigkeiten und damit – im Gegensatz zur Situation in den Naturwissenschaften – auch keine Konflikte.

Zur Einordnung in die kulturelle Welt muß die Mathematik – wie jede Wissenschaft – folgenden Anforderungen Genüge tun:

- Sie bewertet ihre Bedeutung für das Geistesleben.
- Sie studiert ihre Geschichte, um sich ihrer Entfaltung und ihrer Möglichkeiten bewußt zu werden.
- Sie verschafft sich über ihr Wesen Klarheit und legt über ihre Grundlagen Rechenschaft ab.

Natürlich kann dieses umfangreiche Programm im vorliegenden begrenzten Rahmen nicht einmal ansatzweise umschrieben werden. Es soll lediglich für jeden dieser drei Punkte ein Teilaspekt kurz angerissen und versucht werden, Impulse im Sinne unserer Thematik zu geben.

Über die Weite der Mathematik

Unabsehbar ist die (häufig verdeckte) Präsenz von Mathematik in nahezu sämtlichen Lebensbereichen, und jeder Versuch einer auch nur halbwegs erschöpfenden Aufzählung wäre ein hoffnungsloses Unterfangen. Im öffentlichen Bewußtsein scheint inzwischen – gewiß durch den Siegeszug des Computers mitausgelöst – ein Gefühl für die Reichweite der Mathematik aufzukeimen.
Leider artikuliert die Öffentlichkeit ihre wachsende Beachtung der Mathematik meist in Verbindung mit recht vordergründigem Zweckdenken, so daß die Mathematik einer immer lauter werdenden Forderung nach Ausrichtung auf Anwendung – was mit

Angewandter Mathematik keineswegs gleichzusetzen ist — ausgesetzt wird und die Gefahr einer verhängnisvollen Engführung aufkommt.

In einer Zeit, die den Profit zur Maxime erhebt, verblaßt das den Alten so selbstverständliche Faktum, daß mathematische Forschung von ihrem Wesen her auf Erkenntnis statt auf Nutzen angelegt ist (wobei sich dann auch der Nutzen der gewonnenen Erkenntnisse meist im nachhinein einstellt). Wenn es nun der Mathematik durch äußeren Druck erschwert wird, ihrem ureigenen Auftrag, die Strukturen zu ergründen, nachzukommen, werden auf die Dauer auch die Früchte, die man so gern von ihr erntet, schwinden. Die Konsequenz wäre eine Verödung des mathematischen Denkens, wie sie das westliche Abendland schon einmal für viele Jahrhunderte erfahren hat, als im Gefolge der Völkerwanderungen das gewaltige Erbe der griechischen Mathematik zerrann. — Droht nicht auch unserer traditionsfeindlichen Zeit eine geistige Verarmung durch Gedächtnisverlust? Wäre das Bestreben, einer solchen Gefahr entgegenzuwirken, nicht aller Ehren wert?

Über die Möglichkeiten der Mathematik

Ganz allgemein kommt die Mathematik genau dort zur Anwendung, wo Strukturen mittels exakter Begriffe, d. h. solcher Begriffe, deren Inhalt und Umfang exakt bestimmbar sind, erfaßt werden können.

So sind z. B. Mathematik und Physik aufs engste miteinander verflochten. Dabei ist die Physik methodisch ganz und gar auf die Mathematik angewiesen. Das Umgekehrte gilt zwar nicht; jedoch waren es immer wieder physikalische Probleme, die den Mathematikern Anlaß und Stoff für ihre eigenen Forschungen gaben und nicht selten zu überaus fruchtbaren Entwicklungen führten. Häufig haben die Mathematiker bei ihrer Auseinandersetzung mit diesen Problemen neue mathematische Theorien entwickelt, ohne selbstverständlich dabei von der Methode der Physik, dem Experiment, jemals Gebrauch zu machen.

Nun zeichnet sich die Mathematik dadurch aus, daß ihre Ergebnisse und Methoden von der Anschauung unabhängig sind. Daher ist sie in der Lage, auch solche Phänomene zu beschreiben, die einer anschaulichen Deutung nicht zugänglich sind. Dieser Vorzug der Mathematik hat sich gerade für die moderne Physik als außerodentlich wertvoll erwiesen. Manche Widersprüche, die dem der Sinnenwelt verhafteten Menschen unauflösbar erscheinen, heben sich schlagartig auf, wenn sie im Licht einer Wissenschaft begriffen werden, die der Anschauung nicht bedarf. So verliert z.B. die unserer Vorstellung widerstreitende Dualität des Lichts aus der Perspektive der Mathematik ihre Unvereinbarkeit.

Auch kann die Mathematik mit vier-, fünf- und sechsdimensionalen Räumen genauso souverän umgehen, wie mit dem dreidimensionalen Raum, in dem wir zu leben meinen. Unsere Vorstellung dagegen kommt über drei Dimensionen nicht hinaus; hier erfährt sie eine unüberschreitbare Schranke. – Gewährt uns die Mathematik hier nicht wenigstens die Ahnung, daß mehr Quellen im Untergrund sprudeln, daß Himmel und Erde größer sind, als was wir mit unserer naiven Wahrnehmung zu erfassen vermögen, daß unsere armseligen (vielfach auf Harmonisierung mit einer materialistischen Weltsicht angelegten) Deutereien nicht ausreichen, um die Höhe und Tiefe eines Kosmos auszuloten, der sich durch drei Dimensionen kaum umgreifen läßt?

Über die Grundlagenkrise

Wie die meisten Kulturerscheinungen erlebte auch die Mathematik im 20. Jahrhundert ihre Krise. Zu Beginn des Jahrhunderts hatte man mit formalistischer Gedankenakrobatik mißliche Antinomien und Paradoxien konstruiert, die das Gebäude der Mathematik zu erschüttern und seine Konsistenz in Frage zu stellen schienen. Die Mathematik, in der die Philosophen sowohl der Antike als auch der Neuzeit das Ideal aller gesicherten Erkenntnis sahen, fand sich plötzlich auf schwankendem Boden, sie, die sich wie auf Fels gegründet wähnte. Die Art und Weise jedoch, wie sich die Mathematik aus diesem Dilemma befreite und von neuem fest und sicher konstituierte, ohne dabei freilich schon zu einer endgültigen Lösung gelangt zu sein, sie darf fürwahr beispielhaft genannt werden.

Mitnichten erfolgte ein Umstoßen des in Jahrhunderten Erworbenen, mitnichten geschah – außer bei einigen intuitionistischen Konzepten, die sich nicht durchsetzen konnten – ein radikaler Umbau, noch entstand eine Neuerungssucht, die ja doch oft nur einer Verzagtheit vor der geistigen Übermacht der alten Meister entspringt. Vielmehr richtete die Mathematik ihren Blick auf ihre eigenen Fundamente, nämlich auf Axiomatik und Logik. Diese selbst lieferten die Substanz für eine Konsolidierung des beispiellosen Bauwerks Mathematik.

Daß die Bewältigung der Grundlagenkrise ohne Substanzverlust gelang, war allerdings weniger das Verdienst der Mathematiker, so als ob diese eine für Krisenüberwindungen besonders befähigte Menschenklasse bildeten, sondern kam aus der Sache selbst durch die der Mathematik innewohnende integrierende Kraft. – Wären nicht auch andere Kulturbereiche gut beraten, bei der Bemühung um die Bewältigung ihrer Krisen nicht so sehr auf die Aneignung externer Erkenntnisformen zu setzen, als vielmehr sich auf die eigenen Fundamente zu besinnen?

Fortschritt in der Mathematik

Ist in der Mathematik einmal ein Theorem erkannt und bewiesen, so gehört es ein für allemal zum Gut gesicherten Wissens und bleibt – weil bewiesen – für alle Zukunft unanfechtbar. Die Mathematik selbst verkörpert somit einen fulminanten Gegenbeweis gegen die populäre, aber nicht konsequent durchdachte These von der „Geschichtlichkeit der Wahrheit". Aufgrund der Ansammlung von Theorien und Resultaten befindet sich das Gedankengebäude der Mathematik in einem steten Wachstum. Aber auch durch Rückblick auf das schon Erreichte werden viele neue Zusammenhänge erkannt und manche Einsichten vertieft. Anwachsen des Wissens und klärender Überblick sind also die Früchte mathematischen Forschens; sie machen den Fortschritt der mathematischen Wissenschaft aus. Es ist ein quantitativer Fortschritt, der eine klare Zielrichtung kennt.

Dieser wohlbestimmte Begriff Fortschritt hat jedoch kaum etwas gemein mit der ziemlich vagen, aus dem Geist der Aufklärung geborenen, auf alle Kulturverläufe, ja manchmal auf die ganze Weltgeschichte angewandten gleichlautenden Vokabel, die heute allerorten zur Bewertung herangezogen wird. Die in diesem Sinne benutzte Vokabel, eigentlich mehr These als Begriff, suggeriert, daß dem *a priori* keineswegs zielgerichteten Vorgang, den Antike und Mittelalter als „Entwicklung" bezeichnet haben, *eo ipso* ein Aufstieg zu einem höherwertigen Zustand zu eigen ist.

Der unkritische Umgang mit dieser Vokabel stiftet vielfach Verwirrung. Es gibt nämlich Wissens- und Kulturgebiete, für deren Entwicklung der Fortschrittsbegriff der exakten Wissenschaften gar nicht sachgemäß ist, weil die Methoden unterschiedlich sind. Eine pauschale Unterstellung von Fortschritt im Sinne einer steten Entwicklung zu einem höherwertigen Zustand verführt dagegen zu der ungerechtfertigten Einstellung, die Koordinatensysteme des gegenwärtigen Zeitgeistes zu verabsolutieren und die Positionen früherer Zeiten zu verachten. – Die klar definierte Bedeutung des Begriffs Fortschritt in der Mathematik könnte mithelfen, die um diese Vokabel entstandenen Unklarheiten zu entwirren, und andere Bereiche anregen, sich zunächst über die Bedeutung dieses Begriffs Rechenschaft abzulegen, bevor sie diesen auf sich anwenden.

Nachwort

Zwar wissen wir heute in der Mathematik mehr als die Griechen damals, weil wir uns auch die Erkenntnisse späterer Zeiten aneignen konnten. Zwerge sehen weiter als Riesen, wenn sie nur auf deren Schultern stehen. „Mehr wissen" heißt jedoch noch nicht „tiefer erfassen". Verstehen wir heute den Strahlensatz tiefer als die Griechen? – Verstehen wir Heutigen die Frohbotschaft tiefer als die Apostel?

---

[1] 1 Kor 15,28.

[2] Die religiös geprägte Zahlenmystik wird hier kaum als Gegenargument gelten dürfen, weil es sich dabei nicht um Erscheinungsformen der Mathematik handelt. Und selbst die überschwengliche, mit religiöser Inbrunst vorgebrachte pythagoreische Philosophie „Alles ist Zahl" wurde weniger für die Mathematik, sondern eher für die Naturwissenschaften zum Programm. Selbst die Diskussion um das mechanistische Weltbild, das sich doch auf den Existenz- und Eindeutigkeitssatz für Differentialgleichungen stützt, war kein Fall für die Mathematik, sondern wurde hauptsächlich bestimmt durch die physikalischen Prämissen, unter denen jener mathematische Satz auf den Ablauf des Weltgeschehens angewendet wird, sowie durch die Behandlung des Begriffs „Determinismus" in der Philosophie.

Ein Blick ins „Geolabor"   *Foto: Studio Hetzer*

Bruno Hügel

Biologie an der KUE - "Na, dies muß halt auch sein"? Facetten aus dem Arbeitsbereich Biologiedidaktik an der Katholischen Universität Eichstätt

Als ich mich nach Antritt der Stelle Didaktik der Biologie an der Eichstätter Universität vor nunmehr anderthalb Jahrzehnten einem Professor der Theologie vorstellte und die Sprache auf das von mir vertretene Fach kam, kommentierte dies mein Gegenüber lapidar mit den Worten "Na, dies muß halt auch sein." Dieses Statement kennzeichnet den Stellenwert, den man den naturwissenschaftlichen Fächern zumaß, die lediglich im Rahmen der Lehrausbildung erforderlich sind. So fristeten die Naturwissenschaften, die Physik damals noch durch Kollegen Dr. Heilmann vertreten, ein Schattendasein. Es wurde gar gemunkelt, höheren Orts wäre man gar nicht so unglücklich darüber, wenn der Bereich Lehrerausbildung auf Sparflamme gesetzt bliebe, denn nur so könne man, weil in der Tradition einer "Pädagogischen Hochschule" stehend, endlich den "Stallgeruch einer Lehrerbildungsanstalt" loswerden. Unter diesem Eindruck erklärte ich mich bei den Anstellungsverhandlungen dazu bereit, mich im Falle eines weiteren Rückgangs der Lehrausbildung auch anderweitig, etwa im Bereich von Projekten der Geobotanik, zu engagieren.

Während des Wintersemesters 1985/86 waren zunächst knapp 40 Studierende für die Lehrämter an Grund- und Hauptschulen im Fach Biologie zu betreuen. Die Tatsache, daß nun neben dem Fach Physik auch Veranstaltungen in den Fächern Biologie und Chemie überschau- und planbar angeboten wurden, führte zu einem merklichen Aufschwung, so daß zu Beginn der 90er Jahre schließlich annähernd 350 Studierende Seminare und Vorlesungen in Biologiedidaktik belegten. Auch das Fach Chemiedidaktik hatte sich wegen des mittlerweile turnusmäßigen Veranstaltungsangebots stabilisiert. Parallel zu den Veranstaltungen für Lehramtsstudierende erfolgte durch den engagierten Einsatz von Praktikumsamtsleiter Dr. Helmut Mader eine alljährlich stattfindende enge Kontaktaufnahme mit den Praktikumslehrerinnen und -lehrern während zweitägiger Fortbildungsseminare in Pappenheim und auf Schloß Hirschberg. Dabei kamen aktuelle unterrichtsbedeutsame Themen zur Sprache, wie z.B. "Risiken der Kernenergienutzung", "Luftverunreinigungen und ihr Zusammenhang mit dem Waldsterben" oder im Bereich der Humanbiologie "Das menschliche Leben vor der Geburt" im Hinblick auf künstliche Befruchtung und Leihmutterschaft. Aber auch Kennübungen zur heimischen Pilzflora mit Pilzberater Markus Böhm aus Beilngries oder ein Seminar über den "Regenwurm als Baumeister fruchtbarer Böden" fanden großen Anklang. Da ich als ehemaliger Kreisvorsitzender des Bund Naturschutz Aschaffenburg mit Fragen des technischen Umweltschutzes vertraut war, hatte ich doch an zahlreichen Anhörungsverfahren teilgenommen, floß entsprechendes Sachwissen in diese Seminare. So blieb es nicht aus, daß politisch engagierte Praktikumslehrer beim Leiter des Praktikumsamts (noch vor dem Supergau von Tschernobyl) mokierten, die Seminare seien "grün" gefärbt.

Angesichts der zunehmenden Bedeutung biotechnologischer Verfahren, etwa durch künstliche Befruchtung menschlicher Eizellen im Reagenzglas seit etwa Mitte der achtziger Jahre, waren außeruniversitär in der Erwachsenenbildung Informationen zu dieser Thematik gefragt, die auch ethische Gesichtspunkte berücksichtigen sollten. So ergingen zahlreiche Einladungen zu Vorträgen und Diskussionsrunden, zum Beispiel während der Zeit der Wende 1990 zum Internationalen Dresdner Kongreß für Lebensrecht und Zukunft Europas über "Fortpflanzungstechnik und Würde des Menschen". Von großem Vorteil, sowohl was Informationsdichte als auch Hintergrundinformationen betrafen, war der glückliche Umstand, auf Einladung des EVP-Abgeordneten S.K.H. Otto von Habsburg an den Tagungen des Straßburger Gesprächskreises mit ihren Experten-Anhörungen über Embryonenhandel, Organtransplantation, Fortpflanzungsmedizin bzw. die Europäische Bioethikkonvention im Gebäude des Europaparlaments teilnehmen zu können.

Die didaktische Umsetzung einiger dieser Thematiken führte über die Erarbeitung von Unterrichtsmaterialien über das "Leben vor der Geburt" und über "Die Geburt", zu Handreichungen über "Künstliche Befruchtung - ein Ausweg bei Unfruchtbarkeit?" bis hin zu Publikationen in dem im Hännsler-Verlag erschienenen Handbuch "Empfängnisverhütung" über "Retortenzeugung und Embryonentransfer - ambivalente Manipulationen der künstlichen Fortpflanzungsbiologie", bzw. gemeinsam mit Professor Dr. Roland Süßmuth (Universität Stuttgart-Hohenheim) zur Frage: "Kommen hormonale Kontrazeptive als bedenkliche Umweltverschmutzer in Betracht?". Immer wieder bat seit 1989 die in Ingolstadt ansässige Internationale Christliche Rundfunkgesellschaft NEUES EUROPA um Stellungnahmen zu aktuellen Themen, wie zum Beispiel zu dem damals in Vorbereitung befindlichen Embryonenschutzgesetz, das in Übereinstimmung mit meinem Koreferenten, dem hessischen CDU-Landtagsabgeordneten Roland Rösler, schon damals als unzulänglich gekennzeichnet worden war. Die aktuelle Diskussion um die Frage der ethischen Vertretbarkeit der Klonierung menschlicher Wesen, um die Praeimplantationsdiagnostik oder die Gewinnung embryonaler Stammzellen zeigen im Nachhinein, daß im Widerstreit von Markt und Ethik, letztere zugunsten eines immer weiter um sich greifenden Utilitarismus auf der Strecke geblieben ist. Symptomatisch dafür war der kürzlich tatsächlich ins Auge gefaßte Import menschlicher Embryonen aus Israel, um so die durch das Embryonenschutzgesetz in Deutschland unter Strafe gestellte Erzeugung von Embryonen für Forschungszwecke umgehen zu können.

Zahlreiche weitere interdisziplinäre Bezüge meines Fachgebietes beinhalten an einer weltanschaulich an den Leitlinien des christlichen Menschenbildes orientierten Universität durchaus einige Brisanz. Gut erinnerlich ist mir noch eine Vorlesung zum Thema "Möglichkeiten und Entwicklungen der Reproduktionsmedizin beim Menschen". Im Anschluß daran kam ein nicht geplantes spontanes Seminar zustande, das die Dauer der zweistündigen Vorlesung übertraf. Bei solchen Gelegenheiten kann verdeutlicht werden, daß theologische Reflexionen technischen Fortschritt nicht a priori verneinen, dieser jedoch dann an Grenzen stößt, wenn die menschliche Würde tangiert wird. Bei der Frage nach der ethischen Beurteilung der Retortenzeugung etwa verweise ich interessierte Studierende auf die Instruktion "Donum vitae" der Kongregation für die Glaubenslehre über die "Achtung vor dem beginnenden menschlichen Leben und die Würde der Fortpflanzung".

Der Fachdidaktiker hat zunächst fachbiologische Sachverhalte zu klären und für den Unterricht aufzuarbeiten, darüber hinaus aber auch Hinweise auf Unterrichtsmaterialien zu geben, die in den wertevermittelnden Fächern Religionslehre oder Ethik dienlich sein können, zumal die Richtlinien für die Familien-und Sexualerziehung in den bayerischen Schulen die Biologielehrer zu einer engen Zusammenarbeit mit anderen Fachlehrern verpflichtet. Ein Beitrag meines Kollegen Prof. Dr. Wolfgang Kuhn (†), Universität des Saarlandes, zur Geschlechtserziehung stellt beispielsweise eine gerne von den Studierenden in Anspruch genommene Handreichung dar, die als Skriptum zur Verfügung steht. Zur künstlichen Reproduktionsbiologie steht der Text eines Interviews über Fragen zu "Retortenzeugung und Embryotransfer" aus der Zeitschrift "Christ und Zukunft" bzw. das Videoband mit der Aufzeichnung dieser Befragung anlässlich einer Fernsehsendung als Arbeitsmittel zur Verfügung. Dabei wurde während einer Tagung der "Sendener Lebensrechtstage" von einem Journalisten die Frage gestellt, inwieweit sich das Faktum der Reagenzglaserzeugung menschlichen Lebens und der anschließend erfolgende Embryotransfer in die Gebärmutter von Frauen auf das heutige Menschenbild auswirke. Ich stellte die Frage andersherum: "Aufgrund welchen Menschenbildes war es möglich, daß es zu Entwicklungen kam, welche zur biotechnologischen Zeugung von Menschen durch In-vitro-Fertilisation und Embryotransfer geführt haben?" und antwortete sinngemäß, daß meines Erachtens das Menschenbild, welches den ideologischen Hintergrund des Machbarkeitsstrebens bildet, in einer auf biochemische und biophysikalische Lebensphänomene sich einengenden Sichtweise begründet liegt, die jegliche metaphysische Betrachtungsweise ausklammere. Dies öffne das Tor für Nützlichkeitserwägungen aller Art: von der mit vorgeburtlichen Diagnosen einhergehenden Selektionen ungeborener Menschen ausgehend, konsequenterweise hin zur Euthanasie gebrechlich gewordener Menschen.

Freilich sieht man sich unversehens harscher Kritik ausgesetzt, sobald die Presse über einen öffentlich gehaltenen Vortrag komplizierte Sachverhalte verkürzend oder mißverständlich darstellt. So geschehen bei der Berichterstattung über meinen Vortrag "Retortenzeugung des Menschen - Fragen an Wissenschaft und Kirche" bei der Dompfarrei Eichstätt im November 1997. Mit der Schlagzeile "Dämme längst gebrochen" berichtete der Eichstätter Kurier über die Ausführungen zu den heutigen Möglichkeiten künstlicher Befruchtung beim Menschen und die in diesem Zusammenhang von kirchlicher Seite in der Instruktion "Donum vitae" gemachten Aussagen zu ethischen Fragen.

Der ärztliche Direktor an einer Frauenklinik in München und Vorstandsmitglied der Deutschen Gesellschaft für Reproduktionsmedizin kritisierte daraufhin die Berichterstattung schärfstens. Seiner Meinung nach seien "ganz offensichtlich weder Referent noch der Berichterstatter über die fundamentalen Zusammenhänge auf diesem Gebiet informiert". In einem solchen Falle gilt es, sämtliche Unterlagen und Zitate bereit zu halten, welche Grundlagen des Seminars waren, oder besser noch, eine Tonbandaufzeichnung des Vortrags vorlegen zu können, um Mißverständnisse oder Unterstellungen auszuräumen oder zu entkräften. Für die Auseinandersetzung in Seminaren zur Unterrichtsvorbereitung zu Fragen der Familien- und Sexualerziehung mit Studierenden erweist sich die erwähnte Stellungnahme des Reproduktionsmediziners, auch was die dort vorgebrachten Polemiken zum Standpunkt der Katholischen Kirche als "Zündstoff" für Diskussionen betrifft, jedoch als äußert anregend.
Als nicht minder "heiße Eisen" im Fach Biologiedidaktik, die fachübergreifend auf Interesse stoßen, seien als Stichpunkte genannt: "Wann definitiv beginnt menschliches Leben?: Mit der Befruchtung der Eizelle oder mit der Einnistung des frühen Embryos in die Gebärmutterschleimhaut?", "Stimmt es, daß bestimmte Kontrazeptiva frühabtreibende Wirkung besitzen?", "Können Sie mir Literatur über Nebenwirkungen der "Pille" nennen?" Im Zusammenhang mit dem Thema Organspende: "Bedeuted "Hirntod" tatsächlich den definitiven Tod des Menschen oder werden einem noch lebenden Körper Organe entnommen?" Oder jüngst zum sogenannten Lebenspartnerschaftsgesetz: "Was sagt die Genetik, was sagt die Ethologie über die Disposition zur Homosexualität?" "Was sind echte, was sind falsche Zwitter?" Das schier ins Unermeßliche sich ausweitende Umfeld der Fortpflanzungsmedizin beim Menschen, über IVF (In-vitro-Fertilisation), ET (Embryotransfer) und Leihmutterschaft hinaus in Richtung PID (Praeimplantationsdiagnostik), und die Diskussion um die medizinische Nutzung von Stammzellen, birgt eine Fülle neuer Fragen in sich: "Was sind embryonale bzw. adulte Stammzellen?" "Wie steht es um die Chancen erfolgreicher Gentherapie?" "Wird es den Menschen nach Maß einmal geben?" Fragen über die Fragen also, die, möchte man sich für ihre Beantwortung auch nur ansatz-

weise auf dem Laufenden halten, kaum mehr zu bewältigen sind, selbst wenn genügend Zeit zum Studium einschlägiger Fachliteratur gegeben wäre. Als Notbehelf dient u.a. das Anlegen eines Fachartikel-Archivs, der Besuch von Fortbildungsveranstaltungen, die Informationsbeschaffung über das Internet. Für die differenzierte Betrachtung fachübergreifender Fragestellungen ist es hilfreich, wenn der Didaktiker auf Publikationen von Fachleuten verweisen kann, zumal wenn Veröffentlichungen der eigenen Universität greifbar sind. Dazu sei nur als Beispiel die Antrittsvorlesung "Pränatale Diagnostik auf dem Prüfstand der Ethik" von Professor Dr. Bernhard Sill genannt, die im Rahmen der "Eichstätter Antrittsvorlesungen" von der Katholischen Universität Eichstätt herausgegeben wurde.

Wie bereits ausgeführt, zählt es zu den Aufgaben der Didaktik, Bezüge zu anderen Fächern nicht aus dem Blickwinkel zu verlieren, sie aufzuzeigen und mit entsprechenden Hinweisen zu belegen. Als Beispiel hierzu sei das großes Erstaunen erwähnt, das der Hinweis und die Beschäftigung mit den Recherchen des Schriftstellers Jobst Paul in der Broschüre "Im Netz der Bioethik" hervorrief. Dabei wurde den Seminarteilnehmern klar, wie unter dem Deckmantel von Ethikkommissionen international die letzten Bastionen gegen eine gentechnische und medizinische Vermarktung des Menschen geschleift worden sind und sich ein unüberschaubar gewordenes Netz von Institutionen formiert hat, das weitgehend unbeachtet an den Parlamenten vorbei ein neues Menschenbild kreïert hat, das utilitaristisch ausgerichtet zwischen nützlich und unnutz differenziert und somit elementare Menschenrechte in Frage stellt. Die im Frühsommer 2001 angelaufene Diskussion - es sei nur an die kontroversen Standpunkte etwa von Bundespräsident Johannes Rau und dem Präsidenten der Max-Planck-Gesellschaft, Professor Hubert Markl, über die Nutzung menschlicher Stammzellen erinnert - verdeutlicht das Spannungsfeld in welches sich die Biologiedidaktik als Wissenschaft vom Lehren und Lernen hineingezogen sieht, zumal sie unter der Vorgabe von Unterrichtszielen der Lehrpläne an der Auswahl von Fachinhalten beteiligt ist.

Zur Debatte um die Embryonenforschung ist der Hinweis auf das Wort der Deutschen Bischöfe zu Fragen der Gentechnik und Biomedizin, das im Anschluß an die Frühjahrsvollversammlung 2001 veröffentlicht worden ist, eine nützliche Handreichung. Diese führt zur Anwendung der Praeimplantationstechnik eindeutig aus, daß diese "nur dann als sinnvoll einzuschätzen (ist), wenn dadurch frühzeitig schwere Erkrankungen erkannt, ihnen vorgebeugt und diese behandelt werden können." Sehr deutlich nimmt der Magnus Cancellarius unserer Katholischen Universität, Bischof Dr. Walter Mixa, in einem Beitrag für die Frankfurter Allgemeine Zeitung (3.3.2001) gegen die dezidiert antichristliche Utilitarismus-Ethik des Mainzer Rechtsphilosophen Norbert Hoerster Stellung, wobei die didaktische Aufarbeitung der komplexen Sachverhalte und ihrer ethischen Bewertung im Rahmen der Ausbildung künftiger Lehrerinnen und Lehrer dadurch vereinfacht wird, daß beide Diskutanten, Hoerster wie Mixa, mit deutlichen Begriffen umgehen, ganz "im Unterschied zu dem Euphemismen, unter denen die biopolitische Debatte in Deutschland leidet" (FAZ 3.3.2001). - Sich auf die Suche nach einem geeigneten unterrichtlichen Einstieg in diese Thematik zu begeben, ist wiederum Aufgabe der Didaktik. Ein beindruckendes und damit motivierendes "Lehrmittel" fand sich schließlich in "Die Welt" vom 30.05.2001 in Gestalt eines Leserbriefs. Dort artikulierte sich ein 14-jähriges Mädchen, das unter der Erbkrankheit Mukoviszidose leidet. Die Betroffene schreibt u.a.: "Wenn dieses Verfahren (gemeint ist die Praeimplantationsdiagnostik) schon vor 15 Jahren existiert hätte, wäre ich unter Umständen gar nicht existent". Unter lernpsychologischem Gesichtspunkt geeignet erscheinend, um auf die problematische Fragestellung der Diagnostik früher Embryonalstadien heranzuführen, wandert dieser Leserbrief mit der einprägsamen Schlagzeile "Mit PID gäbe es mich gar nicht", in das Zeitungsausschnitts-Archiv für das Seminar "Didaktische Vorbereitung der Unterrichtsgestaltung".

Eine ganz andere Facette aus dem Tätigkeitsbereich der Biologiedidaktik stellt die Zusammenarbeit mit der slowakischen Partneruniversität der Eichstätter Universität in Trnava dar. Seit 1995 wurde der Kooperationsvertrag durch eine Reihe gegenseitiger Begegnungen von Studierenden und Dozenten mit Leben erfüllt. Dies wäre ohne das rührige Wesen und die enorme Artenkenntnis meines Kollegen Dr. Ernst J. Krach undenkbar. Schwerpunktmäßig wurde dabei Freilandbiologie betrieben, wobei neben der Flora besonders die Libellenfauna des Tyrnauer Feldes im Vordergrund stand. Dabei wurden insgesamt 65 Feuchtbiotope wiederholt aufgesucht und Artenvielfalt wie Artendichte der verschiedenen Libellenarten bestimmt bzw. abgeschätzt und die Ergebnisse protokolliert. Bei diesem aktiven Erwerb von Artenkenntnissen ist vor allem der Vergleich von Flora und Fauna zwischen Altmühlalb und Kleinen Karpathen reizvoll und vertieft dabei den für einen verlebendigenden Biologieunterricht notwendigen Grundstock an Artenkenntnissen bei den Auszubildenden. Es bestehen Überlegungen, diese Exkursionen im Rahmen eines Geländepraktikums zu organisieren, an dem sowohl Studierende aus der 1. und der 2. Ausbildungsphase gemeinsam mit Junglehrern teilnehmen.

Neben der abwechslungsreichen Freilandbiologie ist jahrein jahraus das Rahmenprogramm der Studienordnung für das Fach Biologiedidaktik anzubieten. Großen Anklang findet die mit überwiegender Eigentätigkeit der Studierenden verbundene Veranstaltung "Arbeitsweisen und Fachmethoden für den Biologieunterricht". Aus den praktischen Erfahrungen dieses Seminars heraus entstand in Zusammenarbeit mit Kollegin Dr. Heide Theiß, die mit Schülerinnen und Schülern eines Gymnasiums die Umsetzbarkeit der Versuche erprobte, das biologische Arbeitsbuch: "Experimente zur Entwicklungsbiologie der Pflanzen", das mit finanzieller Unterstützung durch die

Maximilian-Bickhoff-Universitätsstiftung in Druck gehen konnte. Freilich erstreckte sich der Werdegang dieses Bandes über einen Zeitraum von mehreren Jahren. Einer der Gründe dafür liegt darin, daß die Möglichkeit zu forschender Tätigkeit für die in der Studienratslaufbahn an Universitäten tätigen Didaktiker an bayerischen Universitäten keine Dienstaufgabe darstellt, sondern nebenbei erfolgen muß. Umso befremdlicher erscheint es angesichts der vielfältigen Aufgaben, die erfolgreich betriebene Didaktik einfordert, aber auch angesichts des Abbaus und der Rückstufung von Didaktikstellen an den bayerischen Universitäten, wenn im Beschluß des Bayerischen Landtags zur "Reform der Lehrerbildung in Bayern" vom 14. März 2001 konstatiert wird, fachdidaktische Forschung scheine bisher eher zufällig und es solle vermehrt Unterrichtsforschung betrieben und in der Lehre berücksichtigt werden. Gemäß diesem Landtagspapier *"nimmt die Fachdidaktik eine Scharnierfunktion ein zwischen den für die Lehrerbildung relevanten Wissenschaftsdisziplinen und der Schule als gesellschaftlicher Institution."* Die fachdidaktische Lehre hat demnach die *"Aufgabe, die Ziele des Fachunterrichts zu klären, in Kooperation mit den Fachwissenschaften an der kritischen Sichtung bildungsrelevanter Inhalte teilzunehmen und zu erarbeiten, welche fachspezifischen Kompetenzen Schüler in den verschiedenen Schularten und Altersstufen auf inhaltlichem, aber auch sozialem, kommunikativem, manuellem, emotionalem Gebiet entwickeln sollen."* Darüber hinausgehend fordert der Beschluß des Bayerischen Landtags: *"Die fachdidaktische Lehre hat darüber hinaus die Aufgabe, personal und gesellschaftlich relevante Lernfelder zu erschließen und zu vernetzen, gerade wenn sie gegenwärtig von Fachwissenschaften vernachlässigt werden."* Um diese anspruchsvollen Erwartungen des Hohen Hauses in der Lehrerausbildung auch nur ansatzweise erfüllen zu können, wären erhebliche personelle und finanzielle Aufstockungen notwendig, was angesichts der herrschenden Finanzmisere unrealistisch ist. Angesichts der oft bescheidenen Ressourcen der Fachdidaktiken erfordern Planung und Durchführung fachdidaktischen Unterrichts permanente Flexibilität. Dies bedeutet, über das eigene Angebot fachwissenschaftlicher wie fachdidaktischer Vorlesungen und Seminare hinausgehend, erfahrene Kolleginnen und Kollegen aus der Praxis für die Erarbeitung schülererprobter Unterrichtsvorbereitung als Lehrbeauftragte zu gewinnen, dies heißt, den mit den Studierenden vorbereiteten Unterricht in den Praktikumsklassen zu hospitieren und anschließend gemeinsam zu reflektieren. Der Erwerb fundierter fachwissenschaftlicher Kenntnisse und Fertigkeiten ist neben der Fachdidaktik unabdingbare Voraussetzung für eine erfolgreiche Lehrertätigkeit. Dies gilt gleichermaßen für das Abfassen einer Schriftlichen Hausarbeit als Zulassungsvoraussetzung zum 1. Staatsexamen. Immer wieder wurden und werden deshalb Fachleute in Seminare eingeladen, haben Ärztinnen des Gesundheitsamtes Themen wie AIDS, Tollwut bzw. Gefährdungen durch Zeckenbisse angesprochen, Forstleute zum Fragenkomplex "Waldsterben" bei Waldbegehungen Auskunft erteilt und die

Symptome der neuartigen Waldschäden vor Ort demonstriert, hat ein Sozialarbeiter zur Situation der Drogenszene in Stadt und Landkreis Eichstätt Betroffenheit erzeugt.

Durch Vernetzung mit Angeboten anderer Didaktiken erwuchs eine auf Dauer angelegte Zusammenarbeit. Als eines von vielen Beispielen sei das Schulgartenprojekt genannt, das vor Jahren mit dem Fach Geographiedidaktik ins Dasein gerufen wurde. Die Didaktikfächer Physik, Chemie, Biologie und Arbeitslehre führen fachübergreifend Informationsfahrten zum Thema "Techniken der Energieumwandlung und der Energieeinsparung" durch. Fächerverbindend wurden ausgewählte Themen zum 1997 neu eingeführten Verbundfach Physik/Chemie/Biologie behandelt. Es ließen sich noch zahlreiche weitere Gemeinschaftsveranstaltungen aufzählen, an denen die so genannten "kleinen Fächer" Biologie, Chemie, Physik und Arbeitslehre beteiligt sind. Sie vermögen somit auf mannigfaltige Art und Weise Impulse innerhalb des Gesamtrahmens der Lehrerausbildung zu setzen. Es wäre deshalb meiner Meinung nach kurzsichtig und kontraproduktiv, wenn wie im Beschluß des Bayerischen Landtags zur "Reform der Lehrerausbildung in Bayern" in Erwägung gebracht wird, *"ob es unter Qualitätsgesichtspunkten nicht sinnvoller (sei), die Zahl der Hochschulen, die diese Fächer anbieten, zu verringern, um Kapazitäten bzw. Studenten zusammenführen zu können"*. Als Argument für eine solche Maßnahme wird angeführt, daß damit eine Stärkung des inneruniversitären Gewichts dieser Lehramtsstudiengänge verbunden sei.

Bilanziert man das erfolgreiche Zusammenwirken der Didaktiken an der Katholischen Universität Eichstätt während der letzten Jahre, besonders was die Aktivitäten der gemeinsamen Kommission für Didaktik betrifft, finden sich diese in eindrucksvollen Beiträgen in der Sammelschrift "Für eine Schule der Zukunft" dokumentiert. Die hier zu Wort kommenden Hochschullehrer legen überzeugend dar, warum Lehrerbildung ohne professionell betriebene Fachdidaktik nicht gelingen kann.

Nicolai Scherle

Religionsgeographie: eine Disziplin im Dienste von Religion und Raum

Einleitung

In weiten Gebieten der Erde bestimmt auch heute noch die Religion maßgeblich das Leben der Menschen. Religion ist ein universales Phänomen, das in allen Kulturen anzutreffen ist. Religionen sind Orientierungssysteme bzw. Geisteshaltungen, in die der Mensch eingebunden ist und die er selbst aufgebaut bzw. strukturiert hat. Mit ihrer Hilfe sucht er geistige respektive physische Harmonie mit dem Universum zu erreichen, seine Existenz zu erklären sowie sein Leben danach auszurichten.[1]

Auf den ersten Blick scheint Religion von den Forschungsanliegen der Raumwissenschaft Geographie weit abzuliegen, obgleich sich schon unter allgemeinen Aspekten an verschiedenen Erscheinungen aufzeigen läßt, wie Religionen Kulturräume beeinflussen. Man denke in diesem Zusammenhang, um nur ein Beispiel zu nennen, an die durch Religion bedingte Siedlungsentwicklung. So entstanden unzählige Siedlungen um ein räumlich fixiertes Heiligtum, und auch in heutiger Zeit prägen vielfach Kultstätten noch in markanter Art und Weise das Landschaftsbild.

Religionen und ihre Raumbeziehungen sind nahezu täglich in irgendeiner Form in regionalen wie internationalen Nachrichten präsent. Zahlreiche Phänomene des kulturellen, wirtschaftlichen und politischen Lebens sowie in zunehmendem Maße globale Probleme, etwa Migration und Minderheitenfragen, sind ohne die Einbeziehung des Faktors „Religion" kaum zu verstehen.[2] Nichtsdestotrotz wird der Raumwirksamkeit von Religionen innerhalb der geographischen Forschung nach wie vor eine vergleichsweise geringe Aufmerksamkeit eingeräumt, auch wenn Religionsgeographie einen ausgewiesenen Forschungszweig der Kulturgeographie bildet.

Die nachfolgenden Ausführungen sollen einige ausgewählte Einblicke in die facettenreiche Forschungsdisziplin Religionsgeographie gewähren. Das erste Kapitel macht mit der Terminologie vertraut und stellt die Einordnung der Religionsgeographie in das Gesamtgebäude der Geographie vor. Anschließend widmet sich ein eigenes Kapitel Entstehung, Entwicklung und gegenwärtigem Forschungsstand der Religionsgeographie. Das dritte Kapitel skizziert in einem kurzen Überblick Räume im Spannungsfeld religiöser Konflikte, ein Aspekt, der in den letzten Jahren zunehmend an Brisanz gewonnen hat. Ein abschließendes Kapitel stellt die Raumwirksamkeit von Religion am Beispiel europäischer und orientalischer Stadtstrukturen vor.

1. Zur Terminologie und Einordnung der Religionsgeographie in das Gesamtgebäude der Geographie

Einer Definition des Geographen Zimpel zufolge verkörpert Religionsgeographie *„die Lehre von der religiösen, speziell kultreligiösen Überprägung der Kulturlandschaft und deren Ergebnisse in den Lebensräumen des Menschen. Religionsgeographie erfaßt und beschreibt zunächst die unmittelbaren äußeren Zeichen der Religionen und deutet die Kultlandschaften mit ihren Kultstätten, Kultbauten und Kultsymbolen im weitesten Sinne. Darüber hinaus sucht sie auch alle anderen kultreligiösen Einflüsse zu erkennen, zu beschreiben und zu erklären, vor allem auch jene mittelbar auftretenden Einflüsse, die erst durch das innersoziale Wirkungsgefüge der Religionsgemeinschaften in die Kulturlandschaft hineingetragen werden.“*[3]
Religionsgeographie stellt eine Teildisziplin der Kultur- bzw. Anthropogeographie dar, die neben der Physiogeographie die klassische Säule der Allgemeinen Geographie bildet. Die drei zentralen Aufgabenbereiche der Religionsgeographie, die Hettner, einer der berühmtesten deutschen Geographen des 20. Jahrhunderts, als den „schwersten und heikelsten Teil geographischer Betrachtung“ bezeichnete[4], bilden die Verbreitungslehre, die Umweltabhängigkeitslehre und die Umweltgestaltungslehre (Geofaktorenlehre). Setzt sich die Verbreitungslehre mit der räumlichen Verbreitung von Religionen auseinander, so untersucht die Umweltabhängigkeitslehre die Dependenz von Religionen von ihrem physisch- bzw. anthropogeographischen Milieu. Die Umweltgestaltungslehre als wichtigster Aufgabenbereich innerhalb der Religionsgeographie rückt die räumlichen Erscheinungs- und Wirkformen von Religionen in den Mittelpunkt ihres Erkenntnisinteresses.[5]
Die interdisziplinäre – zwischen Geographie und Religionswissenschaft stehende – Auffassung von Religionsgeographie ist durch gegenseitige Beeinflussungen von Religion und Raum gekennzeichnet. In diesem Kontext verläuft zwischen Religion und Raum (natürliche, kulturelle und soziale Umwelt) ein dialektischer Prozeß, wobei zwischen der Religionsebene (Ebene der religiös geprägten Geisteshaltung) und der Indikatorebene (Ebene der physiognomischen, greifbaren, vom Religionskörper geschaffenen Indikatoren inklusive der natürlichen Umwelt) eine Sozialebene geschaltet ist, in welcher der Religionskörper, sprich die Religionsgruppe, angesiedelt ist.[6]

2. Entstehung, Entwicklung und gegenwärtiger Forschungsstand der Religionsgeographie

Die wissenschaftliche Auseinandersetzung mit religionsgeographischen Fragen weist eine lange Tradition auf und reicht bis in die Antike zurück. Einen chronologischen Überblick über die historisch-genetische Entwicklung der religionsgeographischen Forschung und das Religion/Umwelt-System bietet nachfolgende Übersicht:

Tab. 1: Überblick über die Entwicklung religionsgeographischer Forschungsrichtungen und das Religion/Umwelt-System

Religion/ Umweltbeziehung	Forschungsrichtung/-schule	Zeitperiode/Vertreter
Religiöse bzw. 'Christliche' Geographie	• Religiöse Geographie	Antike
	• Kirchlich-theologische Ausrichtung • Biblische Geographie • Physiotheologische Schule	Mittelalter, frühe Neuzeit 16./17. Jh. 18./19. Jh.
R←U	• Geodeterministische Schule (Religionsprägungslehre)	19./20. Jh. Semple, Huntington
	• Religionsökologische Schule	1966: Hultkrantz
R→U	• Umweltprägungslehre	seit den 20er Jahren des 20. Jh. Fickeler, Troll, Deffontaines u.a.
	• Sozialgeographische Schule	ab 1930: Frankreich ab 1950: Deutschland
R↔U	• Interdisziplinäre Religions-geographie	ab 1960: Fickeler, Sopher, Büttner, Levine
G↔U R↔U ID↔U	• Geographie der Geisteshal-tung: (Religionsgeographie und Ideologiegeographie)	ab 1980: Büttner, Galluser, Leitner, Holzner

Quelle: Rinschede 1999, S. 24.

Es würde den Rahmen eines einführenden Aufsatzes sprengen, wollte man die Entwicklung religionsgeographischer Forschung in extenso nachzeichnen. Deshalb müssen sich die nachfolgenden Ausführungen auf einige wenige zentrale Entwicklungslinien beschränken.

Wie bereits angedeutet, lassen sich Ansätze religionsgeographischen Denkens bis in die Antike verfolgen. So sah etwa der ionische Naturphilosoph und Kartograph Anaximander (611-547 v. Chr.) in der räumlichen Ordnung der Welt eine Manifestation religiöser Prinzipien. Einer der bedeutendsten Lehrsätze dieser 'religiösen Geographie' stellte die Beziehung zwischen himmlischen Ereignissen und Strukturen einerseits und denen der irdischen Welt andererseits dar.[7] Zudem äußerten sich zahlreiche antike Historiker über die Verbreitung religiöser Strukturen im Raum, beispielsweise hinsichtlich der Lage von Pilger- und Andachtsstätten.

Im Mittelalter respektive in der frühen Neuzeit beschäftigte man sich im Rahmen einer kirchlich-theologischen Ausrichtung der Religionsgeographie insbesondere mit Fragen der Ausbreitung des Christentums, wobei die in diesem Zusammenhang beigesteuerten Impulse nicht zuletzt auf christlich-missionarischen und kolonialen Interessen basierten. Eine charakteristische Ausprägung dieser Zeit stellt der schwunghafte Anstieg von Missionsliteratur dar, in der – häufig auf sehr einseitige Art und Weise – die Vorzüge christlich-abendländischer Kultur dargelegt wurden.

Wichtige Impulse auf die religionsgeographische Forschung übte Max Weber mit seinem zu Beginn des 20. Jahrhunderts erschienenen Werk *Die protestantische Ethik und der Geist des Kapitalismus* aus, in welchem er die Einwirkung von Religionen auf die Sozial- und Wirtschaftsstruktur untersuchte.[8] Das Werk Webers hatte einen nicht zu unterschätzenden Einfluß auf die Vertreter der Umweltprägungslehre, die die religiös inspirierte anthropogene Veränderung des Raums in den Mittelpunkt der Religionsgeographie rückte. Die Verfechter der Umweltprägungslehre, etwa Fickeler, Troll und Schwind, dominierten die religionsgeographische Forschung insbesondere in der Zeit nach dem Zweiten Weltkrieg.

Seit den letzten beiden Jahrzehnten zeichnet sich eine Tendenz ab, die Religionsgeographie als eine interdisziplinäre Wissenschaft zu betreiben, die die Reziprozität zwischen Umwelt- und Religionsprägung hervorhebt.[9] Ein entscheidender Schritt zur Intensivierung des interdisziplinären Dialogs innerhalb der Religionsgeographie stellt die Etablierung der Schriftenreihe *Geographia Religionum* dar, deren Herausgebergremium neben Geographen auch einen Religionswissenschaftler und einen Theologen umfaßt.

3. Räume im Spannungsfeld religiöser Konflikte

„Im Kalten Krieg war für den Westen sein Widersacher 'der gottlose Kommunismus', im Kampf der Kulturen nach dem Kalten Krieg ist für Muslime ihr Widersacher 'der gottlose Westen'. Dieses Bild vom arroganten, materialistischen, repressiven, brutalen und dekadenten Westen haben nicht nur fundamentalistische Imams, sondern auch Menschen, in denen viele Westler ihre natürlichen Verbündeten und Anhänger erblicken würden."[10] Huntington rückt – anstelle einer ideologischen Dimension, die in Zeiten des Kalten Krieges jahrzehntelang die Denkmuster der Menschheit bestimmt hat – die kulturelle Dimension mit ihrem religiösen Hintergrund, den kulturspezifischen Wertnormen und den entsprechenden Verhaltensstilen in den Mittelpunkt eines Erklärungsansatzes, der sich mit räumlichen Konflikten beschäftigt. Seine berühmten Thesen, die in dem Motto *the West versus the Rest* ihren plakativen Höhepunkt finden, werden nicht von ungefähr immer dann besonders gerne rezipiert, wenn wieder einmal ein Anschlag auf das Konto muslimischer Glaubensanhänger zurückgeführt wird. In diesem Zusammenhang sei an den Terroranschlag auf das New Yorker *World Trade Center* im September 2001 erinnert, bei dem kaum ein Medium nicht in irgendeiner Form Bezug auf den amerikanischen Politologen nahm. Sicherlich kann Religion ein zentraler Faktor im Kontext von Konflikten sein, jedoch spielen auch andere Faktoren, die beispielsweise eine politische, ökonomische oder ethnische Dimension aufweisen, eine wichtige Rolle. Nichtsdestotrotz zählen – insbesondere aus historischer Perspektive – Konflikte zwischen unterschiedlichen Religionen zu den häufigsten Ursachen von Kriegen. In so manchem Kulturraum existiert zudem die Vorstellung eines gerechten Krieges (*bellum iustum*). Zwei signifikante Beispiele im Sinne eines gerechten Krieges verkörpern die Kreuzzüge, die – zumindest in ihrer Frühphase – die Heiligen Stätten wieder in christlichen Besitz bringen sollten, oder die Idee des Heiligen Krieges, die den Muslimen ihre – mitunter gewaltsame – Glaubensverbreitung ermöglichte. Die nachfolgende Tabelle gewährt einen Einblick in ausgewählte religiöse Konflikte, bei denen Religionen aktiv verwickelt sind bzw. einen wichtigen Faktor darstellen:

Tab. 2: Ausgewählte Räume im Spannungsfeld religiöser Konfliktparteien

Raum	Religiöse Konfliktparteien
Israel bzw. Palästina	Juden – Muslime
Indien	Hindus – Sikhs
Nigeria	Christen – Muslime
Sudan	Christen – Muslime – animistische Gläubige
Bosnien, Jugoslawien und Mazedonien	Christen – Muslime
Großbritannien (Nordirland)	Katholiken – Protestanten

Anzumerken bleibt, daß der Rückgriff auf Religion als Motiv eines Konfliktes jedoch häufig nur eine vereinfachende, symbolische Funktion für andere komplexere, historisch gewachsene Ursachen hat.[11]

4. Die Raumwirksamkeit von Religion aufgezeigt am Beispiel europäischer und orientalischer Stadtstrukturen

In der religions- und stadtgeographischen Forschung ist weitgehend unumstritten, daß Religionen im Kontext von Entstehung und Entwicklung städtischer Strukturen einen wichtigen Part einnehmen. So gliedert beispielsweise der britische Geograph Carter im Rahmen seiner Stadtentstehungstheorien eine eigene 'religiöse' Theorie aus, die dem räumlich fixierten Heiligtum eine zentrale Stellung bei der Genese von Städten einräumt.[12] Städte, die seit jeher ein zentraler Bestandteil von Kulturlandschaften sind, spiegeln auf vielfältige Art und Weise religiöse Einflüsse in ihrer Struktur wider. Am Beispiel europäischer und orientalischer Städte sollen nachfolgend einige ausgewählte Aspekte vorgestellt werden, bei denen die Religion einen nachhaltigen Einfluß auf die Entwicklung der Stadtstruktur ausgeübt hat.

Das Mittelalter mit seiner ausgeprägten religiösen Durchdringung gesellschaftlicher Lebensbereiche wurde von zahlreichen Stadtgründungsphasen begleitet. In diesen Stadtgründungsphasen entstanden zahlreiche Städte im Umfeld von Klöstern, Bischofssitzen und Pilgerorten. Häufig übten religiöse Kultstätten einen entscheidenden Einfluß auf die Stadtplanung aus, wobei beispielsweise in Kirchtürmen die Symbolik des allmächtigen Gottes sichtbar wurde. Städte wie Eichstätt oder Bamberg wiesen ganze Stadtviertel mit klerikaler Belegung auf. An der Struktur beider Städte läßt sich auch Jahrhunderte nach ihrer Gründung noch deutlich die funktionale Trennung zwischen weltlichen und religiösen Stadtbezirken ablesen. In Bamberg markiert das auf einer Flußinsel gelegene Rathaus das stadträumliche Bindeglied zwischen den beiden Bezirken. Die religiöse Machtherrschaft in den Städten war jedoch keineswegs unumstritten, konkurrierten doch auch weltliche Territorialherren und im Laufe der Zeit ein zunehmend selbstbewußtes Bürgertum um einen entsprechenden Einfluß. Reformation und Gegenreformation in der frühen Neuzeit führten zu bedeutenden Wanderungsströmen von Glaubensflüchtlingen, die zur Gründung von sogenannten Exulantenstädten führten. Als Beispiele seien in diesem Kontext Erlangen und das in der Nähe von Frankfurt am Main gelegene Neu-Isenburg erwähnt. Letztgenannte Stadt, die vor allem französische Glaubensflüchtlinge aufnahm, weist eine Straßenführung auf, die einem hugenottischen Kreuz nachempfunden ist.

Der Islam wird gerne als eine Religion von Stadtbewohnern bezeichnet. In den Städten fanden die Gläubigen eine entsprechende Infrastruktur, die sie zur Verrichtung ihrer religiösen Pflichten benötigten. Mohammed als Religionsstifter agierte vor allem in den hochentwickelten Städten Mekka und Medina, die einen deutlichen zivilisatorischen Kontrast zu einem als lebensfeindlich empfundenen Umfeld bildeten. Insbesondere das kollektive Gebet bedingt als unentbehrliche Voraussetzung das Vorhandensein gewisser städtischer Einrichtungen, von denen die sogenannte Freitagsmoschee die bekannteste ist. Um die Freitagsmoschee, die als zentraler religiöser, intellektueller und öffentlicher Raum einer orientalischen Stadt gilt, gruppierten – und gruppieren, wenn auch nicht mehr in der Ausprägung, wie in früheren Zeiten – sich jene Händler bzw. Branchen, die eine besonders hohe Wertschätzung genossen. Dominierte in europäischen Städten vorwiegend eine soziale Segregation, so war für orientalische Städte vorwiegend das religiöse bzw. ethnische Segregationsprinzip charakteristisch. So gab es beispielsweise eigene Wohnquartiere für Armenier und Berber, für Türken und Perser, für Christen und Juden, die jeweils ihre eigenen religiösen Einrichtungen aufwiesen.

Ausblick

Der Islamwissenschaftler van Ess vermerkte einmal: *„Fremde Religionen haben für uns den Rang eines Kuriositätenkabinetts. Wir registrieren kopfschüttelnd merkwürdige Dinge und spüren gar nicht, wie nahe uns dies manchmal steht.“*[13] In einer kritischen und verständnisfördernden Auseinandersetzung mit fremden Religionen, die nur allzu oft in modernen Massenmedien mit Stereotypen und Vorurteilen etikettiert werden, könnte – und sollte – zukünftig ein verstärktes wissenschaftliches Engagement seitens der Religionsgeographie liegen. Diese sicherlich sehr normative Überlegung fußt insbesondere auf der Tatsache, daß eine Annäherung an fremde Religionen kaum auf Basis einer abstrakten Toleranz möglich ist, sondern vielmehr konkreter Hilfestellungen bedarf. In diesem Sinne wäre es wünschenswert, daß die Religionsgeographie, die als Bindeglied zwischen Geographie und Religionswissenschaft fungiert, verstärkt Brücken zwischen jenen Räumen und Religionen baut, denen ein friedliches Miteinander fehlt.

[1] Waardenburg, J. (1986), Religionen und Religion. Systematische Einführung in die Religionswissenschaft, Berlin 1986.

[2] Rinschede, G. (1999), Religionsgeographie, Braunschweig 1999, S. 7.

[3] Zimpel, H.-G. (1975), Religionsgeographie, in: Schwind, M. (Hrsg.), Religionsgeographie, Darmstadt 1995, S. 373.

[4] Hettner, A. (1931), Der Orient und die orientalische Kultur, in: Geographische Zeitschrift, 37. Jg., 1931, S. 411.

[5] Schwind, M. (1975), Einleitung: Über die Aufgaben der Religionsgeographie, in: Schwind, M. (Hrsg.), Religionsgeographie, Darmstadt 1995, S. 2ff.

[6] Büttner, M. (1985), Zur Geschichte und Systematik der Religionsgeographie, in: Geographia Religionum, Bd. 1, S. 13-121.

[7] Rinschede, G., a.a.O., S. 24.

[8] Weber, M. (1904/1905), Die protestantische Ethik und der Geist des Kapitalismus, in: Archiv für Sozialwissenschaft und Sozialpolitik, 19, 1904/1905, S. 1-54.

[9] Rinschede, G., a.a.O., S. 27.

[10] Huntington, S.-P. (1993), The Clash of Civilizations?, in: Foreign Affairs, 72, 1993, S. 342f.

[11] Rinschede, G., a.a.O., S. 113.

[12] Carter, H. (1977), Urban origins. A review, in: Progress in Human Geography 1977.

[13] Ess van, J. (1994), Islam, in: Brunner-Traut, E. (Hrsg.), Die fünf großen Weltreligionen, Freiburg 1994, S. 67.

Ulrich Willers

Interreligiöses Lernen christlich einüben.
Ein Beitrag aus der Fakultät für Religionspädagogik und Kirchliche Bildungsarbeit

Vorbemerkung: Als ich vor 11 Jahren den Ruf auf die Professur für Philosophie und Fundamentaltheologie an die Katholische Universität Eichstätt annahm, da war ich voller Erwartung und Hoffnung, was den 'Geist' einer solchen Einrichtung anging. Aus welchen Antrieben gestalten sie das universitäre Leben? ("what makes them tick?") – diese Frage beschäftigte mich damals stark. Allerdings: Außer in meinem eigenen Fachbereich, in dem ich in einem unserer "interdisziplinären Kolloquien" genau diese Frage theoretisch-praktisch bewegte (die ich auch in meiner Antrittsvorlesung über Friedrich Nietzsche antippte), habe ich in all den Jahren, wenn ich mich recht erinnere, nicht ein einziges Mal eine Veranstaltung erlebt, die ausdrücklich und zentral das Profil der Katholischen Universität so thematisierte, dass daraus Impulse erwuchsen. Ich freue mich, dass Herr Dr. Joos, damit das mit der Promotion begonnene Programm "Katholische Hochschulbildung" weiterverfolgend, diese so motivierende und aktivierende Fragestellung in die Universitätsöffentlichkeit trägt. So bin ich seiner Aufforderung, an diesem vorliegenden Band zur oben genannten Thematik mitzuarbeiten, gern gefolgt. Ich hoffe auf Freimut und Kompetenz von allen Seiten, auf Toleranz, wechselseitige Achtung. Mit Simone Weil, von Joos in den "Vorüberlegungen für ein interdisziplinäres Programm" zustimmend zitiert, bin ich überzeugt: Wissenschaft jeder Art, nicht bloß die Theologie oder die 'Geisteswissenschaft[1], muss näher zu Gott bringen – sonst ist sie wertlos. Freilich, was das konkret heißt, darum wäre zu streiten; Streit solcher Art verbindet.

Vor zwei Jahren erschien die kleine Festschrift zum 25jährigen Bestehen unserer Fakultät.[2] Der Titel sagt viel über unser aller Selbstverständnis und die lebensweltliche Rückbindung von Studium und Lehre, Ausbildung und Forschung – über 'applied science' in unserem Sinne: "Es ist wie mit dem Sauerteig..." Wer bibelfest ist, weiß, dass hier eine Bibelstelle zitiert wird und was gemeint ist; wer nicht, der kann sich schnell kundig machen, der ahnt aber auch vielleicht bei kurzem Nachdenken, worum es gehen könne: Das 'Reich Gottes' ist der Sauerteig, der die ganze Welt durchsäuert, dass der Keim aufgehen kann. Die Gläubigen, denen das Reich Gottes verheißen und so zum 'Programm' geworden ist bzw. immer neu wird, sind die unerlässlichen Mitarbeiter/innen bei diesem Gottesprozess als Ferment der Welt. Gott, so sagt uns der Glaube, braucht und will die Menschen. Wir sind gleichsam Gottes rechte und linke

Hand (Füße und Stimme auch); nicht weil wir es so wollten, sondern weil Gott es will. Diese gläubige Deutung der Welt, die diese als uns anvertrautes Eigentum Gottes wahrnimmt, verändert sie zugleich.

Unsere Fakultät bildet seit nunmehr fast 30 Jahren Gemeindereferent/inn/en und Religionspädagog/inn/en aus. Daher sind wir, zumal wir mit unseren beiden Abteilungen München und Eichstätt gewissermaßen zum Urbestand der Katholischen Universität Eichstätt gehören[3], in besonderer Weise mit dem Programm einer und speziell dieser unserer Katholischen Universität verbunden. "Es ist wie mit dem Sauerteig..." (Mt 13,33; Lk 13,20) – dies könnte ein Leitmotiv nicht nur für unsere Fakultät, sondern für die Katholische Universität im Ganzen sein. Denn sie hat nicht binnenkirchliche, gar nur römisch-katholische Sondergedanken oder Spezialinteressen zu produzieren, zu bewahren oder zu reflektieren. Sie ist, mit Newman zu sprechen, "kein Kloster und kein Seminar"; vielmehr ist sie "eine Stätte, an der Menschen aus der Welt für die Welt befähigt und ausgerüstet werden."[4]. Deren grundlegende Gemeinsamkeit ist es, die christliche bzw. katholische Taufe empfangen zu haben, sich dem christlichen und katholischen Glauben in der ganzen Weite seines Anspruchs und seiner Verheißung verpflichtet zu wissen und sich um ein grundlegendes Verständnis der Welt mit allen zur Verfügung stehenden, verantwortlich eingesetzten Mitteln der Wissenschaft zu bemühen oder dem aus je persönlich-konkreter Geschichte heraus zu dienen.

Die katholische Universität ist keine geschlossene Gesellschaft derer, die sich ihrer Identität im Schutze kirchlicher Plausibilitätsstrukturen versichern und sie nur so zu bewahren wissen, weshalb sie 'die Welt' und deren Wissen und Erfahren meiden wollten. Sie versteht sich als ein Ort, an dem "das befreiende Vertrauen auf die Kraft des Glaubens aus gesellschaftlicher und geistiger Enge herauszuführen vermag"[5], an dem Rüstzeug für das Leben in der Welt vermittelt und zugleich Integration des Glaubens ermöglicht wird.

Wie dies sein kann und was dazu erfordert ist, hat der Herausgeber dieses Bandes aus der Perspektive einer personal-transzendental orientierten Pädagogik aufgezeigt und in einer umfassenden Zusammenschau vieler Aspekte zusammengetragen.[6] Naturgemäß konnte und musste er bei seiner Themenstellung nicht auf die spezifische Leistung einer Fakultät wie der unseren eingehen. Dies ist ja auch bereits eindrücklich in der bereits genannten kleinen Festschrift geschehen;[7] es muss also auch hier und jetzt nicht mehr geleistet werden. Ich beschränke mich daher, indem ich in fünf unterschiedlich gewichteten Schritten ein Thema vorstelle, das – vielleicht gar nicht so leicht einsichtig – unmittelbar mit dem spezifischen Beitrag zu tun hat, den unsere Fakultät für eine wahrhaft 'katholische' Haltung und Stimmung an der Katholischen Universität beitragen kann. – Ich verfolge dabei zwei Interessen: a) an einem Beispiel zu zeigen, dass unsere Fakultät zur katholischen Hochschulbildung beiträgt, indem sie sich als Ort begreift, an dem, wie oben 'gefordert', das Vertrauen in die Kraft des Glaubens wirksam wird und gesellschaftliche wie geistige Enge überwunden werden können; b) an diesem konkreten Beispiel aufleuchten zu lassen, wie notwendig es unter praktischer und theoretischer Hinsicht ist, konkret zu denken und zu handeln, freiheitliche Grundoptionen zu fordern und zu fördern, Kategorien zu entwickeln, die wahrhaft 'katholisch' sind, umfassend, aus der Weite des Herzens geboren, mit theoretischer und praktischer Orientierungskraft.

1. Katholische Universität: Wissenschaft und Weisheit, Wahrheit und Glaube

Das Thema, um das es mir geht, hängt mit meinem spezifischen Fachauftrag als (Philosoph und vor allem als) Fundamentaltheologe zusammen, so vernünftig wie frei (und freimütig – was ja nicht dasselbe ist...) die jeweils anstehenden intellektuellen Gegenwartsprobleme im Lichte des Evangeliums zu reflektieren. Biblisch ist dieser Auftrag unnachahmlich klar in 1 Petr 3,15 zum Ausdruck gebracht: "Gebt jederzeit jedem Rechenschaft von dem Logos (dem Sinn und der Vernünftigkeit) der Hoffnung, die euch trägt..."

Mein Thema und dieser Auftrag sind aber nicht auf die Fundamentaltheologie als Fach beschränkt. Wie wenig zwingend eine solche Beschränkung sein muss, wie bereichernd dagegen die in unserer Fakultät von der Grundzuordnung unserer Fächer her angelegte Interdisziplinarität Frucht bringt, das konnten wir erfahren bei einem von mir geleiteten Projekt "Interreligiöser Dialog: Die Herausforderung der indischen Theologie für die Praxis der christlichen Gemeinden in Europa", das in einen in Verbindung mit Missio München organisierten Projekttag am 20. Januar 2000 an der Münchener Abteilung einmündete und in ihm gipfelte. Der spezifischen Theorie-Praxis-Vernetzung unserer Fakultät[8] entsprechend, fächerübergreifend auf lange Sicht vorbereitet, projektgemäß handlungsorientierend und problemlösend angelegt, setzten wir uns konkret, praxisbezogen und theoretisch fundiert mit unserem unter den verschiedensten Fachrücksichten facettierten Thema auseinander. Die Ergebnisse und die aus den Gesprächen resultierenden Probleme wurden am Projekttag noch einmal gesichtet und dem für diesen Tag eingeladenen 'Peritus' aus Indien vorgetragen; der indische Theologe und geistliche Meister Dr. Sebastian Painadath S. J. stellte sich für einen ganzen Tag zur Beantwortung der entstandenen Fragen zur Verfügung. Der Austausch im Dreieck von Studierenden – Dozierenden – Peritus war dementsprechend intensiv und wurde – Zeichen eben der hohen Intensität – als doch nicht intensiv genug empfunden.

Einige Einzelheiten des Projekt(tag)es, die bereits in der Presse gewürdigt wurden, werden unten im Kontext der sachlichen Fragestellung kurz in Erinnerung gerufen; sie verdeutlichen die Bedeutung der Sachfragen, die im heutigen Religionsdialog aufbrechen, die grundlegend und kaum mehr zu umgehen sind, die als "Zeichen der Zeit" im Sinne des Zweiten Vatikanischen Konzils gelten können, die – wie sich immer deutlicher zeigt – enorme Herausforderungen für die Zukunft des Glaubens darstellen – und, wie ich glaube, auch für die Katholische Universität zunehmend zu einem theoretischen, ja auch praktischen Problem werden dürften.

Letztlich geht es im Religionsdialog, im interreligiösen Lernen und in den interkulturellen wie interreligiösen Begegnungen des Alltags (philosophisch) um die Frage der Wahrheit und (theologisch) um die Einzigartigkeit Jesu Christi. In der Stimmung postmoderner Verunsicherung, Perspektivenverschiebungen, Paradigmenwechsel und Plausibilitätserschütterungen (wobei natürlich gleichzeitig neue Plausibilitäten generiert werden) gilt es gerade auch für einen Fachhochschulstudiengang mit seiner spezifischen fruchtbaren Rückkoppelung zwischen Theorie und Praxis,[9] einerseits Eckpfeiler der Diskussion zu kennen, zu benennen und zu 'bekennen', andererseits die Freiheit und die tragende Kraft des Glaubens nicht nur zu postulieren, sondern konkret, theoretisch so weit möglich verantwortet, einzuüben, auszuprobieren und um der Vertiefung und Verlebendigung des Glaubens und Lebens willen immer mehr auszuweiten.

Wie kann nun ein solcher Dialog, interreligiöses Lernen in interreligiöser Begegnung oder interreligiösem Studium (das freilich auf Begegnung und Dialog aus ist) geschehen? Was ist zu bedenken? Was sind die entscheidenden Fragen, die heute anstehen, deren Bearbeitung an einer Katholischen Universität somit ein Indiz mehr für die Weite und Tiefe der Fragestellungen ist, denen Angehörige (auch) einer Katholischen Universität sich verpflichtet sehen? Wie vertragen sich letztlich die neuen Horizonte der Befreiung, die Verantwortung für die Welt und die Bindung an ein Bekenntnis, das festlegt und sich 'binden' lässt?

An einer Katholischen Universität zu wirken, kann nicht heißen, in seinen wissenschaftlich zu verantwortenden Ansichten durch Glaube, Verkündigung und kirchliche Erlasse welcher Art auch immer gegängelt zu werden. Freiheit erweist sich in Wahrheit und als Wahrheit, Wahrheit aber ist nie ohne Freiheit; wo die Freiheit beschnitten wird, hat die Wahrheit (was immer sie konkret sei) keine Chance. Die Wahrheit des Glaubens bezeugt sich zunächst und unabdingbar in der Freiheit, in der Glaube gelebt, als Weg-Wahrheit bekannt und immer neu gegründet wird.[10]

Verkündigung kann nicht die Aufgabe der Wissenschaft sein; eine Universität aber ist der Wissenschaft, d. h. den begründeten und dem Glauben prinzipiell nicht widersprechenden Wissenschaftsstandards verpflichtet. Wo "gerungen, gestritten und in Frage gestellt wird" (R. Wimmer), da sind offensichtlich viele Fragen offen. Fragen offen halten, Probleme ernsthaft von allen Seiten erwägen, selbst, ja gerade auch dann, wenn sie dem eigenen Vorverständnis widersprechen – das darf nicht nur, das muss auch an einer Katholischen Universität, die diesen Namen verdient und Solidarität auch dann durchhält, wenn es schwierig wird, möglich sein.

2. Brennpunkt: Interreligiöse Begegnung – Interreligiöses Lernen

Was soeben bedacht wurde, spricht aber umgekehrt nicht gegen eine weit gefasste Evangelisierung aller Lebensbereiche, zu denen eben die Wissenschaft auch gehört. Gemeint ist damit nämlich, überall, wo wir als Christen bzw. Katholiken tätig und wirksam sind, Zeugnis unseres Glaubens zu geben und damit die Welt im Innersten "umzuwandeln", die Menschheit im Ganzen zu "erneuern" und so "zu erreichen, dass durch die Kraft des Evangeliums die Urteilskriterien, die bestimmenden Werte, die Interessenbereiche, die Denkgewohnheiten, die Quellen der Inspiration und die Lebensmodelle der Menschheit, die zum Wort Gottes und zum Heilsplan in Gegensatz stehen, umgewandelt werden."[11]

Brisant wird diese Auffassung, wo sie wie im Falle des interreligiösen Lernens auf einen Bereich trifft, der gleichsam extern und intern zugleich ist. In diesem Bereich der interreligiösen Begegnung gibt es zwei grundlegende Schwierigkeiten für alle Vertreter des Glaubens: Erstens wird Evangelisierung unter dem Zeichen der Einzigkeit Christi hier meistens, ohne dass das beabsichtigt oder auch häufig nur geahnt wäre, als arrogante Einmischung und überhebliche Abwertung der fremden bzw. anderen Religionen oder Konfessionen erfahren; zweitens hat der kirchliche Wahrheitsanspruch in seiner langen Geschichte nicht nur zufällige, sondern dem Wahrheitsstreben inhärente Schwächen bloßgelegt, dass der Anspruch auf 'Wahrheit' doch wohl verständlicher Weise besonderer Reserve ausgesetzt ist, wenn damit auch umgekehrt noch nicht ipso facto gegen ihn entschieden sein kann.[12]

Setzen wir noch einmal anders an: Nicht alles, was in der Theologie bedacht wird, ist in der Praxis wichtig. Heute aber, auch wenn das bisher zu wenige erfassen, gibt es vor allem ein Problem der Kirche und der Theologie, das auch für Schule und Gemeinde, in Alltag und Beruf, für einzelne und Gruppen immer drängender geworden ist, weil es praktische Auswirkungen hat und viel auf dem Spiel steht: der Dialog und die Zusammenarbeit der Menschen, die religiös sind. Deren Annäherung ist so dringlich wie komplex; wir müssen miteinander reden, weil wir miteinander leben, müssen kooperieren, weil bloße Koexistenz für eine Welt in Frieden, Gerechtigkeit und mit dem Sinn für eine heilere Zukunft zu wenig ist.

Einer Welt, die um so schwerwiegende Fragen wie um Gerechtigkeit für alle, um die Bewahrung der Schöpfung, um Frieden und politische Stabilität auf der Einen Erde ringt, darf mit der Diskussion um 'wahre' oder 'falsche' Religion nicht das negative Zeugnis unbedarfter Egoisten, die nur pro domo argumentieren, präsentiert werden. Es muss allen direkt und indirekt Beteiligten klar werden, dass der Austausch, der Dialog und das Ringen um die und zwischen den Religionen kein Streit und Kampf im Schema von Sieg und Niederlage ist und niemals wieder sein sollte, wenn denn Glaube (jedenfalls aus christlicher Sicht) frei machen soll. Der Dialog – auch der alltägliche – soll weder in Angst noch im Übereifer eines falschen Irenismus, vor dem zu Recht das Vaticanum II in seinem Ökumenismus-Dekret warnt,[13] geführt werden. Dann erschließt er, weit entfernt davon, der eigenen Religion bzw. dem eigenen Glauben zu entfremden,[14] den Reichtum der anderen Religionen; dann eröffnet er auch Erfahrungen, von denen man bis dahin keine Ahnung hatte und die den eigenen Glauben bereichern, d. h. vertiefen, verlebendigen, auch läutern.

Kardinal Francis Arinze, als Leiter des päpstlichen Rates für den interreligiösen Dialog hat, diesen einmal mit ebenso bewegenden wie treffenden Worten charakterisiert: Interreligiöser Dialog ist ein Zusammenkommen mit Herz und Geist zwischen Anhängern verschiedener Religionen. Er ist geistiger Austausch zwischen Glaubenden auf religiöser Ebene, ein gemeinsames Zugehen auf die Wahrheit und Zusammenarbeit in Projekten von gemeinsamem Interesse, eine kompromisslose religiöse Partnerschaft ohne versteckte Ziele und Motive.

Ein solcher Dialog findet auf den verschiedensten Ebenen statt: im alltäglichen Zusammenleben – die moderne Welt bietet vielfältige Ansätze dafür; in der Zusammenarbeit – bei der Bewältigung der drängenden Probleme dieser Welt, zur Entwicklung und Befreiung möglichst aller Unterdrückten dieser Erde; im Teilen der religiösen Erfahrungen, wie es bei intensiven persönlichen Begegnungen, die letztlich nach aller Erfahrung nie ohne Freundschaft zustande kommen, geschieht; schließlich im Lernen, in Studium und wissenschaftlichem Austausch – auf der Ebene der Institutionen und insbesondere der theologisch und religiös Geschulten.

Im Anschluss an unser konkretes Projekt, von dem oben die Rede war, möchte ich folgende Eckdaten, Erfahrungen und Reflexionen, Fakten und Deutungen festhalten.

Die katholische Kirche, die einst vielen wie ein Religionskoloss mit Wahrheitsmonopol vorkam, hat sich nicht nur als Hemmnis, sondern inzwischen zur Überraschung nicht weniger häufig als Vorreiter des Dialogs erwiesen. Schon Paul VI (1963-78) hatte programmatisch erklärt: "Dialog ist die neue Weise, Kirche zu sein". Dabei geht es nicht nur um das Gespräch der Konfessionen, sondern immer nachhaltiger um das der Religionen (und Kulturen) der Welt.

Wie schwer und mühevoll das 'Geschäft' solcher fälligen Dialoge allerdings sein kann und wie sehr es noch an Dialogkultur mangelt, hat z. B. der Besuch des Papstes in Indien aufgedeckt. Was theoretisch so eingängig ist, erweist sich in der Praxis als haarsträubend missverständlich. "Durch den Dialog lassen wir Gott in unserer Mitte gegenwärtig sein; denn wenn wir uns im Dialog einander öffnen, öffnen wir uns Gott gegenüber" - so hatte Johannes Paul II. 1985 in Madras vor Führern nichtchristlicher Religionen geworben. Ziemlich genau 15 Jahre später spricht er, den Religionsdialog im Sinn, in Indien wieder von Evangelisierung, Bekehrung und Mission. Diesmal reagieren Buddhisten und Hindus heftig, aggressiv, aufgebracht; da werde Anspruch auf Vorrang, ja Vorherrschaft des christlichen Glaubens erhoben und der originären Kultur und Religion Indiens der Krieg erklärt. In solcher Form lag das dem Gast aus Europa absolut fern,[15] er konnte sich bzw. den Heils- und Offenbarungsanspruch der (römisch-katholischen) Kirche aber bezeichnenderweise nicht verständlich machen.[16]

Dieser Vorgang wirft ein Licht auf die prekäre Situation der Weltökumene, speziell auf die der katholischen Kirche; er lässt ahnen, wie sehr die recht haben, die wie der Theologe *Hans Küng*, Papstkritiker und -kontrahent, und Jahrhunderte zuvor der große Philosoph und Theologe *Nikolaus von Kues*, Kardinal und Kirchenreformer, verstehen lassen: kein Weltfriede ohne Religionsfriede. Auch der bereits genannte Kardinal *Francis Arinze* spricht den Religionen die Pflicht zu, dem Frieden in der Welt zu dienen. Am Rande des Weltfriedensgipfels der Religionen in New York erklärte er kürzlich in einem Interview mit Radio Vatikan, die Anhänger der verschiedenen Religionen in aller Welt müssten zusammenarbeiten und hätten, auch in Ländern mit internen (Religions)Konflikten, eine wesentliche Aufgabe darin, zum Frieden beizutragen; darin seien sich im übrigen die meisten Glaubensgemeinschaften einig. - Das alles ist keineswegs nur ein Thema auf höchster Ebene. Auch in Schule und Gemeinde sowie z. B. in der Touristik werden Themen wie Kulturaustausch und Religionsdialog immer dringlicher; Lehrpläne der Schulen sehen neuerdings zunehmend Kenntnis und Hinführung zur Akzeptanz fremder Religionen und, da interreligiöser immer auch interkultureller Dialog ist, der großen Kulturen der Welt vor.

3. Interreligiöses Lernen konkret einüben - ein Beispiel

Menschen, die einen dauerhaft fruchtbaren Dialog auf der Grundlage eigenen Bekenntnisses führen wollen, müssen sich nicht zuletzt auf persönlicher und der 'Graswurzel'-Ebene kleinerer Gemeinschaften begegnen. Die Beziehung aber muss auch auf der sachlichen Ebene gut vorbereitet sein; denn 'good will' allein richtet in der komplexen Gemengelage der Religionen und Kulturen zwischen Politik (Frieden; Identität und Abgrenzung der Völker) und Management (Organisation auf Weltebene; Einheit in der Vielfalt), Ökonomie (Armut und Gerechtigkeit) und Ökologie (Bewahrung der Schöpfung; Sorge für eine heilere Zukunft) nicht mehr allzu viel aus.

Interreligiöses Lernen muss heute (auch) von unten beginnen. Der hiermit verbundenen Problematik stellen sich immer mehr religiöse und kirchliche Gruppen. So auch wir, Studierende und Dozierende der Fakultät Religionspädagogik und Kirchliche Bildungsarbeit der Katholischen Universität Eichstätt auf dem oben bereits erwähnten Projekttag in der Münchener Abteilung. In acht über ein ganzes Semester laufenden Seminaren - von Pädagogik und Psychologie über Fundamentaltheologie und Moraltheologie bis zu Liturgie und Religionswissenschaft - hatten wir erste Grundlagen für mögliche Gespräche mit Vertretern anderer Religionen erarbeitet. Diese dokumentierten die Studierenden seminarweise für sich selbst und zur Information der jeweils anderen Gruppen (und eingeladener Gäste) auf Stellwänden und in einfallsreichen, provozierenden und anregenden Arrangements. Hochmotiviert, wenn auch in ihren Mitteln und Voraussetzungen eingeschränkt, mussten die Studierenden vor allem dies erfahren: Kompetenz im interreligiösen Dialog bedarf einer langen Zeit der Erarbeitung fremder Welten und der konkreten Begegnung mit den 'Anderen', den 'Fremden', wenn man nicht nur über diese sprechen und 'etwas' wissen, sondern zu konkreten Ergebnissen gelangen will; Brücken zwischen Religionen und Kulturen schlagen sich nicht so leicht, wie es der Geist sich wünschen mag; Ausdauer und (nicht nur Toleranz, sondern) große Liebe zu Menschen und deren spezifischer Lebensform sind ebenso unabdingbar wie eine hohe sachliche Kompetenz für Begegnung und Auseinandersetzung.

Am Beispiel vor allem des Hinduismus, begleitet vom indischen Jesuitentheologen Sebastian Painadath, ergab sich ein erster konkretisierender Einblick in die Möglichkeiten und Grenzen einer Theologie des interreligiöses Dialoges: Es gibt vielfältige Formen, Wirklichkeit zu erfassen, vom Göttlichen zu reden; wir dürfen hoffen, können es nicht einfach behaupten, dass die Differenzen der Religionen auf einer allerdings nicht leicht zu erschließenden grundlegenden Gemeinsamkeit in der Erfahrung göttlicher Selbstoffenbarung gründen. Als Kernerkenntnis des Projekttags, die durchaus noch weiterer Prüfung bedarf, schälte sich heraus: Letztlich geht es in allen authentischen Religionen um die ganzheitliche Befreiung des Menschen vor Gott; keine Religion kann sich heute ohne dialogische Beziehung zu anderen verwirklichen. Entweder wir gehen mit einander den Weg gemeinsamer Suche oder wir gehen ohne einander zu Grunde.

Immer wieder drängte sich die Frage auf: Was würde sich am Dialog ändern und was wäre im eigenen Glaubensvollzug neu zu realisieren, wenn die z.B. hinduistischen oder islamischen Dialogpartner - wie an nicht wenigen Orten inzwischen längst alltägliche Wirklichkeit - leibhaftig zugegen wären, man also nicht vorwiegend auf Literatur, Übersetzungen und Interpretationen anderer angewiesen wäre? Den Studierenden war es zum Greifen nah - ein solcher lebendiger Dialog steht für sie noch aus; ihn darf aber nur wagen, wer bereit ist, sich verändern zu lassen und sich theoretisch fit zu machen, denn sonst würde gerade in der heutigen Stimmungslage beliebiger Standpunkte und standpunktloser 'Toleranz' der Dialog schnell an Substanzmangel sterben. Eine Auseinandersetzung ist nur substantiell, wenn sie um nicht-beliebige Auffassungen (im besten Sinn des Wortes) zu 'streiten' bereit ist. Damit ist wieder die sogenannte Wahrheitsfrage berührt, die viele gern ad acta legen möchten, wobei sie nicht bedenken, welche Folgen ein solcher Verzicht, konsequent vollzogen, mit sich brächte.

4. Der Anspruch (nicht nur) der katholischen Kirche

Angesichts einer sehr zweifelhaften Geschichte der 'Wahrheits'durchsetzung auch (manche meinen: vor allem) der katholischen Kirche sind manche mentale Reserven gegen 'Wahrheit' und 'Offenbarung' nur allzu verständlich. Sachlich sind sie allerdings keineswegs immer berechtigt und daher um der 'wirklichen' Wahrheit willen kritisch zu prüfen.

Alle Menschen sind für den Schalom bestimmt, den Frieden, das Glück, die Seligkeit in Gott. Diese tiefe Wahrheit der Hl. Schrift[17] hat das Vaticanum II (1962-65) wiederentdeckt. Es musste sie 'wiederentdecken', denn die Kirche hatte im Laufe vieler Jahrhunderte ein Lehrsystem entwickelt, das trotz auch gegenläufiger lehramtlicher Erklärungen in Gefahr stand, die (nie bestrittene, aber eben nicht genügend beachtete) biblische Wahrheit von der heilschaffenden Güte Gottes für alle Menschen unwirksam und damit das Gespräch mit den Menschen außerhalb der Kirche unmöglich zu machen. - Vielen ist das heute gar nicht mehr bewusst, sie nehmen die durch das Konzil in schwierigstem theologischen Ringen errungene Einstellung des Dialogs und der Akzeptanz nicht nur gegenüber den "getrennten Brüdern" (und Schwestern), sondern auch gegenüber den nichtchristlichen Religionen und den Nichtgläubigen für selbstverständlich. Dass die Kirche sich im Vaticanum II bis auf die Grundmauern reformierte und damit das calvinisch-reformatorische Prinzip "ecclesia semper refor-manda" nicht nur behutsam rezipierte, sondern auf eine überaus beeindruckende Weise für sich selbst einlöste, daran denken sie nicht mehr, z.T. wissen sie es gar nicht. Die Positionen, von denen das Konzil abrückte, etwa von der Beurteilung der nichtkatholischen bzw. nichtchristlichen Religionen als falschen Religionen (religiones falsae), kennen sie oft nicht einmal mehr. Das ist ihnen nicht vorzuwerfen, wohl indes in Erinnerung zu rufen.

Wer die Frage nicht kennt, auf die jemand antwortet, der versteht das Problem nicht, das verhandelt wird. Wer die Problematik nicht erfasst, der weiß Lösungen nicht zu schätzen. Wer Lösungsansätze unterschätzt, ist in Gefahr, wesentlichste Errungenschaften preiszugeben, ehe sie sich entfalten können; er verschleudert und verrät sie an die, die zwar um die neuen Errungenschaften wissen, sie aber erbittert ablehnen und auf Revision bestehen. In Schule und Gemeinde, Alltag und Beruf lassen sich entsprechende Phänomene beobachten, sofern die Menschen - ein im Zuge postmodern-individualistischer Ästhetisierung der Welt unübersehbares Problem - überhaupt für ernsthafte Auseinandersetzung ansprechbar sind.

Erst das Vaticanum II hat entschieden Schluss gemacht mit Einstellungen wie diesen: *"Die hochheilige römische Kirche glaubt fest, bekennt und verkündet, daß niemand, der sich außerhalb der katholischen Kirche befindet, nicht nur keine Heiden, sondern auch keine Juden oder Häretiker und Schismatiker, des ewigen Lebens teilhaftig werden können, sondern daß sie in das ewige Feuer wandern werden, das den Teufeln und seinen Engeln bereitet ist, wenn sie sich nicht vor dem Lebensende der Kirche angeschlossen haben...".*[18] Von dieser Formulierung des Florentiner Konzils von 1442, der sich allerdings leicht viele gleichsinnige aus der Geschichte von frühen Anfängen bis zur Gegenwart der Kirche an die Seite stellen lassen,[19] die aus heutiger Sicht schwer erträglich erscheinen, ist es ein weiter und dorniger Weg bis zu den radikalen Einsichten des Vaticanum II,[20] in denen sich erstmals in der Geschichte der amtlichen Kirche eine anerkennende, wertschätzende Haltung gegenüber den großen Religionen der Welt findet: *"In unserer Zeit, in der sich das Menschengeschlecht von Tag zu Tag enger zusammenschließt und die Beziehungen unter den verschiedenen Völkern sich mehren, erwägt die Kirche mit noch größerer Aufmerksamkeit, welches ihre Haltung zu den nichtchristlichen Religionen ist... Wir können aber Gott, den Vater aller, nicht anrufen, wenn wir es ablehnen, uns gegenüber bestimmten Menschen, die doch nach dem Ebenbild Gottes geschaffen sind, brüderlich zu verhalten".*[21] Johannes XXIII. (1958-63) hatte in seiner Eröffnungsansprache zum Vaticanum II gewissermaßen den Startschuss gegeben: *"Heiter und ruhigen Gewissens müssen die überlieferten Aussagen... geprüft und interpretiert werden... diese sichere und beständige Lehre, der gläubig zu gehorchen ist, muß so erforscht und ausgelegt werden, wie es unsere Zeit verlangt.*"[22] - Wie verlangt es aber die Zeit? Ein Konzil kann immer nur Leitlinien vorgeben; die theologische Arbeit, die dabei investiert wird, ist mit Abschluss der Debatten in der Konzilsaula nicht ihrerseits abgeschlossen.[23] Dadurch, dass die Einsichten unters Volk gebracht und in der Breite, nicht nur fachtheologisch rezipiert werden, bekommen sie erst ihr eigentliches Gewicht, zeigen jetzt erst ihr eigentliches Gesicht. Ein Konzil, zumal ein weltzugewandtes wie das Zweite Vatikanische Konzil, ist ein mutiger Schritt; Umwälzungen sind ja vorprogrammiert, lawinenartige Erschütterungen unvermeidbar. Einerseits muss man denen, die am Alten, im Falle der Annäherung an die Christen anderer Konfessionen und vor allem an nichtchristliche Religionen z. B. am hergebrachten Axiom "außerhalb der Kirche kein Heil" mit z. T. guten (doch nicht zureichenden) Gründen fest hängen, Gerechtigkeit widerfahren lassen; andererseits sind, von der großen Masse ganz abgesehen, am anderen Ende des Spektrums die, denen das Neue nicht neu genug ist, nicht weit genug geht, und auch ihnen gilt es, Richtungweisendes zu sagen, möglicherweise ihrem Drängen Einhalt zu gebieten. Gerade die neuesten Entwicklungen, die ohne das Konzil ganz undenkbar wären, bestätigen das hier Angedeutete.

5. Die Pluralistische Religionstheologie

Ist es nur ein eingefleischter Irenismus[24], der Fehler der Vergangenheit meiden will, dafür aber die Verwässerung der biblischen Botschaft, die der Kirche anvertraut ist, in Kauf nimmt; ist es nur permissive Toleranz, die den Wahrheits- und Offenbarungsanspruch einer Glaubensgemeinschaft in Zweifel zieht und einem Perspektivenpluralismus opfert? Die heute geradezu modische Pluralistische Religionstheologie (PRT), deren Schicksal gut die Fallstricke sowohl der Tradition als auch des möglichen zukünftigen Weges verdeutlichen kann, beansprucht, alte Probleme zu lösen (Absolutheitsansprüche; Wahrheitsmonopol), ohne neue zu schaffen (Gefahr des totalen Relativismus; Vergleichgültigung konkreten Glaubens). Kaum eine Theorie ist indessen in der gegenwärtigen Theologie umstrittener als die PRT; die Diskussion ist seit einigen Jahren auch in Deutschland voll entbrannt. Dabei werden nicht so sehr die Anliegen in Frage gestellt, als vielmehr die konkreten Wege, auf denen die Vertreter der PRT (J. Hick, P. F. Knitter, L. Swidler, W. C. Smith und andere) ihren Anliegen entsprechen wollen.

Die PRT behauptet, man müsse davon ausgehen, dass alle Religionen von gleichem Wert seien, dass es eine erlösende Verbindung mit dem Göttlichen in vielfacher Gestalt gebe, dass wahrhafte Offenbarung und der heilsrelevante Glaube als Antwort darauf in mehr als einer einzigen Religion gleichberechtigt vorliege, u. z. im Unterschied zu Superioritätsansprüchen (Inklusivismus) in gleichrangiger Qualität und infolge der Unterschiedlichkeit der Religionen in großer Vielfalt. Eine einzelne Religion dürfe nie mit einem Absolutheitsanspruch gegenüber einer anderen (oder allen anderen) auftreten (Exklusivismus). Jesus sei eine herausragende Gestalt der Religionsgeschichte; er sei aber nicht exklusiv-einzig in dem Sinne, dass es nicht andere Inkarnationen des göttlichen Logos, gleichwertige Realisationen von Erlösung in anderen Erlösern dieser Welt geben könne. Diese Position sagt also: Heil von Gott und Offenbarung seiner Wahrheit gibt es nicht nur in Christus; dieser sei zwar 'totus deus', aber nicht 'totum dei'. Eine "Deabsolutierung" (R. Bernhardt) der Christologie sei fällig. Andere Religionen können nicht nur ebenso legitim und gültig Heilswege zu Gott sein, sie sind es. Deren Anhänger sind nicht (bloß) "anonyme Christen" (Karl Rahner), sondern vielmehr Gläubige eigenen Rechts, so dass sie nicht missioniert werden dürfen. - Man sieht schon bei diesen wenigen Andeutungen, dass die PRT um des Dialogs mit anderen willen zu weitgehenden Reformulierungen der christlichen Lehre bereit ist, die jedenfalls dem Wortlaut nach vielen Stellen der Hl. Schrift, vor allem dem universalen Verkündigungsauftrag der Kirche: "Macht alle Völker zu Jüngern"[25], aber auch der kirchlichen Lehre widersprechen, wie sie etwa das Vaticanum II verbindlich (doch nicht formell unfehlbar) formuliert hat.[26] Man sieht gleichermaßen, dass diese Theorie aber das formuliert, was vielen Gläubigen plausibel erscheint.

Es wird noch viel theologische, theoretische und praktische Arbeit erfordert sein, die hier aufgetretenen Fragen zu beantworten, die Spreu vom Weizen zu scheiden. Es ist zu hoffen, dass auch viele Praktiker/innen und nicht nur 'Fachleute' auf ihre Weise an diesem Gespräch um Heil und Wahrheit teilnehmen, mit dem Willen zu und Freude an gründlicher Unterscheidungsarbeit, die im Klima grenzenlosen Geltenlassens wichtiger als je sein dürfte. Das Wortspiel: Wem alles gleich gültig ist, dem wird alles gleichgültig - könnte es auf dem Felde der Religion seine Gültigkeit verlieren? Was spräche dafür? Wie können wir weiterkommen? Wie können wir die Wahrheit unseres Glaubens so vertreten, dass wir die anderen für wahrheitsfähig halten und "Elemente" der Wahrheit und Heiligkeit nicht bestreiten;[27] den Wegcharakter unserer kirchlichen und persönlichen Glaubensexistenz nicht durch Einvernahme, Arroganz und Intoleranz[28] verleugnen und nicht die Entschiedenheit des eigenen Glaubens und die anvertraute "Fülle der Gnade und Wahrheit"[29] (unnötig) aufs Spiel setzen, z. B. durch Synkretismus oder Übersehen von Unvereinbarem; den Dienst an der Versöhnung für die Einheit und das Wachstum der Welt kontextuell angemessen realisieren, um im Sinne der Kirche als des allumfassenden Sakraments des Heils[30] die "Einheit und Liebe unter den Menschen und damit auch unter den Völkern zu fördern"[31]?

Antworten auf diese Fragen werden einen großen Teil der Arbeit der kommenden Jahre ausmachen - auch in den Schulen und Gemeinden, überall da "wo Gott wirklich in der Welt zugegen ist" (H. Cox), wo oft schon praktische Lösungen erfordert sind, wenn die theoretischen Fragen noch nicht einmal als Problem erkannt sind, und wo auch die Wirklichkeit angefochtenen oder angekränkelten Glaubens fern von den idealen Rahmenbedingungen theologischer Theorie sowie die Unsicherheit im Glauben (und Glaubenswissen), Argumentations- und Kommunikationsdefizite ihr Recht fordern.

Katastrophenstimmung ist nicht angezeigt, das glaubwürdige Zeugnis des Glaubens steht allerdings durchaus auf dem Spiel. Als katholische wie evangelische Christen können wir jedenfalls nicht nonchalant erklären, auch wenn das dialogbereit klingen mag und Streit vermeidet: Jeder soll nach seiner Façon selig werden; Hauptsache, er oder sie ist überzeugt, im Grunde sei es gleichgültig, welchen Glauben jemand wählt. Die Stimmungen der postmodernen Zeit drängen aber in diese Richtung: Wie es viele schöne Blumen gibt, von denen mir einiger lieber sind als andere, so gebe es eben auch verschiedene Religionen; [32] ihr Wert bestehe darin, dass ich sie liebe...

Diese Fragen und Themen signalisieren nicht nur Aufgaben der einschlägigen theologischen Fächer. Sie sind Fragen eines Studium generale, das alle anderen Studien begleiten können sollte. Eine Katholische Universität mit allen ihren Fakultäten könnte hier ihr genuines Thema für heute und morgen entdecken, das sie um der Zukunft des Glaubens in Kirche und Welt willen sach-, situations- und menschengerecht ohne Scheuklappen und Denkverbote entfaltet.

(Manuskript abgeschlossen: 15.8.2001)

[1] Die Naturwissenschaften fehlen der KU leider fast vollständig – meines Erachtens kein geringes Manko.

[2] "Es ist wie mit dem Sauerteig..." Religionspädagog/inn/en engagieren sich. 25 Jahre Fachhochschulstudiengang Religionspädagogik und Kirchliche Bildungsarbeit an der Katholischen Universität Eichstätt. Herausgegeben im Auftrag der Fakultät für Religionspädagogik und Kirchliche Bildungsarbeit von Markus Eham und Pierfelice Tagliacarne. Augsburg 1998.

[3] F. Burgey – V. Hertle, Zur (Vor-)Geschichte des Fachhochschulstudienganges Religionspädagogik und Kirchliche Bildungsarbeit, in: "Es ist wie mit dem Sauerteig..." (s. Anm. 2), 21 – 30.

[4] Vgl. das Newman-Zitat H. J. Meyers in seinem Prolog "Katholische Bildung als Emanzipation": R. Joos, Katholische Hochschulbildung. Vorüberlegungen für ein interdisziplinäres Programm, Augsburg 2000, XIV – XIX, hier: XVIII.

[5] H. J. Meyer, a. a. O., XVIII f.

[6] Siehe das Anm. 4 genannte grundlegende Werk.

[7] Siehe Anm. 2.

[8] Vgl. dazu den Beitrag des Kollegen U. Meier in der Anm. 2 genannten Festschrift (139 – 172, besonders 150 ff.): Lernort Hochschule. Innovative Ansätze zu einer lebenswelt-orientierten Didaktik im Bereich Religionspädagogik.

[9] Diese ist nur scheinbar (für den Blick von 'außen') bloß oder vorwiegend auf Vermittlung von Hand-

lungsanweisungen für einzelne vordefinierte Lebens- und Lernsituationen bezogen.

[10] In diese Richtung, wenn auch nicht ganz so entschieden, zielte wohl auch der gegenwärtige Präsident der Katholischen Universität Eichstätt-Ingolstadt in seiner Rede beim Amtsantritt (zitiert bei Joos, Katholische Hochschulbildung, 89): "Wir sollten da nicht schweigen, so um uns herum gerungen, gestritten und in Frage gestellt wird. Dabei kann es keinesfalls Aufgabe einer katholischen Universität sein, Verkündigung zu betreiben, wir sollten vielmehr Forum sein und uns auch nicht als Sprachrohr von Fraktionen, sondern als 'Universitas catholica' präsentieren – eine Prägung, die in ihrer fast tautologischen Doppelung eine deutliche Sprache spricht."

[11] So Johannes Paul II. im Einklang mit dem Zweiten Vatikanischen Konzil, Erklärung über die christliche Erziehung, insbes. Abschnitt 1 und 10; cf. Joos, a. a. O., 90.

[12] Vgl. Anm. 28. - In einem Evangelisierungspapier einer christlichen Gemeinschaft las ich vor kurzem folgende bezeichnende Sätze: *"Wenn zwei Religionen sich in grundlegenden Dingen widersprechen, bekommen wir ein Problem. Dann ist es offensichtlich nicht egal, was wir glauben oder worauf wir vertrauen. Dann ist der Weg der Erlösung und zum Leben nicht eine Frage des guten Geschmacks oder der Toleranz, sondern der Wahrheit."* Diese Wahrheit wird dann im Weiteren als die Wahrheit menschlicher Nichtigkeit beschrieben, der Gott in Jesus beigesprungen ist: *"Wir können nichts – deshalb hat Gott in Jesus die Initiative ergriffen. Nur das Christentum weiß das. Alle anderen Religionen lehren, dass man Gottes Wohlwollen durch verschiedene Werke erlangen muss. Keine andere Religion kennt einen liebenden Gott, der selbst Mensch wird, um die Menschheit zu erretten."* Wer so Evangelisierung betreibt und so den eigenen Glauben zu profilieren sucht, hat der den auch intellektuell redlich und einigermaßen kompetent suchenden Menschen noch etwas zu sagen? Eine Praxis, die mit einer derart dürftigen Theorie 'argumentiert', steht auf verlorenem Posten; sie mag überreden, kann aber nicht überzeugen.

[13] vgl. Anm. 24.

[14] Diese m. E. unbegründete Angst bei Joos, Katholische Hochschulbildung (s. Anm. 4), 138.

[15] Auch die römische Erklärung "Dominus Jesus" vom September 2000 – man vgl. allerdings die europäischen Reaktionen darauf – hat eine solche Intention nicht.

[16] Demnächst (September 2001) treffen sich führende Vertreter der Hindus und Christen in Indien zu einem Dialog in Neu Delhi, der angesichts der verheerenden Ausschreitungen, Ermordungen, Vergewaltigungen usw. praktisch dringend nötig ist. - Anm. bei Drucklegung: Die Ereignisse des 11. September 2001 in New York und Washington sowie die Folgeprozesse beleuchten die aufgezeigte Problematik auf eigene grelle Weise.

[17] Siehe z. B. 1 Tim 2,4; 4,10; Lk 3,6; Joh 3,17; 12,47; Apg 28,28; Tit 2,11.

[18] DHü 1351 (Denzinger-Hünermann, Kompendium der Glaubensentscheidungen und kirchlichen Lehrentscheidungen, Freiburg 1991).

[19] Die Bulle *"Unam sanctam"* von 1302 definiert z. B.: *"daß es für jedes menschliche Geschöpf unbedingt notwendig zum Heil ist, dem Römischen Bischof unterworfen zu sein"* (DHü 875). - In der Ansprache *"Singulari quadam"* von Pius IX. (1854) heißt es, *"daß außerhalb der apostolischen, römischen Kirche niemand gerettet werden kann; sie ist die einzige Arche des Heils, und jeder, der nicht in sie eintritt, muß in der Flut untergehen?, sofern er nicht ?in unüberwindlicher Unkenntnis der wahren Religion"* lebt (Neuner-Roos, Der Glaube der Kirche [= NR], Regensburg 1971 u. ö., Nr. 367). Ganz ähnlich denkt auch das Erste Vatikanische Konzil (NR 368); noch deutlicher der Brief des Heiligen Offiziums an den Erzbischof von Boston aus dem Jahre 1949 (DHü 3866 ff).

[20] Vor allem die Erklärungen über die nichtchristlichen Religionen (Nostra aetate = NA) und die Religionsfreiheit (Dignitatis humanae = DH) sowie die Dekrete über die Missionstätigkeit der Kirche (Ad gentes = AG) und den Ökumenismus (Unitatis redintegratio = UR). Die theologischen Grundlagen finden sich in der pastoralen Konstitution über die Kirche in der Welt von heute (Gaudium et spes = GS) und in der dogmatischen Konstitution über die Kirche (Lumen gentium = LG).

[21] NA 1 und 5.

[22] Herder Korrespondenz 17 (1962/63) 87.

[23] Vgl. M. Rötting, Berge sind Berge – Flüsse sind Flüsse. Begegnung mit dem koreanischen Zen-Buddhismus. Ein Beitrag zum christlich-buddhistischen Dialog, St. Ottilien 2001, 17: *"Dieser Blick auf die nichtchristlichen Religionen war für die Zeit des II. Vatikanums eine ungeheure Öffnung und bringt eine vorher nicht dagewesene Offenheit zum Ausdruck. Aber genügt diese schon für einen wirklichen Dialog? Gewiß muß sich auch die Sicht des II. Vatikanums noch einmal weiten und im Dialog verändern und formen lassen."* – Rötting, Absolvent unserer Fakultät (1994), war nach einer längeren Zeit als Gemeindereferent und Religionslehrer für insgesamt etwa ein Jahr Gast in katholischen und buddhistischen Klöstern Koreas; er spricht aus eigener reicher Erfahrung in der Begegnung mit Vertretern fremder Religionen.

[24] Vgl. UR 11: *"Nichts ist dem ökumenischen Geist so fern wie jener falsche Irenismus, durch den die Reinheit der katholischen Lehre Schaden leidet und ihr ursprünglicher und sicherer Sinn verdunkelt wird."*

[25] Vgl. Mt 28,18-20; Mk 16,15f.;Lk 24,46-49. - Siehe auch z. B. Apg 4,12: *"Und es ist in keinem anderen das Heil; denn es ist auch kein anderer Name unter dem Himmel für die Menschen gegeben, durch den wir gerettet werden sollen";* Joh 14,6: Christus *"der Weg, die Wahrheit und das Leben".*

[26] Siehe etwa nur UR 3: *"Denn nur durch die katholische Kirche Christi, die das allgemeine Hilfsmittel des Heiles ist, kann man Zutritt zu der ganzen Fülle der Heilsmittel haben."*

[27] Vgl. Vaticanum II: NA 2. - Es darf auch nicht bestritten werden, daß, wer von der Wahrheit seiner Sache ehrlich überzeugt ist, von ihr Zeugnis geben darf; vgl. DH 2 und 4.

[28] Der Philosoph und Kulturtheoretiker Ram Adhar Mall sagt treffend: "Nicht die Wahrheit produziert Konflikte, sondern nur unser absolutistischer Anspruch auf sie" (Edith-Stein-Jahrbuch 6, 2000, 359).

[29] Vaticanum II: UR 3.

[30] Siehe Vaticanum II: LG 48; GS 45.

[31] Vgl. 2 Kor 5,17; Vaticanum II: NA 1.

[32] Siehe auch den Tenor des ansonsten sehr lesenswerten Buches von Cathérine Clément: Theos Reise. Roman über die Religionen der Welt, München - Wien 1998, bes. 676-685. – Literatur zur ersten Orientierung(in rigoroser Beschränkung): H. Bürkle, Der Mensch auf der Suche nach Gott - die Frage der Religionen (AMATECA; 3), Paderborn 1996; H. Cox, Göttliche Spiele. Meine Erfahrungen mit den Religionen, Freiburg 1989; Internationale Theologenkommission, Das Christentum und die Religionen (30. September 1996) = Arbeitshilfen 136, hg. vom Sekretariat der Deutschen Bischofskonferenz, Bonn 1996; Johannes Paul II., Enzyklika "Redemptoris missio" [Über die fortdauernde Gültigkeit des missionarischen Auftrages] (7. Dezember 1990), hg. vom Sekretariat der Deutschen Bischofskonferenz, Bonn 1990; J. Zehner, Der notwendige Dialog. Die Weltreligionen in katholischer und evangelischer Sicht (Studien zum Verstehen fremder Religionen; 3), Gütersloh 1992.

Die Kinderkrippe - Besuch bei den jüngsten Mitgliedern der Universität

Foto: Studio Hetzer

Ulrich Bartosch

Europäische Perspektiven als Auftrag?
Ein Beitrag aus der Fakultät für Soziale Arbeit[1]

Die Fakultät für Soziale Arbeit nimmt - zusammen mit ihrer Schwesterfakultät Religionspädagogik/Kirchliche Bildungsarbeit - eine Sonderstellung in der Katholischen Universität Eichstätt ein. Die über 300 eingeschriebenen Studierenden erwerben als Abschluß ihres Fachhochschulstudienganges den akademischen Titel „Diplom-Sozialpädagoge/in (FH)". Sie werden dann als Fachkräfte der Sozialen Arbeit mit fundiertem Wissen über die Anforderungen der Praxis - verbunden mit solider Fähigkeit zur wissenschaftlichen Reflexion - in einem weitgespannten Feld beruflicher Aufgaben tätig. Der Eichstätter Studiengang bietet derzeit fünf Studienschwerpunkte im Hauptstudium an, die den Studierenden eine vertiefte Vorbereitung für speziellere Tätigkeitsbereiche ermöglicht: Hilfen zur Erziehung/Familienhilfe, Jugendarbeit/Jugendsozialarbeit, Gefährdetenhilfe/Resozialisierung, Soziale Arbeit im Gesundheitswesen und Interkulturelle/Internationale Sozialarbeit.

Der Studiengang „Soziale Arbeit" unserer Katholischen Universität ist den Zielsetzungen „Praxisorientierung" und „kurzen Ausbildungszeiten" verpflichtet. Diese müssen – und können maßgeblich – einer weiteren Zielsetzung dienen: die guten Chancen unserer Absolventen auf dem Arbeitsmarkt zu sichern.

Mit seiner Ausbildungsfunktion und verbunden mit anwendungsbezogener Forschung sowie einem engen fachlichen Austausch mit den VertreterInnen der Praxis in der Sozialen Arbeit, erweitert und pflegt die Fakultät für Soziale Arbeit auch die Vernetzung der KU mit den regional, überregional und international tätigen Trägern der Sozialen Arbeit. So erweitert die Fakultät das Gesamtspektrum akademischer Abschlüsse, die an der KU erworben werden können, einerseits an der Schnittstelle zu anderen Ausbildungsanbietern, wie z. B. Fachschulen und Akademien und andererseits an der Schnittstelle zu universitären Studiengängen. Sie trägt erfolgreich dazu bei, daß die Katholische Universität sich als Bildungsstätte des qualifizierten Nachwuchs für einen sehr großen sozialen Arbeitsbereich, der in kirchlicher bzw. konfessioneller Trägerschaft steht, präsentieren kann.

Damit ist – dies sei erwähnt – auch die Möglichkeit verbunden, junge Menschen mit erworbener Fachhochschulreife in die Katholische Universität einzubinden und zum späteren, weiteren Studium an dieser Universität zu befähigen und zu führen. Sicherlich kann dies nicht das allgemeine Ziel sein, aber die entsprechenden einzelnen Fälle illustrieren den potentiellen funktionalen Zusammenhang der individuellen Bildungs- bzw. Studienwege unter dem gemeinsamen Dach der KU. Die Fachhochschulstudien- gänge als integrierter Bestandteil des gesamten Studienangebots sollten – so verstan- den – das Profil der KU im Wettbewerb mit anderen Hochschulen vorteilhaft ergän- zen können. Dieser Wettbewerb erstreckt sich deshalb auf zwei internationale „Märkte" zugleich: Universitäten und Fachhochschulen (Universities of Applied Sciences). Als Anbieterin unterschiedlicher Studiengänge und Ort wissenschaftlicher Forschung ist die KU mit Engagement und Selbstbewußtsein dabei, ihren Platz zwi- schen den großen Universitäten zu behaupten und ihre Stellung auszubauen. Sie muß auch die Positionierung ihrer Fachhochschulstudiengänge im Auge behalten, damit der Vorteil der Variationsbreite im eigenen Haus fruchtbringend entwickelt wird.

„Internationalität ist absolutes ‚Muss' für die KU", schrieb Martin Groos in der Festausgabe des Magazins der Kath. Universität Eichstätt.[2] Diese selbstverständliche Anforderung an Wissenschaft hat durch die internationalen bildungspolitischen Ent- wicklungen neue, zusätzliche Dimensionen erhalten: weder lassen sich wissenschaft- liche Ausbildungen alleine in nationaler Perspektive konstruieren, noch wird die Leh- re ausschließlich standortgebunden angeboten werden. Schlagworte hierzu sind z.B. Europäischer Arbeitsmarkt und Virtuelle Hochschule. Eine Auswirkung dieser Ent- wicklungen wird die Harmonisierung internationaler Hochschulabschlüsse sein, die augenblicklich in der geradezu sprunghaften Vermehrung von Bachelor- und Master- studiengängen ihren Niederschlag findet. Die KU ist durch ihre - aus der Ge- samthochschulphase ererbte - innere vielfältige Struktur in besonderer Weise mit Chancen für eine interessante Weiterentwicklung versehen: Fachhochschul- und Uni- versitätsstudiengänge können eine starke Gemeinschaft bilden.

Die Fakultät für Soziale Arbeit ist dem internationalen Charakter der KU verpflichtet. Der oben erwähnte Studienschwerpunkt Interkulturelle/Internationale Sozialarbeit bringt dies sogar in der Studienorganisation zum Ausdruck. Etwa 10% der Studieren- den absolvieren ihr Jahrespraktikum ganz oder teilweise im Ausland. Ebensoviele Absolventen wählen in ihrer Diplomarbeit eine interkulturelle bzw. internationale Thematik zur Bearbeitung. Die internationale Perspektive wird von den Lehrenden in vielfältiger Weise weiterentwickelt. Ein Beispiel: Das von Peter Erath koordinierte Projekt „Theorien der Sozialarbeit/Soziale Sicherungssysteme im europäischen Ver- gleich" wurde im Verbund mit 9 Partnerhochschulen von Spanien bis Finnland durchgeführt und zunächst mit der Vorlage von zwei Bänden mit gesamteuropäischer Perspektive abgeschlossen.[3] Zur Zeit werden die Ergebnisse durch die beteiligten Hochschulen als Grundlage für die Entwicklung eines gemeinsamen europäischen

Hochschulstudienganges „Master in European Social Work" genommen. Andere Aktivitäten aus der Fakultät wirken ebenso am 'internationalen Profil' mit.[4]

In besonderer Weise stellt sich die Fakultät ihrem Auftrag innerhalb der KU durch die Bemühungen, einen Master-Studiengang „Master in European Social Work" einzurichten. Dieses Vorhaben entspricht einem aktuellen Bedarf der kirchlichen Trägerschaften im Bereich der Sozialen Arbeit und – so die Meinung des Verfassers – somit einer ursprünglichen Herausforderung der einzigen Katholischen Universität im deutschsprachigen Raum. Es sollte dazu beitragen, die KU zu einem maßgeblichen Ort für die Vermittlung von ‚herausragendem Wissen der Struktur, der Theorien, Methoden und Praxen der Sozialen Arbeit in Europa' zu machen. Die Fakultät folgt dabei nicht der eher üblichen Logik, einen Studiengang mit besonderer inhaltlicher Schwerpunktsetzung anzubieten, wie z.B. Erwachsenenbildung oder Klinische Sozialarbeit. In Eichstätt sollen grundlegende Kompetenzen zur Konzeptualisierung und Leitung in der Sozialen Arbeit vermittelt werden. So werden Weiterbildungswege für aktive oder künftige Führungskräfte eröffnet. Besonders die kirchlichen Träger wurden und werden daher angesprochen, ihren Qualifikationsbedarf zu benennen. Die Problemstellungen sind vielfältig. Eine fortschreitende Ökonomisierung der Sozialen Arbeit und die gleichzeitige Einbindung der europäischen Dimension in alle Ebenen zwingen die kirchlichen Träger zu einer anspruchsvollen Anpassung, die das eigene wertorientierte Profil fortentwickeln muß. Die KU mit ihrer Fakultät für Sozialwesen darf sich dieser Herausforderung nicht entziehen, sondern muß eine Plattform für Qualifikation und Fortentwicklung Sozialer Arbeit in Deutschland mit europäischer Perspektive aufbauen.

In einem Positionspapier hat der damalige Dekan der Fakultät, Wolfgang Klug, die Kompetenzen umrissen, die mit dem Studiengang vermittelt werden sollen. In Anlehnung daran lassen sich unterscheiden:

a) Sozialwirtschaftliche Kompetenz
Hierzu zählen Fähigkeiten zur Führung. Die Wertorientierung der Wohlfahrtsverbände ist dabei zuvorderst zu berücksichtigen. Die Besonderheiten des sozialwirtschaftlichen Managements müssen im Kontrast zu einer profitmaximierenden Wirtschaftsphilosophie verdeutlicht und gestärkt werden. Marketingkenntnisse und Fähigkeiten zur Akquisition von finanziellen Ressourcen bilden einen unverzichtbaren Bestandteil. Es gilt die speziellen Möglichkeiten und Anforderungen der europäischen Sozialpolitik (z.B. ESF) zu reflektieren.

b) Konzeptionelle Kompetenz
Die Fähigkeit zur Konzeptentwicklung ist eine Voraussetzung, um eigene Maßnahmeangebote zu formulieren, die mit Kostenträgern verhandelbar sind und die den

fachlichen Anforderungen genügen. Die wissenschaftliche und praktische Tradition anderer europäischer Staaten (insb. z.B. England und Finnland) stellt – auch für Deutschland – erfolgversprechende differenzierte Modelle und Methoden bereit. Hier kann von den anderen gelernt werden, wenn diese Erkenntnisse innerhalb eines Studienganges reflektiert, kritisch überprüft und weiterentwickelt werden.

c) Methodische Kompetenz

Ein Schwerpunkt des Studiums liegt in der Vermittlung vertiefender Fähigkeiten zur Praxisforschung in der Sozialen Arbeit. Durch ausgewählte Praxisforschungsprojekte als Studienteil werden die Führungskräfte qualitative und quantitative Praxisforschungsmethoden anwenden. Hierbei wird eine enge Verzahnung zwischen den Führungsebenen der Verbände und der Wissenschaft angestrebt. Die Fortentwicklung einer konstruktiven gemeinsamen Forschungsarbeit von ‚Theoretikern und Praktikern' wäre damit zu befördern.

d) Rechtlich-administrative Kompetenz

Die Zukunft der Wohlfahrtsverbände ist vielfach an die Entwicklung von europäischen Rechtsrahmen und politisch-administrativen Strukturen gebunden. Die Führungskräfte müssen hier nicht nur über detaillierte Kenntnisse verfügen, sondern fähig sein, aktiv diese Entwicklungen mitzugestalten.

Freilich könnte man mit Blick auf die übergeordnete Themenstellung des vorliegenden Bandes fragen, ob dies nun wirklich spezifische Kompetenzen sind, deren Vermittlung herausragend an die Lehre der KU gebunden sein müssen. Ist überhaupt die Einrichtung eines solchen Masters in Eichstätt anders zu bewerten als an jedem anderen Hochschulort? Dagegen wäre zu fragen: Wo denn, wenn nicht an der KU sollte der Ort sein, an dem jene Soziale Arbeit, die sich explizit einer christlichen Wertorientierung verpflichtet, ihr Diskussions- und Qualifikationszentrum findet - ein Ort, an dem wissenschaftliche Forschungsergebnisse und praktische Anforderungen zu einem fruchtbaren, innovativen und zugleich institutionalisierten Austausch kommen. Soziale Arbeit mit christlicher Wertorientierung bedarf der Fähigkeit zur ‚best practice', wenn sie sich am europäischen Markt – zu dem auch Deutschland gehört – erfolgreich behaupten will. Dieser Erfolg aber darf einer Universität als Vordenkerin und Ausbilderin nicht gleichgültig sein, wenn sie sich als Katholische versteht. Die wissenschaftliche Analyse aus der Vogelperspektive würde nicht ausreichen. Mit der maßgeschneiderten Verbindung von Theorie und Praxis für diesen Master-Studiengang stellt sich die Fakultät für Soziale Arbeit als Teil der KU ihrer Verantwortung. Möge es segensreich sein und gelingen.

[1] Der vorliegende Beitrag ist keine Stellungnahme der Fakultät, sondern gibt ausschließlich die persönliche Meinung des Verfassers wieder.

[2] Martin Groos, Internationalität ist absolutes „Muss" für die KUE, in: AGORA, 16. Jg., Ausgabe 2, 2000, S.12-14.

[3] Siehe: Adrian Adams/Peter Erath/Steven Shardlow (Eds.), Fundamentals of Social Work in Selected European Countries. Historical and Political Context, Present Theory, Practice, Perspectives, Russell House Publishing: 4 St. George's House, Lymeregis, Dorset, GB, 2000.

[4] Siehe die Tagung „Die Europäische Union - ihre Auswirkungen auf kirchliche Einrichtungen und ihre Arbeitsplätze". Unter der Leitung von Renate Oxenknecht, ZMV-Sonderheft 2001. Weiterhin auch das DAAD-Projekt „Sozialarbeitswissenschaft" von Hans J. Göppner mit Juha Hämäläinen (Finnland).

*Ein Blick ins Studentenwohnheim St. Michael: Ausländische Studenten
aus der Froschperspektive - Eichstätt hat viele von ihnen*
Foto: Raimund Joos

Raimund Joos

„Actio Christiana"
Praktizierte Nächstenliebe an der KU - eine Vision ?![1]

Das Gebot der Nächstenliebe und die Katholische Universität Eichstätt

„Liebe Deinen Nächsten wie dich selbst." Dieser schlichte Satz des Religionsgründers Jesus von Nazareth bezeichnet für einen „Hobbytheologen" wie ich einer bin die Kernbotschaft des christlichen Glaubens und somit auch ein fundamentales Paradigma unserer Katholischen Universität. Aber schon wird es kompliziert, wenn wir darüber nachdenken, was Liebe eigentlich ist, und was dieses Gebot genau mit unserer Katholischen Universität zu tun haben soll. Das Thema läßt sich theologisch und pädagogisch hochabstrakt abhandeln. Im folgenden möchte ich jedoch versuchen, das in einfachen Worten auszudrücken, was meines Erachtens keiner überaus anspruchsvollen Theorie bedarf. Anspruchsvoll hingegen sind die praktischen Konsequenzen, die wir daraus ziehen sollten.[2]

Was hat nun das Gebot der Nächstenliebe konkret mit der Katholischen Universität Eichstätt-Ingolstadt und mit jedem seiner Mitglieder zu tun?

Liebe ist, so meine ich, die Praxis, einen anderen so zu erkennen und ihm so zu begegnen, daß es sowohl ihm als auch mir möglich ist, eine Beziehung zu erleben, die uns in unserem Menschsein bestätigt und uns zur vollen Entfaltung der Person verhilft. Die Liebe zu der Welt, ihren Dingen und Mitmenschen ermöglicht es dem Einzelnen, seine Welt in ihrer Fülle zu erkennen und sich und seine Welt aus dieser Beziehung heraus zu vervollkommnen.[3]

Liebe setzt also zunächst voraus, die Dinge und Menschen zu kennen, zum anderen stellt sie aber auch selber eine Methode der Erkenntnis dar, da wir in ihr der Welt intensiv begegnen. Wenngleich die Wissenschaft und Lehre einer Universität in diesem Zusammenhang „nur" begrenzt in der Lage ist, eine umfassende persönliche Erkenntnis der Welt zu vermitteln, sind die einzelnen Disziplinen dennoch dazu im Stande, einen kognitiven Zugang zu verschiedenen Dimensionen der Welt zu schaffen. Im Rahmen einer persönlichen Erfahrung können diese durchaus dazu hilfreich sein, die Welt besser zu erkennen und auch zu lieben.[4] Eine Katholische Universität, die in ihrem Forschen und Lehren dem Gebot der Liebe verpflichtet ist, ist dazu aufgerufen, dies in einem Sinne zu tun, welcher über den Anspruch einer normalen Universität hinausgeht. Sie sucht und vermittelt nicht nur Erkenntnis im Sinne objektiver Wirklichkeit, sondern will darüber hinaus in und durch diesen Prozeß auch den Willen Gottes erkennen und zu seiner Verwirklichung verhelfen. Katholische Hochschulbildung beinhaltet somit in letzter Konsequenz eine ethische Dimension.[5] D.h. es darf uns nicht allein interessieren, wie die Welt faktisch ist, sondern auch wie sie von Gott gemeint ist und was wir tun können, um die Welt in diesem Sinne zu gestalten - schlicht, was wir meinen, wenn wir beten: *„Dein Reich komme, Dein Wille geschehe, wie im Himmel so auf Erden.“*

Kurz, eine Katholische Universität entspricht m.E. dem Gebot der Nächstenliebe *auch* dadurch, daß sie den Menschen durch das Vermitteln von Erkenntnis und das Wissen um das richtige Handeln die Möglichkeit eröffnet, den Nächsten besser zu kennen und ihm so auch besser durch Dienste der Liebe zu helfen.

Von intellektuellen Abwehrmechanismen und dem Gleichnis vom barmherzigen Samariter

Ein bekanntes Gleichnis aus dem Neuen Testament möchte ich hier aufführen, um aufzuzeigen, welche Konsequenzen diese Überlegungen haben können:
Jesus Christus, auf dessen Person sich die Identität unserer katholischen Universität letztlich gründet(!?)[6], begegnet einem „Gesetzeslehrer". - Heute würde man wohl eher von einem Professor oder Studenten sprechen, denn die Gesetzesgelehrten stellten damals die geistige Elite Israels dar. Unser Intellektueller fordert Jesus offensichtlich zu einem Disput heraus, indem er ihn fragt, wie er selbst das Heil erreichen könne. Jesus weiß wohl, daß dieser selber die Antwort kennt und gibt die Frage an ihn zurück. Als bibelkundiger Israelit antwortet dieser wiederum Jesus korrekt: *„Du sollst den Herrn Deinen Gott lieben ... und Deinen Nächsten wie dich selbst.“*[7] Jesus, nicht weniger bibelfest und von seinem Vater offensichtlich mit einer guten Menschenkenntnis ausgestattet, scheint die Theorieverliebtheit unseres biblischen Intellektuellen zu erahnen und antwortet ihm deshalb *„Du hast richtig geantwortet; t u d a s, so wirst du leben.“*
Höchst ärgerlich für unseren „Studierten"! Jetzt ist es nicht mehr genug, die Wahrheit zu erkennen und/oder andern zu predigen, jetzt soll er diese Erkenntnis dann und wann auch noch *selbst* in die Praxis umsetzen, wenn es darum geht, das *eigene Seelenheil* zu erwerben. Aber unser Akademiker hat seine Lektionen offensichtlich gelernt, wenn es darum geht, den Übergriffen aus der Praxis Paroli zu bieten und weiß dem Angriff aus der Praxis eine Waffe aus dem Arsenal des Elfenbeinturms der Wissenschaft entgegenzusetzen. Ich will hier versuchen, seine Gedanken nachzuvollziehen: „Nein, so einfach geht das nicht, wir wollen nun erstmal den komplexen Hinter-

grund Ihrer einfältigen Aussage differenzierter beleuchten und werden feststellen, daß Ihre anfänglichen wissenschaftlichen Thesen genauso auch wie Ihre ach so simplen Rezepte für die Praxis durchaus einer differenzierten Diskussion bedürfen: Jetzt hinterfragen wir erstenmal den von ihnen so lapidar gebrauchten zentralen Begriff der 'Nächstenliebe'. Von da aus kommen wir dann vom Hundertsten zum Tausendsten, und am Ende werden wir dann wahrscheinlich beruhigt feststellen, daß es wohl das beste ist, wir beschränken uns ab jetzt wieder ausschließlich auf das, was wir wirklich können - und das ist in unserem Fall der Umgang mit einer sauberen abstrakten Gesetzeslehre." Hier nun aber die simple biblisch überlieferte Antwort unseres Disputanten an Jesus:*„ Und wer ist mein Nächster"*? Jesus dreht wieder den Spieß um: Er läßt sich dieser konkreten Situation keine fruchtlose abstrakte Diskussion aufdrängen. Vielmehr erzählt er dem Schriftgelehrten das bekannte Gleichnis vom barmherzigen Samariter und gibt die Frage an den Schriftgelehrten zurück, wer in der beschriebenen konkreten Situation wohl richtig gehandelt hat. Wieder antwortet unser Schriftgelehrter korrekt mit: *„ Der Barmherzigkeit übte zu ihm"*, und wieder muntert Jesus ihn mit den Worten *„ Geh hin und t u desgleichen!"* dazu auf, das Erkannte in die Praxis umzusetzen.

Es bleibt offen, ob unser Schriftgelehrter seine intellektuellen Abwehrmechanismen überwand und lernte, neben seinen sicherlich guten intellektuellen Fähigkeiten auch christliches Handeln als eine echte persönliche Chance für sich zu erleben.

Nehmen wir einmal an, die Begegnung würde sich heute abspielen und unser Disputant, immer noch nicht müde, hätte nachgefragt: „Geh hin und tu desgleichen - das sagst du so einfach ! Die Welt des 21. Jahrhunderts ist komplex geworden und bedarf daher, gemäß der Erkenntnis der Systemtheorie, differenzierterer Handlungskonzepte - was ist also zu tun?" Zugegeben, seit Christi Himmelfahrt gestaltet sich die Möglichkeit einer direkten Beantwortung der Frage durch Jesus etwas komplizierter, auch sind die gesellschaftlichen Zusammenhänge heute durchaus komplexer, aber einem „Hobbytheologen" sei es in dieser Situation gestattet, einen fehlbaren aber freundlichen Rat zu geben: „Werde Sanitäter oder Krankenpfleger, und wenn Du den Grips dazu hast, studiere Medizin oder Sozpäd, damit du fachkundig helfen kannst! Wenn Dich das nicht interessiert, dann studiere von mir aus BWL und helfe mit Deinem Wissen einem Wohlfahrtsverband finanziell auf die Sprünge - sei es ehrenamtlich oder hauptberuflich. Egal was dich interessiert - erwerbe gutes Wissen und gute Fähigkeiten und setze dieses Wissen unter anderem auch dazu ein, Deinen Mitmenschen ganz einfach Gutes zu tun."

Ein alter Hut: „Service Learning" und „Platformas"

Es ist erwiesenermaßen nicht genug, Studenten während ihrer Ausbildung an einer christlich geprägten Universität wiederholt freundlich darauf hinzuweisen oder hoch abstrakt darüber zu reflektieren, daß es gut sei, ihr Wissen und Können auch dazu zu verwenden, Gutes zu tun.[8] Dies mag ihnen vielleicht zu einem schlechten Gewissen oder bestenfalls zu einer guten Note im Fach Ethik verhelfen, wird ihnen aber kaum vermitteln, den Dienst am Nächsten und der Schöpfung als eine echte Chance für sich selbst und ihre Welt zu entdecken. Wenngleich es natürlich erste Aufgabe einer Universität bleiben muß, Wissen aller Art zu erwerben und weiterzuvermitteln, müßte den Studenten und Professoren darüberhinaus die *freiwillige* Möglichkeit gegeben werden, schon während des Studiums ihr Wissen und ihre Fähigkeiten im praktischen Dienst der Nächstenliebe zu erproben und so zu vervollkommnen. Wenn es das letzte Ziel einer Katholischen Universität ist, durch die Erkenntnis von Wahrheit die Fähigkeit sich selbst und den Nächsten zu lieben zu fördern, dann müssen auch Möglichkeiten gegeben werden, die Effektivität des erworbenen Wissens und der erworbenen Fähigkeiten ständig auf dieses Ziel hin zu überprüfen. Dies darf wiederum nicht zu einer blinden Praxisverliebtheit der Universität auf Kosten einer sauberen Wissenschaftlichkeit führen, denn natürlich muß auch eine christlich orientierte Universität zunächst die Aufgaben gewissenhaft erfüllen, welche ihr als Stätte einer höheren Bildung zukommen. Die eben beschriebene Möglichkeit soll vielmehr exemplarisch aufzeigen und immer wieder ins Gedächtnis rufen, was eigentlich ein wesentliches letztes Ziel einer jeden Hochschulbildung im Geiste des christlichen Glaubens sein soll - nämlich die Bildung der Fähigkeit zur *Nächstenliebe* bei all ihren Mitgliedern.[9]

Bei dem hier geäußerten Gedanken handelt es sich nicht um die fixe Idee eines überambitionierten jungen Wissenschaftlers, sondern um ein ausgereiftes und wissenschaftlich fundiertes hochschuldidaktisches Modell, das seit Jahren in zahlreichen Ländern dieser Erde alltägliche Realität ist. In den USA, einer Hochburg des Individualismus, wurde schon seit Jahren erkannt, daß neben der Vermittlung von Wissen auch die Aufgabe von Universitäten sein muß, soziale und gesellschaftliche Fähigkeiten zu vermitteln, da sich eine Gesellschaft, welche nur Individualität und keinen Gemeinschaftssinn vermittelt, dazu neigt, sich selbst früher oder später selbst aufzulösen. Unter dem Begriff des „Service Learning" versteht man hierbei etablierte freiwillige studienbegleitende Programme, in welchen zum einen berufliches Lernen im Rahmen von freiwilligen Tätigkeiten vermittelt wird, zum anderen aber die Bereitschaft zu freiwilligem Engagement geweckt wird, welche erfahrungsgemäß über die Zeit des Studiums hinweg bestehen bleibt. Was in den USA unter dem Begriff des „Service Learning" Bekanntheit erlangt hat, ist aber auch in anderen Ländern rund um den Globus im Rahmen einer umfassenden Hochschulbildung gängige Praxis. In

Spanien sind so z.B. unter dem Namen der „Platformas" zahlreiche studentische Freiwilligenzentren entstanden. In vielen Ländern erscheint es nahezu selbstverständlich, daß eine gute Universität über eine derartige Einrichtung verfügt, die Frage ist lediglich, welchen Umfang, welche Qualität und welche weltanschauliche Ausrichtung die jeweiligen Einrichtungen haben. Christlich geprägte Universitäten zeichnen sich in ihren diesbezüglichen Programmen im Unterschied zu säkularen meist dadurch aus, daß sie ihr Engagement im Sinne des christlichen Glaubens verstehen und ihrem Selbstverständnis als höhere Bildungsanstalt folgend es auch bewußt in diesem Sinne und unter diesem Aspekt reflektieren.

Konkret werden solche Programme des Service Leaning oder der Platformas folgendermaßen durchgeführt: Die verschiedenen Fakultäten oder Fachbereiche übernehmen die Verantwortung für unterschiedliche soziale oder ökologische Projekte, in welchen insbesondere die spezifischen beruflichen Fähigkeiten ihrer Mitglieder zum Einsatz kommen können. Einer Gruppe von freiwilligen Professoren und Studenten obliegt sowohl die Vorbereitung als auch die Durchführung und Finanzierung der jeweiligen Projekte. Je nach Einsatzbereich kann auch eine interdisziplinäre Zusammenarbeit stattfinden. Im Rahmen der Vorbereitung eines Projekts werden die Studenten mit den theoretischen und praktischen Vorbedingungen ihrer Arbeit vertraut gemacht. Oftmals geschieht dies im Rahmen von Seminaren und Vorlesungen, in welchen auch ein Scheinerwerb möglich ist. In der praktischen Ausführung der Programme finden die Studenten persönliche und finanzielle Unterstützung. Oft ist in Verbindung mit einem solchen Einsatz auch ein berufsqualifizierendes Praktikum möglich. Die Studenten aus den verschiedensten Studiengängen erhalten die Möglichkeit, sich in den unterschiedlichsten fachlichen Tätigkeiten zu bewähren und so ihre beruflichen Fähigkeiten zu erproben und einzuüben. Allen Einsätzen ist jedoch gemein, daß diese nicht finanziellen Profit, sondern den Dienst des Studenten am Nächsten und der Umwelt in den Vordergrund stellen. Nur einige Beispiele seien hier genannt, um die Vielzahl der Möglichkeiten aufzuzeigen: Germanistikstudenten geben Flüchtlingskindern Deutsch-unterricht, Geographen führen Umweltprojekte durch, Psychologen machen Spiele mit kriegstraumatisierten Kindern, Betriebswirtschaftler helfen Existenzgründern in den Ländern der „3. Welt", Juristen unterstützen amnesty international bei der Verfechtung der Menschenrechte....

Von der Situation im Altmühltal zur Idee von „Actio Christiana"

Das Phänomen, daß auch Studenten und Professoren der Katholischen Universität Eichstätt-Ingolstadt im Sinne der christlichen Nächstenliebe Gutes tun ist nicht neu: Eine Handvoll Studenten führt regelmäßig Krankenbesuche im Krankenhaus durch, und einige spielen den Insassen des örtlichen Gefängnisses gelegentlich ein Ständchen vor. Ebenfalls große Anerkennung verdient die Arbeit des AK-Shalom, welcher alljährlich auf das Friedensengagement von einzelnen ausgesuchten Personen hinweist und diese durch eine Preisverleihung in ihrer Arbeit bestätigt. Auch nicht zu vergessen sind Benefizveranstaltungen, bei denen Gelder für den behindertengerechten Ausbau der Universität gesammelt werden. Wie überall in der Welt so finden sich - Gott sei Dank - auch innerhalb der Katholischen Universität Eichstätt Menschen, welche bereit sind, sich im Dienst am Menschen zu engagieren.

Der Unterschied zu den oben genannten Modellen ist meines Erachtens jedoch wesentlich: Es handelt es sich bei den genannten Aktivitäten in erster Linie um Vorhaben von Privatpersonen und weniger um Projekte, die in der direkten Verantwortung der Universität stehen. Dementsprechend niedrig fällt leider auch die Zahl ihrer aktiven Mitglieder aus. (Nach meinen Schätzungen sind es bestenfalls ein bis zwei Prozent der Mitglieder der Universität.) Auch sind die Vorhaben eher losgelöst vom normalen Forschungs- und Lehrbetrieb und bieten deshalb nur wenige Möglichkeiten, berufliches Wissen und berufliche Qualifikationen zur Anwendung zu bringen, was ja eben die spezifische Lernerfahrung eines echten „Service Learning" ausmacht.

In diesem Buch findet sich ein Beitrag von Friedrich Kardinal Wetter. Es handelt sich um eine Predigt zum 20-jährigen Bestehen der Katholischen Universität Eichstätt, in welcher er auf die humanistische Verantwortung der Universität hinweist. Auch Margit und Rüdiger Stein, beide Studenten an der Katholische Universität Eichstätt-Ingolstadt und engagierte Mitglieder des eben genannten AK-Shalom weisen in ihrem Beitrag auf die Aufgabe der Katholischen Universität hin, Friede, Freiheit, Gerechtigkeit und Solidarität zu fördern und schließen ganz zu Recht mit dem Satz: „Eine Gabe ist eine Aufgabe."

Eine Katholische Universität, wie dies unsere Universität zu sein beansprucht, kann, so meine ich, ein christliches Engagement nicht als Privatsache einiger weniger deklarieren, welche, wenn der Finanzhausalt und die Gönnerlaune es zulassen, mit ein paar tausend Mark und mit ein paar belobenden Festreden unterstützt wird. Eine solche Haltung kann nicht ins Feld geführt werden, wenn es darum geht, den christlichen Charakter der Katholischen Universität Eichstätt-Ingolstadt zu rechtfertigen. Die Möglichkeit eines freiwilligen christlichen Engagements muß ebenso wie in anderen christlichen Universitäten auch im Gewissen unserer Universität den Platz einer verbindlichen christlichen Verpflichtung einnehmen, welche das Bewußtsein ihrer Mitglieder zu prägen vermag und den Bildungsprozeß so konsequent begleitet. Wenngleich das Engagement des Einzelnen hierbei, wie schon betont, immer das Ergebnis einer freiwilligen Entscheidung bleiben muß, ist es notwendig, daß die Universität als solche ihren Studenten und Professoren vielseitige Möglichkeiten bietet, die es ihnen erlauben, ihr vermitteltes Wissen daraufhin zu hinterfragen und praktisch zu überprüfen, was es letztlich im Sinne des Gebotes der Nächstenliebe „bringt". Eine katholische Universität kann es sich aus Gründen der Lauterkeit meines Erachtens nicht ersparen, sich diese Meßlatte für den Erfolg ihres alltäglichen Schaffens selber anzulegen.

27. 01.2002 -Actio Christiana e.V. - Idee, Entstehung und gegenwärtiger Stand der Dinge

Wie das Anliegen eines so beschriebenen Engagements im Einzelnen institutionell an die Universität angebunden ist, erscheint eher unwesentlich. Beispiele aus dem Ausland zeigen, daß eine lose rechtliche Verbindung an die jeweilige Universität oftmals opportuner erscheint, da die Komplexität hochschulrechtlicher Strukturen die Arbeit von Projekten oftmals mehr behindert als ihr guttut. Wesentlich ist hingegen, daß die jeweilige Einrichtung, die sich diesem Anliegen widmet, einen festen Platz im Selbstverständnis und im Alltag der Universität hat und so auch von den einzelnen Mitgliedern als etwas der Universitätsgemeinschaft zutiefst Zugehöriges wahrgenommen wird. Wenn dies gelingt, besteht die Chance, daß bei den Studenten und Professoren langsam ein Bewußtsein darin wächst, daß eigentlich jeder einzelne dazu aufgerufen ist, das ihm Mögliche zu tun, um die Welt nach bestem Wissen und Gewissen ein bißchen menschlicher zu machen. Durchaus nicht abzulehnen ist auch die Option, daß sich an einer Universität mehrere solcher Einrichtungen Konkurrenz darin machen, wer in Sachen praktizierter Nächstenliebe die besseren Konzepte und Projekte liefert.

Die Idee von Actio Christiana (Christliches Handeln) entstand ursprünglich aus dem „Initiativkreis für Wissenschaft und Glaube", der, wie im Vorwort dargestellt, das Ziel verfolgte, den Dialog von Wissenschaft und Glaube anzuregen und so zur Profilbildung unserer Universität beizutragen. Nachdem ich Projekte des Service Learning in den USA kennengelernt hatte, wurde mir klar, daß dieser Ansatz nicht genug sein kann, um den Anspruch einer Katholischen Universität ausreichend zu begründen.[10] Zusammen mit einigen Personen, die dem genannten Initiativkreis nahestanden, riefen wir schließlich am 24. Oktober 2000 den *Projektkreis* „Actio Christiana" ins Leben, welcher sich das Ziel gesetzt hatte, die Institutionalisierung des Vorhabens voranzutreiben. Am 27. Juni 2001 wurde schließlich der *Verein* „Actio Christiana - Zentrum für christlich orientiertes Handeln" gegründet. Der Pfarrer der evangelischen Erlöserkirche in Eichstätt, Reinhard Höfer, übernahm den ersten Vorsitz. Herr Professor Joachim Genosko aus Ingolstadt wurde zum zweiten Vorsitzenden gewählt. Der Verfasser des hier vorliegenden Textes hingegen hat seither das Amt des „Geschäftsführenden Referenten" inne. Bald folgte der Eintrag in Vereinsregister und die Anerkennung der Gemeinnützigkeit. Am 7. und 8. September 2001 fand schließlich in den Räumen der Katholischen Universität anläßlich der Gründung des Vereins ein Kooperationsseminar mit der Hanns-Seidel-Stiftung zum Thema „Glauben, Studieren und Handeln" statt.

Im Januar 2002 wurde der Verein im örtlichen Caritasverband als assoziertes Mitgied aufgenommen. Seither ist er ebenfalls reguläres Mitglied im „Verbund Freiwilligen-Zentren im Deutschen Caritasverband", der Dachorganisation der Freiwilligenzentren innerhalb der Caritas. Derzeit sind seine Mitglieder insbesondere damit beschäftigt, finanzielle Ressourcen zu erschließen, welche ihm die dauerhafte Finanzierung seines Betriebes und seiner Projekte ermöglicht.

Zukunftsvisionen

Ziel des Vereines ist es, ein ehrenamtliches Engagement an der Katholischen Universität Eichstätt-Ingolstadt und darüber hinaus zu fördern. Gerade weil der Verein den Namen „Actio Christiana" trägt, sind *alle* dazu eingeladen, sich zu engagieren. Ganz im Sinne des Gleichnisses vom barmherzigen Samariter ist es ja nicht in erster Linie von Bedeutung, *wer* das Gute tut, sondern *daß* es getan wird. Der Verein plant, neue eigene Projekte zu initiieren, will aber auch laufende Initiativen unterstützen und dadurch dazu beitragen, daß das Handeln für Mitmenschen und Mitschöpfung einen festen Platz im Bewußtsein und im Lehrbetrieb der Universität einnimmt.
Zunächst sollen Projekte unterstützt und ins Leben gerufen werden, welche ein Engagement in Eichstätt und Umgebung ermöglichen. Erste Gespräche hierzu wurden bereits mit Vertretern des Krankenhauses, der Justizvollzugsanstalt, dem Jugendzentrum, dem Altersheim, dem Hospizkreis, „3.-Welt"-Gruppen und dem Bund für Naturschutz geführt. Später will der Verein auch Projekte im Ausland druchführen. Zum einen könnten Austauschprogramme mit Freiwilligenzentren an (Partner-)Universitäten im Ausland organisiert werden. Zum anderen wäre auch eine Entsendung von Studenten in Kooperation mit Organisationen wie amnesty international, Aktion Sühnezeichen, Miserior oder Eirene möglich. Auch Projekte, welche die Universität in eigener Regie plant, wären auf lange Sicht denkbar.

Egal, welche Projekte letztlich den sicheren Bereich der Theorie verlassen und als sichtbares Zeichen des christlichen Anspruches unserer Universität das Gebot der Nächstenliebe konkret Fleisch annehmen läßt, es wird nur dann geschehen, wenn wir uns nicht damit begnügen, Nächstenliebe als ein rein theoretisches Problem zu begreifen und dem Jesuswort folgen, das da heißt: *„Geh hin und tu desgleichen!"* Jesus ruft nicht nur den Gesetzeslehrer hierzu auf, sondern jeden von uns, die Vertreter der Amtskirche, die Hochschulleitung, die Professoren, die Studenten und nicht zuletzt *Sie und mich!*

[1] Ich vertrete in diesem Beitrag grundsätzlich nicht den Verein „Actio Christiana", sondern meine Meinung und Erfahrung.

[2] Der aufmerksame Leser liegt richtig, wenn er bemerkt, daß der eher publizistische Stil dieses Aufsatzes gelegendlich dazu führt, daß einige Darstellungen eine wissenschaftliche Schärfe vermissen lassen. Für ein fundiertes Studium habe ich die einschlägigen Stellen meiner Dissertation angegeben.

[3] Vgl. Raimund Joos: Katholische Hochschulbildung: Vorüberlegungen für ein interdisziplinäres Programm. Augsburg: Wißner 2000.

[4] Vgl. ebd. S. 124ff.

[5] Vgl. ebd. S. 94ff.

[6] Vgl. ebd. S. 44.

[7] Diese und die folgenden Stellen sind aus Lukas 10,25-37 entnommen.

[8] Vgl R. Joos 2000 S.209ff.

[9] Vgl ebd. S.204-209.

[10] „Katholische Hochschulbildung nähert sich in dem Maße ihrem Ziel, wie sie einen Beitrag hierzu zu leisten vermag, die Erkenntnisse von Wahrheit durch ein gerechtes Handeln lebendig werden zu lassen. Katholische Hochschulbildung darf sich nicht darin genügen, im Elfenbeinturm der Wissenschaft ein Leben fern der Realität zu führen, sie ist im Gegenteil dazu aufgerufen, die Qualität ihrer Wissenschaft und Lehre letztlich hieran zu messen, wie diese dem Dienst am Menschen und an der Schöpfung zugute kommen können. Um der Gefahr der Tendenz einer übermäßigen Praxisferne innerhalb der katholischen Hochschulbildung entgegenzuwirken, erscheinen dem Autor der Ausbau handlungsorientierter Lernprogramme, wie sie unter 6.2.3. beschrieben wurden, das Gebot der Stunde zu sein. Überlegungen hinsichtlich der Begründung eines Projektes oder einer Institution zur Förderung von Praxiseinsätzen zu diesem Zweck sind bereits im Gange." (Aus dem Kapitel „Epilog: Zukunftsvisionen" meiner oben genannten Dissertation, S. 200.)

Autoren

Prof. Dr. Ulrich Bartosch
Professor für Pädagogik und z.Zt. Dekan
der Fakultät für soziale Arbeit an der
Katholischen Universität Eichstätt

Bischof Dr. Karl Braun
Bischof von Eichstätt und Magnus
Cancellarius der Katholischen Universität
Eichstätt von 1984-1995

Prof. Dr. Harald Dickerhof
Ordinarius für Mittelalterliche Geschichte
an der Katholischen Universität
Eichstätt-Ingolstadt

Prof. Dr. Rainer Felix
Professur für Mathematik - Analysis
an der Katholischen Universität
Eichstätt-Ingolstadt

Franz Geitner
Pastoralreferent an der Katholischen
Hochschulgemeinde in Eichstätt

Prof. Dr. Rainer Greca
Professor für Wirtschafts- und Organi-
sationssoziologie an der Katholischen
Universität Eichstätt-Ingolstadt

Johannes Haas
Hochschulpfarrer, Katholische
Hochschulgemeinde Eichstätt

Dr. Karl-Dieter Hoffmann
Geschäftsführer am Zentralinstitut für
Lateinamerika-Studien der Katholischen
Universität Eichstätt-Ingolstadt

Dr. Bruno Hügel
Akad. Direktor für Didaktik der Biologie
und Chemie an der Katholischen
Universität Eichstätt-Ingolstadt

Dr. Raimund Joos
Leiter des „Initiativkreises für Wissenschaft
und Glaube" der KHG und Referent des
Vereins „Actio Christiana" in Eichstätt

Dr. Klaus Walter Littger
Bibliotheksdirektor
Leiter der Handschriftenabteilung der
Universitätsbibliothek Eichstätt

Prof. Dr. Nikolaus Lobkowicz
Präsident der Katholischen Universität
Eichstätt von 1984-1996 und Direktor
des ZIMOS

Prof. Dr. Leonid Luks
Ordinarius für Mittel- und Osteuropäische
Zeitgeschichte und stellvertretender
Direkor des ZIMOS

Arnulf Neumeyer
Oberbürgermeister von Eichstätt
und ehemals Student in Eichstätt

Papst Johannes Paul II.
Unter anderem ehemals auch Studenten-
pfarrer und Professor an der Universität
von Krakau in Polen

Rudolf Pscherer
Musikpräfekt am Bischöfl. Priestersminar
und Lehrbeauftragter an der Katholischen
Universität Eichstätt-Ingolstadt

PD Dr. Ferdinand Rohrhisch
Oberassistent am Lehrstuhl für Praktische
Philosopie an der Katholischen Universität
Eichstätt-Ingolstadt

Prof. Dr. Wolfgang Rump
Außerplanmäßiger Professor für
Mathematik an der Katholischen
Universität Eichstätt-Ingolstadt

Dipl.-Geograph Nicolai Scherle
Wiss. Projektmitarbeiter am Lehrstuhl für
Kulturgeographie an der Katholischen Uni-
versität Eichstätt-Ingolstadt

Prof. Dr. Alois Schifferle
Ordinarius für Pastoraltheologie und Dekan
der theologischen Fakultät der Katholischen
Universität Eichstätt-Ingolstadt

Domkapitular Klaus Schimmöller
Referent für Schulen und Hochschulen
der Diözese Eichstätt

Prof. Dr. Karlheinz Schlager
Ordinarius für Musikwissenschaft
an der Katholischen Universität
Eichstätt-Ingolstadt

Prof. Dr. Wolfgang Schönig
Lehrstuhl für Schulpädagogik
an der Katholischen Universität
Eichstätt-Ingolstadt

Margit Stein
Promoventin im Fach Pädagogik und
wissenschaftliche Mitarbeiterin am
Lehrstuhl für Sozialpädagogik an der KU

Rüdiger Stein
Student für Lehramt Gymnasium
und gewähltes Mitglied im Studentischen
Konvent der KU

Prof . Dr. Jan Tonnemacher
Ordinarius für Journalistik
an der Katholischen Universität
Eichstätt-Ingolstadt

Prof. Dr. Ernst Wehner
Emeritus der Psychologie an der
Katholischen Universität
Eichstätt-Ingolstadt

Kardinal Dr. Friedrich Wetter
Vorsitzender der Freisinger Bischofskon-
ferenz und Professor an der Katholischen
Universität Eichstätt von 1962-1967

Prof. Dr. Ulrich Willers
Professor für Fundamentaltheologie
und Philosophie an der Katholischen
Universität Eichstätt-Ingolstadt

Dr. Friedrich Winter
Pfarrer und Lehrbeauftragter für evange-
lische Theologie an der Katholischen
Universität Eichstätt-Ingolstadt

Bildbeiträge und Bildgestaltung

Ulrich Bien
Dipl. Journalist und Lehrbeauftragter
an der Katholischen Universität
Eichstätt-Ingolstadt

Peter Esser
Dipl. Journalist

Rudolf Hager
Zollamtsrat und Amateurfotograf

Michael Harnischmacher
wiss. Ass. für Journalistik an der
Katholischen Universität
Eichstätt-Ingolstadt

Gisela und Martin Hetzer
Fotokünstler

Michael Hoedt
Hobbyflieger und Amateurfotograf

Raimund Joos
Herausgeber des vorliegenden Buches

Interdisziplinäres Buchprojekt „Katholische Universität" - Beschreibung und Dokumentation der Entstehung des vorliegenden Buches

Die Idee zur Herausgabe des vorliegenden Sammelbandes zum Thema Katholische Universität kam mir während des Verfassens meiner Dissertation im Fach Pädagogik zum Thema Katholische Hochschulbildung.[1] Während meiner Forschungstätigkeit wurde mir bald klar, daß eine wissenschaftliche Arbeit im Fach Pädagogik zwar viele wertvolle Anregungen für die Weiterentwicklung der pädagogischen Konzeption einer Katholischen Universität bieten kann, aber nicht annähernd in der Lage sein wird, die Vielzahl der Problembereiche, welche im Rahmen des Lehr- und Forschungsbetriebs aufkommen, erschöpfend zu behandeln.[2]

Während meines Forschungsaufenthaltes in den USA fielen mir regelmäßig Buchveröffentlichungen in die Hände, in welchen katholische Universitäten anhand von Sammelbänden das Profil ihrer Universität in besonderer Hinsicht auf ihren katholischen Charakter zum Ausdruck bringen. Zwar wurde von Professor Michael Seybold bereits ein Sammelband mit dem Titel „Katholische Universität - Wesen und Aufgabe" herausgegeben[3], doch wenngleich dieses Werk dem Leser hier wärmstens empfohlen werden kann, handelt es das Problem der Katholischen Universität eher auf einer rein philosophischen und theologischen Metaebene ab. Zudem liegt das Erscheinen bereits fast zehn Jahre zurück.

Ein Förderer meiner Forschung machte es möglich, die veröffentlichte Ausgabe meiner Dissertation (ausgerechnet um den Nikolaustag des Jahres 2000) an zahlreiche Professoren, Lehrbeauftragte und Studenten der Universität zu verschenken. In einem dem Buch beigelegtem Brief wie auch im Epilog des Buches selbst machte ich dabei auf meine Absicht aufmerksam, einen wie eben beschriebenen Sammelband herauszugeben und rief zu einer Mitarbeit hierzu auf.[4] Das Resultat war durchweg positiv: Es erreichten mich allein ca. 40 schriftliche Antworten, in denen mir zahlreiche Leser die Mitarbeit an dem Projekt in Aussicht stellten. Nach Rücksprache mit dem Hochschulpfarrer und den noch verbliebenen Mitgliedern des „Initiativkreises für Wissenschaft und Glaube" wurde eine Grobkalkulation erstellt und die im Anschluß folgende Konzeption entwickelt, deren Lektüre ich dem Leser hier unbedingt empfehlen möchte.

Das Konzept, dessen textgleiche Kopie sich im Anschluß dieses Kapitels befindet, wurde an die bereits vorliegenden Adressen der an einer Mitarbeit interessierten Personen versandt. Im späteren Verlauf wurden weitere Autoren gesucht, um das Ziel zu erreichen, Beiträge aus möglichst allen Fakultäten und Arbeitsbereichen der Universität zu erhalten, was schließlich auch annähernd gelang. Da sich die Abgabe der zugesagten Beiträge bei vielen Autoren wesentlich verzögerte und der letzte Beitrag erst im November 2001 einging, konnte erst zum Jahresende mit der redaktionellen Ausarbeitung des Buches begonnen werden. Die letzten Korrekturfahnen erreichten mich erst im Februar 2002.

Der überraschend hohe Zuspruch, welchen die Idee fand, vergrößerte den Umfang des Buches auf das nahezu Doppelte der ursprünglichen Planung, so daß ein neues finanzielles Konzept ausgearbeitet werden mußte. Freundlicherweise war auf Vermittlung von Herrn Professor Bernhard Mayer die Diözese Eichstätt bereit, einen wesentlichen Druckkostenzuschuß zu leisten, um die Veröffentlichung in der vorliegenden Form zu ermöglichen. Wie der folgenden Projektdarstellung zu entnehmen ist, besteht der Wunsch, die Arbeit des „Initiativkreises für Wissenschaft und Glaube", dessen Leitung ich während meiner Promotionszeit sträflich vernachlässigt habe, neu zu beleben. Es ist daher geplant, nach Erscheinen des Buches verschiedenen Autoren des Buches die Möglichkeit zu geben, im Rahmen der KHG ihre im Buch gemachten Aussagen direkt vorzutragen und zur Diskussion zu stellen. Die Unkosten, die hier entstehen werden, könnten durch den (hoffentlich vorhandenen) Gewinn aus dem Buchverkauf gedeckt werden, welcher zur Hälfte an den Initiativkreis fließt.

Hoffen wir, daß das Buch viele aufmerksame Leser und die geplanten Veranstaltungen in der KHG eine große Hörerschaft finden werden.

---

[1] Die Arbeit ist im Jahr 2000 unter dem Titel „*Katholische Universität - Vorüberlegungen für ein Interdisziplinäres Programm*" im Wißner-Verlag Augsburg erschienen.

[2] Vgl. ebd. S.XII f.

[3] Das Buch ist 1993 in der Reihe *Extemporalia* im Eichstätter Franz-Sales-Verlag erschienen.

[4] Der genaue Text im Epilog auf Seite 220 des oben genannten Buches lautet: „Die Erarbeitung der Konzeption einer katholischen Hochschulbildung muß, wie schon einleitend erwähnt, den gleichen Paradigmen folgen wie die katholische Hochschulbildung selbst, nämlich Universalität, Katholizität und Katholizismus. Das heißt, das Konzept einer wahrhaft katholischen Hochschulbildung erwächst aus dem Dialog zwischen den Vertretern der verschiedenen Disziplinen, den Studenten und den Amtsträgern der Kirche. Der Autor hofft, daß die Veröffentlichung dieses Buches zum einen dazu verhilft, diesen Dialog anzuregen, zum anderen aber auch zu einer Versachlichung desselben beiträgt. In dem hier oftmals zitierten Sammelband von Michael Seybold „Katholische Universität - Wesen und Aufgabe" kam bereits 1993 das Ergebnis einer solchen interdisziplinären Zusammenarbeit deutlich zum Ausdruck. Es wäre erfreulich, wenn im Rahmen der Arbeit des genannten „Initiativkreis für Wissenschaft und Glaube" der KHG Eichstätt ein weiterer Sammelband entstehen würde, in dem die verschiedenen Wissenschaften und Institutionen einer katholischen Universität die praktischen Konsequenzen ihrer spezifisch christlichen Ausrichtung beleuchten. Der Autor freut sich über dementsprechende Anregungen und Zuschriften."

Das Buchprojekt "Katholische Universität"
(Vorgelegt von Dr. Raimund Joos, Eichstätt, den 24.02.2001)

Möglicher Titel des Buches

"KATHOLISCHE UNIVERSITÄT - EIN INTERDISZIPLINÄRES SYMPOSIUM"
oder:
"KATHOLISCHE UNIVERSITÄT :
PERSPEKTIVEN - ANSICHTEN - ERFAHRUNGEN - VISIONEN"

(Gerne nehme ich weitere Vorschläge entgegen. Der Titel sollte jedoch auf jeden Fall den Begriff "Katholische Universität" beinhalten.)

Ziel des Buches

Allgemeinverständliche Darstellung von Mission und/oder Alltagsrealität der Katholischen Universität Eichstätt aus der subjektiveren Perspektive verschiedenster Personen (Lehrpersonal, Studenten, Hochschulleitung, Mitarbeiter der Hochschulpastoral), Disziplinen und Aufgabenbereiche (Institute, Projekte, Kommissionen...). Die Publikation erhebt weder den Anspruch auf Vollständigkeit noch den eines im engeren Sinne wissenschaftlichen Werkes. Sie will keine offizielle Stellungnahme der KUE sein, sondern gibt die persönliche Meinung der Autoren wieder, was auch im Vorwort unmißverständlich zum Ausdruck kommen wird.

Umfang, Auflage, Ladenpreis, Qualität... des Buches

10 bis 15 Beiträge auf ca. 100 bis 150 Seiten im Format DIN A5.
Um den Kauf auch den Studenten zu ermöglichen, erscheint das Buch wahrscheinlich als Paperbackausgabe. Da sich das Buch gut als Geschenk machen könnte, wird bei der Gestaltung der Umschlagseite und des Layouts auf hohe Qualität Wert gelegt werden.
Auflage: "Publishing on Demand", d.h. das Buch wird dann gedruckt, wenn es bestellt wird. (Ich schätze eine Auflage von ca. 1000 Exemplaren innerhalb der nächsten 3 Jahre.) ISBN-Nummer und Aufnahme in das Verzeichnis lieferbarer Bücher. Der Ladenpreis wird wahrscheinlich zwischen 20 und 30 DM liegen.

Interessenten

Studenten, Professoren, ehemalige Studenten, Studienbewerber, Freunde und Verwandte des Lehrpersonals und der Studenten (Weihnachtsgeschenk). Besucher der Universität und Eichstätts. Eichstätter Bürger. Katholische Akademiker, Akademien, Schulen und Hochschulen.

Finanzierung - Verlust und Gewinn

Das finanzielle Risiko trägt der Herausgeber (Raimund Joos). Sollten Gewinne erwirtschaftet werden, welche die Gesamtausgaben übersteigen (was eher unwahrscheinlich ist), so kommt die Hälfte hiervon dem "Initiativkreis für Wissenschaft und Glaube" der KHG zugute. Die andere Hälfte behält der Herausgeber.

Autoren, die hiermit nicht einverstanden sind, haben die Möglichkeit, am Gewinn beteiligt zu werden. Es gilt die Berechnungsgrundlage: erwirtschafteter Reingewinn - geteilt durch zwei - geteilt durch die Anzahl der Seiten des Buches - multipliziert mit der Anzahl der Seiten des vom jeweiligen Autor verfaßten Beitrages.

Herausgeberschaft - Stichwort "Initiativkreis für Wissenschaft und Glaube" und KHG

Die Idee für das vorliegende Buch erwächst aus der Arbeit des "Initiativkreises für Wissenschaft und Glaube", einem Arbeitskreis der KHG, der sich mit Themen im Spannungsfeld von Wissenschaft und Glaube beschäftigt und (dadurch) zur Profilbildung der KUE beitragen will (vgl. Raimund Joos, Katholische Hochschulbildung - Vorüberlegungen für ein interdisziplinäres Programm, Seite XII und 237).

Eine Herausgabe des Werkes unter dem Namen des Initiativkreises, wie sie anfangs geplant wurde, ist aus Gründen einer eindeutigen presserechtlichen Verantwortung und somit nicht zuletzt auch rechtlichen und finanziellen Gründen nicht so ohne weiteres möglich. Vom Hochschulpfarrer wurde mir daher aufgrund meiner Autorenschaft des eben genannten Werkes empfohlen, auch die Rechte und Pflichten der Herausgabe für das geplante Werk zu übernehmen.

Um die Verbindung zum ursprünglichen Anliegen des Initiativkreises aufrechtzuerhalten und in gleicher Weise dessen Aktivitäten nach einer längeren Pause wieder aufleben zu lassen, plant der Initiativkreis auf Anregung des Hochschulpfarrers eine weitere Veranstaltungsreihe in der KHG. Unter anderem soll den Autoren des Buches hier die Möglichkeit gegeben werden, ihre im Buch vertretenen Themen noch einmal direkt vorzutragen und sich im Anschluß daran den Fragen der Zuhörer zu stellen. (Wahrscheinlich werden während eines Veranstaltungstermins hierbei mehrere Autoren gemeinsam auftreten.) Selbstverständlich verpflichtet die Teilnahme an der Buchveröffentlichung in keinster Weise zu einem Auftreten oder einer Partizipation an der späteren Veranstaltungsreihe.

Um die innere Verbundenheit zum Initiativkreis weiter konkret zum Ausdruck zu bringen und nicht in den Verdacht zu kommen, mich durch die Buchveröffentlichung auf Kosten desselben und der beteiligten Autoren übergebührlich bereichern zu wollen, verpflichte ich mich, die Hälfte des Reingewinns dem Initiativkreis für Wissenschaft und Glaube zukommen zu lassen (vgl. auch : "Finanzierung - Verlust und Gewinn").

Ihr Beitrag

Gegenstand Ihres Beitrages

Ihr Beitrag kann zum einen die Bedeutung Ihrer Disziplin oder Ihres Aufgabenbereiches innerhalb des Gesamtzusammenhangs der KUE zum Gegenstand haben. Wesentlich erscheint hierbei, daß Sie nicht allein den allgemeinen Anspruch Ihrer Disziplin oder Ihres Aufgabenbereiches beschreiben, sondern auch (kritisch) darüber reflektieren, ob bzw. inwieweit ihre Disziplin oder ihr Aufgabenbereich aus der Tatsache, daß Sie sich an einer Katholischen Universität befinden, einem besonderen Anspruch folgt oder/und in der Praxis eine besondere Ausformung erhält. Inwieweit Sie die beiden Aspekte des Allgemeinen und des Besonderen (Katholischen) gewichten und in Beziehung stellen, ist Ihnen anheimgestellt. Möglich ist auch, daß Sie ein konkretes praktisches oder theoretisches Thema aus Ihrem Forschungs- oder Problembereich abhandeln, das Ihnen im Sinne des Anspruches einer Katholischen Universität besonders relevant erscheint. Wählen Sie diese Option, so stellen Sie bitte einleitend dar, warum Sie hier eine besondere Relevanz in Bezug zum "K" erkennen.

Sie haben darüber hinaus die Möglichkeit, eine allgemeine Problematik katholischer Hochschulbildung (z.B. "wissenschaftliche Freiheit" oder "Interdisziplinarität") abzuhandeln oder persönliche Erkenntnisse privater oder wissenschaftlicher Art (z.B. Geschichte der KUE oder persönliche Erlebnisberichte) zum Ausdruck zu bringen. Diese Perspektive empfiehlt sich insbesondere für die Autoren, die keine Möglichkeit haben, über eine besondere Disziplin, einen besonderen Aufgaben- oder Erfahrungsbereich zu berichten.

Wahrscheinlich habe ich mich mit Ihnen wie mit den meisten potenziellen Autoren bereits über ein mögliches Thema unterhalten. In den nächsten Tagen möchte ich diesbezüglich nochmals verbindlichere Rücksprache nehmen. Bitte teilen Sie mir per Email (Raimund.Joos@ku-eichstaett.de) oder telefonisch (08421/902735, Anrufbeantworter) mit, wann und wie ich Sie persönlich oder zumindest telefonisch erreichen kann.

Bitte nehmen Sie vor Beginn des Schreibens Rücksprache mit mir.

Schreibstil

Der Beitrag sollte in einem allgemeinverständlichen Deutsch verfaßt sein, d.h. ein interessierter, normal intelligenter Studienanfänger sollte im ausgeschlafenen, nüchterner Zustand in der Lage sein, Ihren Ausführungen zu folgen. Ganz im Sinne einer katholischen Universität spricht nichts dagegen, daß Ihre Ausführungen wahr und wissenschaftlich korrekt sind. Sie sollten aber hierbei in einem Stil schreiben, der knapp, anschaulich und zu einem gesunden Maße auch unterhaltsam das plastisch zum Ausdruck bringt, was Ihr eigentliches wissenschaftliches oder/und persönliches Anliegen ist. Nicht nur ihre wissenschaftlichen und fachlichen Erkenntnisse können hierbei zum Ausdruck kommen sondern auch, wenn Sie dies wollen, Ihre persönlichen Erfahrungen und Überzeugungen.

Titel des Beitrages

Der Titel Ihres Beitrages kann sachlichen und/oder publizistischen Kriterien folgen. Auch Untertitel sind möglich.

z.B. sachliche Darstellung für einen Beitrag aus der Philosophie und Mathematik:

"DIE ROLLE DER THEOLOGIE AN EINER KATHOLISCHEN UNIVERSITÄT"
"GIBT ES EINE KATHOLISCHE MATHEMATIK?"

z.B. Darstellung eines fiktiven humoristischen Beitrags aus dem Unichor:

"IMMER UND IMMER WIEDER - SINGEN UND KREISCHEN FÜR GOTT UND DIE WELT -
EINE STIMME AUS DEM UNICHOR DER KUE"

Bei der Wahl des Titels sollte aber in jedem Fall die von Ihnen vertretene Disziplin das von Ihnen unterrichtete Fach oder der von Ihnen beschriebene Problembereich deutlich hervorgehen. Es bieten sich im Zweifelsfalle Untertitel an, z.B. (fiktiv):

"EVA UND MARIA ZWISCHEN FORSCHUNG UND LEHRE
- ANSICHTEN DER FRAUENBEAUFTRAGTEN"

Auswahl und Zensur

Ich versichere Ihnen, daß ich Ihren Beitrag, sofern er keine weitgehenden Wiederholungen zu anderen Beiträgen, persönliche Beleidigungen oder inakzeptable politische Äußerungen beinhaltet, unverändert und im vollem Umfang veröffentlichen werde. Mögliche Änderungen, die sich hinsichtlich des Gesamtkonzeptes ergeben, werde ich mit Ihnen absprechen und nicht ohne Ihre ausdrückliche Erlaubnis vornehmen.

Umfang

Mindestens 2½ , höchstens 8 Seiten, Format DIN A4, Schriftgrad 12, einfacher Zeilenabstand, Standardseitenränder (oben 2,5 / unten 2,0 / links 2,5 / rechts 2,5). Zu Ihrer Orientierung: Eine in diesem Format von Ihnen verfaßte Seite ergibt im Buchformat ca. zwei Seiten.

Orthographie

Vorzugsweise alte Rechtschreibung verwenden (aus ästhetischen Gründen), auf jeden Fall aber "ß" anstelle von "ss" verwenden.
Hervorhebungen im Text bitte *kursiv* kennzeichnen
Bitte unbedingt ein bereits auf Rechtschreibfehler überprüftes Manuskript abliefern!!!

Evtl. Fußnoten, Endnoten, Literaturnachweise, Literaturliste

Es müssen keine Literaturnachweise und Zitate aufgeführt werden. Die Autoren, welche diese Möglichkeit jedoch nutzen wollen, werden gebeten, dies in Form von Zitaten im Text oder anhand von Endnoten, die im Anschluß an den Text aufgeführt werden, zu tun. Auf Fußnoten am unteren Rand der Seite und Quellennachweise in Klammern innerhalb des laufenden Textes verzichten. Der Quellennachweis von sinngemäß oder wörtlich zitierter Literatur sollte bereits vollständig innerhalb der Endnoten geschehen, so daß auf eine zusätzliche Literaturliste verzichtet werden kann.

Autoren, die auf Fußnoten, Endnoten und Literaturnachweise jeglicher Art innerhalb des laufenden Textes gänzlich verzichten, haben die Möglichkeit, im Anschluß an ihren Text eine kurze Literaturliste oder Buchempfehlung aufzuführen.

Manuskript

Bitte einen Ausdruck des Textes mit kurzem Begleitbrief, der zur Veröffentlichung autorisiert, zuschicken.

Zusätzlich hierzu bitte eine Diskette, auf welcher der Text in einem beliebigen "Word Perfect" oder besser noch "Word for Windows" -Format gespeichert ist, beilegen.

Zeitrahmen

Abgabe bis zum 1. Juli 2001. Fertige Beiträge bitte gleich an mich weiterleiten, so daß ich mit der redaktionellen Arbeit fortfahren kann.

Erscheinen des Buches wahrscheinlich im Herbst 2001.

Vergütung, Freiexemplare

Da mit keinem großen Gewinn gerechnet werden kann, kann der Beitrag nur symbolisch vergütet werden. Die Autoren erhalten nach Erscheinen des Buches in jedem Fall pro voll verfaßter DIN A4 Seite im oben beschriebenen Format ein Freiexemplar oder 20 DM. Die Höchstgrenze der Vergütung liegt bei fünf Freiexemplaren oder 100 DM pro Autor. Alle Autoren erhalten grundsätzlich eine Vergütung in Form von Freiexemplaren. Autoren, die eine Vergütung in Form von Geld bevorzugen, teilen dies dem Herausgeber bei Abgabe des Manuskriptes mit. Sollte wider Erwarten ein größerer Gewinn erwirtschaftet werden, so kann der Autor auf Wunsch hieran beteiligt werden (siehe Finanzierung - Verlust und Gewinn).

Weitere verbilligte Exemplare

Autoren können für den Eigenbedarf (z.B. als Weihnachtsgeschenk oder Geschenk an Kollegen) weitere stark verbilligte Exemplare erwerben (Weiterverkauf ausgeschlossen). Interessenten melden sich rechtzeitig *vor* Drucklegung beim Herausgeber.